高等院校通识教育系列教材

大学生心理健康教育与自我成长

陶剑飞 黄志凯◎主　编
沈洪炎 崔洪波◎副主编

MENTAL
HEALTH

人 民 邮 电 出 版 社
北　京

图书在版编目（CIP）数据

大学生心理健康教育与自我成长 / 陶剑飞，黄志凯主编. -- 北京 : 人民邮电出版社，2021.8(2022.8重印)
高等院校通识教育系列教材
ISBN 978-7-115-56979-0

Ⅰ. ①大… Ⅱ. ①陶… ②黄… Ⅲ. ①大学生－心理健康－健康教育－高等学校－教材 Ⅳ. ①G444

中国版本图书馆CIP数据核字(2021)第144798号

内 容 提 要

本书结合当代大学生的心理健康状况，以《普通高等学校学生心理健康教育课程教学基本要求》和《高等学校学生心理健康教育指导纲要》为准绳，详细讲解大学生心理健康的有关知识。本书共12章，主要介绍了大学生心理困惑与心理咨询、自我意识、人格发展、情绪管理、人际交往、恋爱心理与性心理、学习心理、职业生涯规划、压力管理与挫折应对、网络心理健康、生命教育与心理危机干预等方面的内容。在当今复杂的时代背景和激烈的竞争压力下，大学生的心理素质亟待提高。本书强调时代性、知识性，注重体验性、实践性，书中既有理论方面的深入阐述，又有成长训练营栏目指导实践活动（包括心理测试、自我成长训练、团体拓展训练、案例导读、经典导读等），具有较强的可操作性和自我指导意义。本书不仅能帮助大学生解决大学生活中遇到的心理困惑，而且有利于培养大学生的完整人格、鼓励大学生积极面对生活，从而促进大学生健康成长和全面发展。

本书不仅可以作为大学生心理健康教育相关课程的教材，而且可以作为高校相关教职人员了解大学生心理发展的参考书，还可以作为大学生健康成长的自我指导手册和提高自身心理素质的自学用书。

◆ 主　　编　陶剑飞　黄志凯
副 主 编　沈洪炎　崔洪波
责任编辑　刘　定
责任印制　王　郁　马振武

◆ 人民邮电出版社出版发行　　北京市丰台区成寿寺路 11 号
邮编　100164　　电子邮件　315@ptpress.com.cn
网址　https://www.ptpress.com.cn
三河市君旺印务有限公司印刷

◆ 开本：787×1092　1/16
印张：15.5　　2021 年 8 月第 1 版
字数：421 千字　　2022 年 8 月河北第 2 次印刷

定价：49.80 元

读者服务热线：(010)81055256　印装质量热线：(010)81055316
反盗版热线：(010)81055315
广告经营许可证：京东市监广登字 20170147 号

本书编委会

主　编：陶剑飞　黄志凯

副主编：沈洪炎　崔洪波

编　委：仇妙芹　赵海鹏　冯晖艳　龙亚娌

邹　婷　李　黎　陈月文　葛泽胜

陈　媛　胡艳芝　吴海威　黄元丰

推荐序

大学生是党和国家十分宝贵的人才资源。进一步加强和改进大学生心理健康教育，把大学生培养成为中国特色社会主义事业的合格建设者和可靠接班人，是新形势下全面贯彻党的教育方针、推进素质教育的重要举措；是促进大学生心理健康成长、培养高素质合格人才的重要途径；对全面实施人才强国战略，加快推进社会主义现代化的宏伟目标，全面建设和谐校园与和谐社会，具有十分重要的现实意义和深远的历史意义。

各级政府在有关文件中明确指出了加强和改进大学生心理健康教育与心理咨询工作的主要任务是通过宣传普及心理健康知识，帮助大学生认识健康心理对成长成才的重要意义，树立心理健康意识，通过介绍增进心理健康的方法和途径，帮助大学生提高心理调适能力，培养坚韧不拔的意志品质和艰苦奋斗的精神，更好地提高适应环境变化和应对挫折的能力，培养良好的心理品质和自尊、自爱、自律、自强的优良品格，有效开发心理潜能，从而使心理健康水平得到进一步的提高。

大学生心理健康教育工作是一项系统工程，课堂教学是进行大学生心理健康教育的一条重要途径，心理健康教育教材则是心理健康课堂教学的主要载体。广州大学一直十分重视大学生心理健康教育工作，组织了陶剑飞、黄志凯等一批长期从事大学生心理健康教育和大学生心理咨询工作的专、兼职教师，编写了本书。本书按照有关文件精神，紧扣大学生心理发展的特点、针对大学生存在的主要心理问题编写而成。各章以开篇故事入手，在每个知识点后插入了信息窗、拓展阅读、成长训练等内容，避免了单纯阐释枯燥的理论知识，增加了可读性和可操作性。本书是一本从知识层面、技能层面和自我认知层面展开，集知识传授、心理体验与行为训练于一体的大学生心理健康教育教材。

《论语・泰伯篇》中有句话，“士不可以不弘毅，任重而道远。仁以为己任，不亦重乎？”这句话阐述了有志之士要有着博大的胸怀、刚毅的品格，才能推己及人，表达了有志之士主动承担社会责任的那种坚定信心和勇气。高校教师可以在其教学、临床、科研、社会服务等多方面体现其品格和社会责任，在大学生心理健康教育工作和促进大学生成长成才中实现自身的价值。

梁瑞琼
广东省高校心理健康教育专家指导委员会副主任
广东省高校心理健康教育与咨询专业委员会秘书长
2021 年 6 月

前　言

加强大学生心理健康教育是全面推进素质教育、培养高素质人才的迫切需求。随着新形势下大学生心理健康状况的变化，“00 后”大学生的心理发展呈现出其自身的特点。本书结合当代大学生心理健康状况，以《普通高等学校学生心理健康教育课程教学基本要求》和《高等学校学生心理健康教育指导纲要》为准绳编写而成。

本书在编写中突出了以下两个特点。

第一，强调时代性。在内容方面，本书围绕“00 后”大学生心理健康的热点主题进行编写，在理论知识的深度、广度和新颖性上重点进行了斟酌，以期更加适应当代大学生的心理特点，有效提升大学生的整体心理素质。

第二，注重体验性、实践性。每章专设“大学生成长训练营”一节（栏目），其中包括心理测试、自我成长训练、团体拓展训练、案例导读、经典导读等栏目。这些栏目具有较强的可操作性和自我指导意义，是大学生自我成长的指南。

本书理论与实践并重，将知识传授、心理体验及行为训练有机结合，侧重培养大学生积极的心理品质以及生活心态，预防大学生心理问题的产生，促进大学生心理健康发展。本书各章的结构如下：开篇故事→理论内容（穿插信息窗、拓展阅读等栏目）→成长训练营（包括心理测试、自我成长训练、团体拓展训练、案例导读、经典导读等栏目）。

本书的编者都是长期从事大学生心理健康教育和大学生心理咨询工作的专、兼职教师，他们拥有多年的教学经验和咨询经验，较全面地掌握了当代大学生的心理健康现状和特点，保证了本书的质量。本书由陶剑飞、黄志凯主编，其中，黄志凯统筹指导、审稿定稿，陶剑飞统稿。具体执笔如下：第一章、第三章由崔洪波执笔，第二章、第七章、第十二章由陶剑飞执笔，第四章由赵海鹏执笔，第五章、第十一章由仇妙芹执笔，第六章、第八章由沈洪炎执笔，第九章由冯晖艳执笔，第十章由龙亚娌执笔。由于编者水平有限，书中难免有不足之处，敬请广大读者提出宝贵意见！

陶剑飞

2021 年 5 月 9 日

于广州大学城

CONTENTS

目　录

第七章 07

大学生恋爱心理与性心理 /118

第八章 08

大学生的学习心理 /138

第九章 09

大学生职业生涯规划 /159

01 第一章 绪论

【名人名言】

把认识自己作为自己的任务，这是世界上最困难的事。

——塞万提斯

我们雕塑着自己的行为，因此是我们选择了自己的命运。

——格拉瑟

开篇故事 现代心理卫生运动发起人——克利福德·比尔斯

克利福德·威廷汉姆·比尔斯（Clifford Whittingham Beers），美国精神卫生专家，出生于美国康涅狄格州的纽黑文，逝于罗得岛州的普罗维登斯。他 18 岁考入耶鲁大学商科，毕业后到纽约一家保险公司工作。上大学期间，比尔斯表面看起来健康的哥哥突然癫痫发作，数年后离世。他由于目睹了哥哥病情发作时昏倒在地、四肢抽搐、口吐白沫的可怕情景，担心这种病会遗传到自己身上，于是终日惶恐不安。24 岁时，比尔斯因精神失常被送往精神病医院治疗。在 3 年住院期间，他经历了当时精神病院的种种非人待遇，目睹了病友们遭受的不可言状的痛苦，于是立志将自己的余生贡献给精神病人，并终身从事预防精神病的工作。

1906 年，他将自己在病中的所见所闻以及自己患病前后的想法写成了一本自传著作——《一颗找回自我的心》（*A Mind That Found Itself*）。这是世界上第一本由精神病康复者所写的自传，也标志着近代心理健康运动的开始。在这本书中，他用生动的笔墨，历数了当时精神病院的冷酷和落后，详细记述了自己的病情以及治疗和康复的经过，并且向世人发出了改善精神病者待遇的强烈呼声。在心理学大师 W. 詹姆斯和著名精神病学家 A. 迈耶的赞赏与支持下，比尔斯于 1908 年 5 月 6 日成立了康涅狄格州心理卫生协会，这是世界上第一个心理卫生组织。1909 年 2 月 11 日，纽约成立了全美心理卫生委员会（比尔斯任顾问）。1917 年，全美心理卫生委员会创办了《心理卫生》杂志，采用多种形式宣传普及心理卫生知识，使心理卫生运动逐步在美国形成了一股热潮。1930 年 5 月 5 日，比尔斯等心理卫生的推行者在美国华盛顿召开了第一届国际心理卫生大会，中国也派出代表参会。这次大会产生了一个永久性的国际心理卫生委员会（世界心理卫生联合会的前身），比尔斯也因此成了全球著名的精神卫生倡导者与奠基人。

同学们，比尔斯的故事带给你哪些启发呢？作为一名当代大学生，你关心过自己的心理卫生问题吗？

第一节　大学生心理健康概述

当今社会正处于高速发展与深度转型时期，心理健康已经日益成为人们评价健康和幸福度的标准之一。提升国民心理健康素养已经成了一项国策。国民的心理健康是社会文明的体现，个人的心理健康是幸福生活的保障。曾任世界卫生组织总干事的马勒博士说过：“拥有健康并不等于拥有一切，但没有健康就等于没有一切。”健康就像“1”，财富、美貌、地位、事业等都是“0”，只有“1”这个数在，后面的“0”才有意义；如果没有“1”，再多的“0”也没有意义。精神分析大师荣格曾经说过：“一切的财富和成就，都源于杰出的智慧与健康的心理。”

大学生朝气蓬勃，正处于重要人生阶段，学会对自身的心理健康负责，选择良好的生活方式，提升自己的心理健康素养，追求有意义的人生，提高生命的品质，这是其成长成才的重要课题。那么，什么是心理健康？心理健康的标准又是什么呢？

一、心理健康的含义

随着科学的进步与社会的发展，对“健康”的界定一直在发生变化，心理健康的重要意义逐渐得到认可。在传统的观念里，健康就是机体处于正常运作状态，没有疾病。1977 年，恩格尔提出了健康的生物 - 心理 - 社会医学模式。恩格尔批评了传统生物医学模式仅关注导致疾病的生物化学因素，而忽视同样对健康有重要影响的社会、心理维度。1948 年，世界卫生组织明确指出：“健康不仅仅是没有疾病和衰弱的表现，而是在生理上、心理上和社会适应方面呈现出一种完好的状态。”这是 20 世纪首个重新使用整体论观点的健康模式。1989 年，世界卫生组织对健康做了新的定义，即“健康不仅是没有疾病，而且包括躯体健康、心理健康、社会适应良好和道德健康”。

第三届国际心理卫生大会认定心理健康的标志是：身体、智力、情绪十分协调；适应环境，在人际关系中能彼此谦让；有幸福感；在工作中能充分发挥自己的能力，过着有效率的生活。

著名的心理学家马斯洛提出了心理健康者 10 个方面表现，被学界广泛认可，具体如下：

（1）有充分的安全感；

（2）能充分了解自己，并恰当评估自己的能力；

（3）生活目标切合实际；

（4）与周围现实环境保持接触；

（5）保持人格完整与和谐；

（6）具有从经验中学习的能力；

（7）保持良好的人际关系；

（8）适度地宣泄情绪与控制情绪；

（9）在符合团体要求的前提下，个性得到发展；

（10）在符合社会规范的前提下，能适当满足个人基本需求。

心理健康是一种持续的心理状态，随着个体的成长及环境的改变、经验的增加会发生相应的变化。心理健康并不是个体永远没有痛苦和压力，而是在这种状态中，每个人都能充分发挥自身的潜能，具有良好的适应能力，具有正常的社会功能。

二、大学生心理健康标准

大学阶段是大学生心理迅速走向成熟的关键时期。这个阶段，个体智力的发展进入最高阶段，心理需求及情感体验也变得多样化。针对大学生这一特殊群体的年龄特征、心理特征和社会角色特征，国内外专家学者提出了不同的大学生心理健康标准，根据大学生的心理行为表现，这些标准概括起来可分为以下 7 个方面。

（一）了解自我，悦纳自我

心理健康的大学生拥有正确的自我意识，能体验到自我价值，对自我心存满意。他们对自我有自知之明，既能接受自己能力、性格和优势方面的局限性，对自我不过分苛责，又能积极探索自己、了解自己。他们自尊自信，积极乐观。即使面对艰难困境，也能泰然处之，不轻言放弃，不自怨自艾。面对挫折和打击，心理韧性强，心理复原力水平较高。

（二）接纳他人，善与人处

心理健康的大学生乐于与人交往，人际关系和谐，他们悦纳自己，同时也理解与尊重接纳他人。他们的情感状态更多是积极的，例如同情、友善、信任、尊敬等，而不总是消极的，如猜疑、嫉妒、畏惧、敌视等。他们秉持着“你好我好大家好，才是真的好！”“我不完美，你也不完美，但这没关系，我们可以一起向前进！”的人生态度，拥有开放、友善和信任他人的信念，同时能够准确地觉察他人的思想、愿望和情感，善于共情、沟通和交往，能够建立适宜的人际关系并享受人际关系带来的愉悦。

（三）正视现实，适应环境

心理健康的大学生能够正视现实、接受结果。无论现实环境是否符合自身发展，他们总能做出客观的判断，并发挥自己的主观能动性，很快适应新环境，妥善应对学习、生活和工作中的困难，积极地发展自己。他们既不会好高骛远、不切实际，也不会消极被动、畏惧退缩。他们拥有生命的活力，持有积极的生活态度。

（四）热爱生活，好学力行

心理健康的大学生珍惜和热爱生活，能积极投身于学习、生活、工作、事业并从中尽情享受人生的乐趣。他们兴趣爱好广泛，学习动力强，目标明确，对自我的发展有清晰的规划，他们勇于突破，勇于创新，追求自我实现。

（五）人格完整

心理健康的大学生拥有完整的人格结构，气质、能力、性格、理想、信念、动机、兴趣、人生观等各方面平衡发展，没有明显的缺陷与偏差。他们的内心世界与外在世界和谐统一，社会功能良好，具有良好的自我调控能力，对外界刺激不会有偏颇的情绪和行为反应。他们能够与社会的发展保持一致，具有积极进取、动态发展的人生观和价值观。

（六）情绪稳定协调

心理健康的大学生情绪稳定、心情愉快。他们更多地体验到开心、乐观、开朗、满意等积极情绪，对悲、忧、愁、怒等消极情绪不抗拒、不排斥。他们既能识别自己的情绪，又能适度地表达自己的情绪。他们在顺境中不骄不躁，在逆境中不自怨自艾，能够管理好自己的情绪。

（七）心理行为符合年龄特征

心理健康的大学生具有与自身年龄相一致的心理行为特征，有着这个年龄段独有的心理行为模式。每个年龄段都有相对应的心理行为表现，与大学生相应的心理行为是独立自主、朝气蓬勃、开拓创新、勇于探索。反之，如果出现老气横秋，或过于幼稚、过于依赖等现象，都是心理不健康的表现。

信息窗

美国心理卫生学会的 11 条心理健康要诀

（1）不对自己过分苛求：有些人做事要求十全十美，对自己的要求近乎苛刻，往往因为小小的瑕疵而自责，结果受害者是自己。为了避免有挫折感，应该把目标和要求定在自己能力范围之内，懂得欣赏已有成就，这样心情自然就舒畅了。

（2）对他人期望不要过高：很多人把希望寄托在他人身上，若对方达不到自己的要求，就大感失望。其实每个人都有自己的思想，也都有优点和缺点，何必要求别人迎合自己呢?

（3）疏导自己的愤怒情绪：当我们勃然大怒时，会做出很多错事或失态的事。与其事后后悔，不如事前加以自制，把愤怒转移至另一方面，如打球和唱歌，练就一种“阿 Q 精神”。

（4）偶尔也要屈服：一个做大事的人，应该学会从大处看，只有一些无见识的人才会向小处钻。因此，只要大前提不受影响，在小处有时无须过分坚持，这样可以减少自己的烦恼。

（5）暂时逃避：在生活中受到挫折时，便应该暂时将烦恼放下，做你喜欢的事，如运动、睡觉和看书等，等到心境平衡时，再重新面对自己的难题。

（6）找人倾诉烦恼：把所有的抑郁埋藏在心底，只会令自己郁郁寡欢；如果把内心的烦恼告诉你的知心好友或师长，心情会顿时感到舒畅。

（7）为别人做点事：助人为快乐之本，帮助别人不仅可使自己忘却烦恼，而且可以确定自己存在的价值，获得珍贵的友谊，何乐而不为呢?

（8）在一定时间段只做一件事：美国心理辅导专家乔奇博士发现，造成忧思、精神崩溃等疾病的主要原因是患者面对很多急需处理的事情，精神压力太大。因此要减少自己的精神负担，不要同时进行一件以上的事情，以免弄得自己心力俱疲。

（9）不要处处与人竞争：有些人心理不平衡，完全是因为他们太爱竞争，使自己经常处于紧张状态。其实，与人相处，应该以和为贵。

（10）对人表示善意：我们经常被人排斥，是因为别人对我们有戒心。如果在适当的时候表示自己的善意，多交朋友，少树敌人，心境自然会变得平静。

（11）娱乐：这是消除心理压力的最好方法。娱乐方式不太重要，最重要的是它可以令人心情舒畅。

三、大学生心理健康的意义

大学生是国家的希望、社会的未来，因此，大学生心理健康是人们关注的焦点。健康、快乐、成功也是大学生所关心的重要话题。具体来说，心理健康对于大学生的健康全面发展有以下意义。

（一）心理健康是大学生成才的保证

心理健康对于大学生成才是至关重要的。首先，心理健康状况直接影响大学生的学业。教育家苏霍姆林斯基曾经说过："教学的效果在很大程度上取决于学生的内在心理状态如何，积极和热情是推动学习的内在动力。"健康的心态能够强化人的智力活动，从而有利于学业的完成。心理健康的大学生会表现得精力充沛，学习效率高，他们有广泛的兴趣和强烈的好奇心，能广泛涉猎各种课外活动，丰富和完善自己的知识结构。另外，心理健康的大学生能正视学习和生活中遇到的各种冲突与挫折，积极克服困难，努力进行自我调节，更好地去适应大学生活。而心理不健康的学生，终日被问题所扰，往往难以保证有效地学习。其次，心理健康状态还会直接影响大学生的潜能开发。教育的目的之一就是要开发学生的潜能。健康的心理状态和潜能开发是相互促进、互为前提的：健康的心理，比如良好的自信心、积极的情绪、坚强的意志、完善的人格等，可以使学生的感知敏锐、思维灵活、记忆力获得增强、头脑更加清醒、精神愈加饱满，因而容易形成新的神经联系，促进大脑机能的发育和心理效能的发挥，最终使其潜能得到充分开发。

（二）心理健康是大学生提高综合素质的保证

每个人生发展阶段都有其相应的发展任务，一个人的发展就是不断完成发展任务的过程。心理健康是完成好这些任务的保证。大学生综合素质（包括科学素质、道德素质、人文素质等）的提高，在很大程度上会受到心理健康素质的影响。心理健康素质是激活和促进人的全面发展的内在动力。它不仅影响大学生其他素质的形成和发展，还影响大学生其他素质的发挥。因此，大学生综合素质的强弱很大程度上取决于他们心理健康素质的高低。

（三）心理健康是大学生人格健全发展的基础

大学阶段是大学生人格形成和发展的关键阶段，大学生不仅要重视自己知识的获得、智能的提高，而且要重视优良品质的形成和健全人格的塑造。健康的心理与大学生的人格发展密切相关，并且能直接影响大学生人格的发展水平。健全人格的标准，在某种意义上就是人的心理健康的高层次标准。心理健康有助于大学生人格获得健康、全面、和谐的发展。

（四）心理健康是大学生活和未来社会的需要

大学生经过努力学习和激烈竞争才跨进大学，在大学期间如何适应大学的学习、生活环境，毕业以后如何适应工作要求等，都与其自身的心理健康水平有关。适应能力的强弱在很大程度上取决于心理健康水平的高低。心理健康的大学生往往具有良好的认知能力、灵活的情绪调节能力和顽强的意志力，能对现实保持清醒的认识，积极面对生活中各方面的问题和困难，运用切实有效的方法加以应对。而心理健康水平较低的大学生，容易出现适应不良，遇到挫折时容易产生心理失衡，甚至会出现不同程度的心理问题。

第二节　大学生常见心理问题及心理健康的影响因素

大学生一方面正处在心理快速发展的阶段，另一方面会经历社会多方面的压力冲击，因此，在成长过程中出现一些心理困扰与问题也是正常的。科学把握大学生心理健康的影响因素，对于增强大学生心理适应能力、提升大学生心理健康素质具有重要意义。

一、大学生常见心理问题

近几年，来自高校心理健康测查以及心理咨询机构的调查显示，大学生常见心理问题有以下6种。

（一）适应问题

适应问题主要发生在大一新生阶段。进入大学后，几乎每位新生都会面临新的环境、学习方法、人际交往等方面的调整和适应问题，大部分学生会表现出一定的不适应，甚至体验到强烈的失落感和茫然感，只是每个人问题的严重程度和持续时间不同罢了。一方面，对绝大多数新生来说，迈入大学的校门意味着远离熟悉的生活环境和亲朋好友，要开始独立生活，许多问题需要自己独立处理。如果他们不能尽快地调整好自己，就会形成不同程度的适应问题。对部分在中学时成绩优异，广受老师和同学们关注和喜欢的学生来说，进入大学后他们要面临角色的重大转变，面对“高手云集”的新集体，他们可能会失去往日的“风光”。如果不能对这一心理落差做出及时调整，就会造成焦虑、自卑等不良心理，有的新生甚至从此变得一蹶不振。

（二）学习问题

大学阶段的学习目的、方式及内容都有别于中学。一些大学生忽视了对学习方法的调整，依然刻板地沿用中学阶段的学习方法来应对大学课程，或者由于大学学习氛围宽松而缺乏动力、学习目的不明确，进而表现出学习兴趣低、学习态度不端正、学习动机功利化等，导致学习过程中出现挫折、迷茫、困惑以及考试不及格等问题，最后形成焦虑、自卑、厌学等不良情绪反应。不良的情绪反应反过来又影响他们的学习效果，导致学习压力进一步加大。另外，专业选择不当也会给一些大学生带来很大的不适应，造成心理困扰。

（三）情绪问题

大学生情感丰富、细腻，然而由于自身社会经验不足、情绪不稳定，往往容易出现冲动、急躁情绪，感情用事。另外，由于大学生的情绪、情感具有两极性、矛盾性的特点，自控能力不强，感情比较脆弱，他们比较容易因日常生活中的一点小事而引发情绪波动。当他们在生活、学习、情感等方面遇到较大的挫折时，容易表现出抑郁、焦虑、无助甚至绝望等不良情绪状态。

（四）人际交往问题

人际交往问题往往排在大学生各种心理问题的首位，已经成为困扰大学生学习和生活的一个重要因素。大学生正处在一个人际交往需求强烈的发展阶段，他们渴望获得友谊，借此去认识世界并且满足自己对归属和爱的需求。但由于缺乏社交经验和技巧，一方面大学生对人际关系的追求往往带有较多理想色彩，导致他们对社交现状不满；另一方面可能会遭遇人际关系失调、冲突等，由此产生失落、退缩，体验到较强烈的孤独感。当前发达的即时通信技术也对人际关系产生了重大影响。许多大学生喜好网上交友聊天，却不愿与身边的亲人、朋友、同学进行交流，这虽然带给大学生一定程度的社交满足感，但是也造成很多同学因此更加不愿意面对现实生活中的人际交往情境。

（五）恋爱心理与性心理问题

随着生理和心理的日渐成熟，大学生的情感需求逐渐强烈，他们对恋爱及两性问题很关注，也很敏感。但是由于大学生思想尚不成熟，考虑问题比较简单，大学生对什么是爱情，如何寻找、表达、获得或维持爱情，特别是对如何正确处理失恋、单相思以及性需求、性行为等问题感到迷茫与困惑，因而容易造成心理困扰。

（六）生涯规划与就业心理问题

大学是连接学校与社会的桥梁，如何做好生涯规划关系到大学生活如何经营，也可能会影响大学生一生的发展。但是很多大学生缺乏人生规划的意识，对自己内心追求的目标不清晰，因此面对未来容易感到迷茫。另外，随着高等教育越来越大众化，高校毕业生人数每年都创历史新高，再加上新兴科学技术不断冲击很多就业岗位，导致当代大学生的就业压力越来越大。不少大学生由于对此类变化不适应，不能及时调整自我去适应，因而就会出现种种困扰和苦恼，导致求职择业方面出现心理问题。

上述就是大学生中常见的一些问题，它们既可以是心理问题的表现内容，也可以是引起心理问题的原因，而且各种问题之间往往相互作用，比如学习问题会引起情绪问题，而情绪问题也可能引起学习问题。

二、大学生心理健康的影响因素

大学生心理健康的影响因素是内部与外部多方面的。内部的生物学方面如遗传因素，外部的环境方面如社会环境、学校环境、家庭环境等，它们共同对个体产生影响。

（一）遗传因素

遗传与环境对一个人发展的影响，一直以来都是心理学家争论的焦点。在长期论辩后，遗传论与环境论的学者在一定程度上都放弃了激进的观点，大家都认识到心理发展是由遗传与环境交互作用和共同决定的。遗传就像是种子，环境就像是土壤，只有土壤而无种子固然长不出什么植物来，但只有种子而无土壤也不可能发育成长。

关于遗传因素对心理健康的影响，目前已经积累了大量的实验证明。双生子实验研究发现，精神分裂症同卵双生子的平均相关系数为 0.48，异卵双生子的平均相关系数只有 0.17。用家谱分析方法研究遗传因素对个体心理健康的影响，结果发现，在有心理健康问题的学生中，其家族成员中有相关疾病史所占的比例明显更大。另外，有国内资料表明，多动症儿童的家庭成员中有多动症史的占比可达 13.6%，其中父辈或同辈有类似病史者各占 50%。

（二）环境因素

环境因素主要通过社会环境、学校环境、家庭环境三方面影响大学生心理健康。

1. 社会环境

社会环境是影响大学生心理健康的基本因素。当前社会变迁迅速，给心理尚未成熟的大学生带来的心理冲击比以往更加强烈、复杂。大学生一旦适应不良，就可能导致心理问题。新旧观念更替、不同文化冲突，常常使大学生感到困惑、混乱；竞争更加剧烈、生活节奏加速，使大学生感受到很多的压力和焦虑；理想与现实的反差，往往也让他们感到迷茫。

2．学校环境

学校是促进大学生发展和成熟的重要场所，也是影响大学生心理健康的重要因素。大学教育制约着大学生心理发展的方向和水平。因为大学教育是有目的、有计划和有系统地学习知识，它对大学生提出新的要求，引起新的需要，所以对大学生的心理发展能起积极主动的影响。教育对心理发展的作用是经过学习这个中心环节实现的。学习知识不仅能够促进心理健康发展，而且能够影响个性心理特征。

3．家庭环境

家庭对人的一生会产生重大影响。家庭环境因素包括家庭结构、父母的人格特征、亲子依恋、父母教养方式等。例如，研究显示，安全型依恋者对他人往往保持更积极的态度，更能够信任、理解和同情他人，他们容易建立融洽的人际关系；而不安全型依恋者则对他人信任度低，往往会遇到更多的人际困扰，在人际交往中体验到更多的孤独感。权威型教养方式比专制型、放任型、冷漠型都更有利于孩子的适应性、情绪以及智力获得良好的发展。

信息窗 **突破原生家庭的束缚**

近年来关于“原生家庭”的讨论十分激烈，“原生家庭”尤其是不良家庭环境的影响越来越引发人们关注。既然家庭的影响如此之大，并且已经被写进了我们生命的早期而不可逆转，每个人就只能被家庭所束缚了吗？其实，虽然家庭环境影响很大，但大学生依然是有自主能力改变其影响效果的。

要进行改变的第一步就是增加自我了解与觉察。每个人都容易生活在自以为是的真实里，往往难以意识到这个真实其实经过了自己有色眼镜的扭曲。我们应该客观观察自己的家庭，以及自己在家庭中的角色，分析每一个困扰的背后家庭是通过怎样的机制发挥作用的。第二步，观察过程中，我们还要善于寻找属于家庭环境的资源以及优势。当保持欣赏与理解的视角重新审视时，对于父母的唠叨或指责，或许我们能够发现其实潜藏着父母深深的关怀与担心。第三步，当觉察到问题所在及形成机制时，接下来我们就要勇敢去改变，而改变首先要从自己开始。很多大学生在意识到自己的问题或困扰来自家庭后，往往首先就会诸多抱怨，甚至指责并要求父母进行改变，但实际效果往往很差。当我们难以改变他人时，可以尝试从自我改变出发。家庭作为一个系统，当有一个部分发生改变时，其他部分必然也会逐渐发生转变。

第三节 提高大学生心理健康水平的方法

大学生的心理健康状况关系到大学生的个人成长发展，也关系到整个国家与民族的前途命运。维护和促进大学生心理健康是教育的重要目标，也是大学生的个人内在需求。

一、掌握心理健康知识

心理健康知识是大学生增进自我了解、加强自我调节的理论武器。日常生活中，系统学习过心理健康知识的大学生往往在自我调适、自我疏导方面表现较好，适应能力也较强。而那些缺乏心理健康知识的大学生面对各种应激时的反应往往显得缺乏有效性和灵活性，长期来看这些学生也有更大罹患心理疾病的风险。因此，大学生应认真上好心理健康教育课，积极参加心理健康主题讲座，自觉观看心理知识视频或阅读有关书籍，尽可能通过多种途径来掌握心理健康的相关知识和自我保健技能。

二、学会自我心理调适

大学生的自我心理调适包括完善自我意识、塑造健全人格、调整认知结构、学会情绪管理、丰富人际交往技能等方面。本书后面章节将逐一展开阐述。

三、参加社会实践活动

人的心理是在社会交往与实践活动中形成和发展的，充足的社会交往与实践活动有利于大学生丰富情感体验、锻炼意志品质、提高实践能力和心理健康素质。只有在社会交往和实践活动中，大学生才能充分发挥主观能动性，才能积极、主动、自觉地进行自主探索和自我发展，在参与活动时将亲身体验和感悟“内化”，从而促进自身的心理健康。

四、养成健康生活方式

生活方式就是指人们在日常生活中，由个人情趣、爱好和价值取向等共同决定的活动形式和行为特征。健康的生活方式是一个人身心健康的重要保障，生活方式健康的人往往心理健康状况也较好，反之则可能心理健康状况欠佳。根据中国青年网的数据，当代大学生晚睡情况十分普遍，而玩手机作为晚睡原因占比高达 71.35%。“宅”成了现在年轻人的一种时尚生活方式，这不可避免地会造成运动不足、健康水平下滑等情况。按照卫生健康管理部门推荐的每天至少 6000 步的运动量判断，超过 50.2% 的大学生没有达标。因此，对于处在人生发展黄金阶段的大学生来说，合理使用手机、保持规律健康作息、适度运动、养成健康生活方式显得尤其重要并且迫切。

五、寻求专业心理咨询

很多大学生在产生心理问题后习惯于自己想办法解决。自我调适本身是好的应对策略，但是当心理压力过大，产生的内心冲突激烈时，自我调适的效果往往并不理想。此时大学生就应该积极寻求亲朋好友的帮助，尤其需要及时、主动寻求心理咨询机构的帮助。

信息窗

“5·25”——全国大中学生心理健康日

每年的 5 月 25 日，是全国大中学生心理健康日。2000 年，由北京师范大学心理学系团总支、学生会倡议，10 多所高校响应，并经北京市团委、学生联合会批准，确定每年的 5 月 25 日为北京大学生心理健康日。

2004 年，中国共青团中央学校部、全国学生联合会共同决定将 5 月 25 日定为全国大、中学生心理健康日。由此，“5·25”作为心理健康日得到了国家相关部门的认可和推广。关注大、中学生的心理健康，培养健全的品质和人格的活动也由此蓬勃发展起来。

“5·25”谐音“我爱我”，恰如其分地表达了心理健康的主题和内涵，就是希望年轻人关爱自己，感悟生命，健康成长。只有这样，我们才能更好地关爱他人，关爱社会，实现和谐。

第四节 大学生心理健康教育

《普通高等学校学生心理健康教育课程教学基本要求》指出，“加强和改进大学生心理健康教育是全面落实教育规划纲要、促进学生健康成长、培养造就高级专门人才的重要途径，是全面贯彻党的教育方针、建设人力资源强国的重要举措，是全面提高高等教育质量、加强和改进大学生思想政治教育的重要任务”。由此可见，开展大学生心理健康教育意义重大。

一、认识心理健康教育

大学生心理健康教育的重要性已经得到广泛共识，心理健康教育也正成为高校教育的重要组成部分。然而，对于什么是大学生心理健康教育，很多人的回答却往往是不清晰的。

（一）心理健康教育的含义

大学生心理健康教育指的是高校根据大学生的生理和心理发展特点，根据实际情况并运用有关心理学与教育学的知识，通过多种途径与手段对大学生进行有目的、有计划、有组织的教育与辅导，旨在培养大学生良好的心理素质，促进大学生身心全面发展和综合素质提高。大学生心理健康教育是心理科学的重要组成部分，与教育心理学、医学心理学、社会心理学和青年心理学都有十分密切的联系。

（二）心理健康教育与思想政治教育的关系

大学生心理健康教育与思想政治教育既互相联系又互相区别。二者的联系主要表现为：大学生心理健康教育与思想政治教育都属于高校德育的教育内容，两者的共同目标也是一致的。但是从教育内容来看，思想政治教育更侧重于大学生政治信念、政治立场、政治观点的塑造与培养等方面，而心理健康教育更关注对学生进行人格、意志、心理健康等方面的教育，两者在内容上有许多不同之处。在实际工作中我们发现，思想问题与心理问题其实往往是互相交织、互相影响的。一方面，心理健康的大学生更易于接受思想教育并将其内化为自己的信念，外化为行为；另一方面，一些大学生的错误思想正是在不健康的心理状态下形成或表现出来的，甚至有些不良行为本身就是心理障碍的结果。因此，加强心理健康教育不仅有利于促进大学生的身心健康，也有利于大学生形成良好的思想政治品质。

二、大学生心理健康教育的意义

大学生心理健康教育以优化大学生心理素质为起点，对促进大学生的全面发展和顺利社会化具有重要意义。

（一）有助于大学生正确认识自己，培养健全的人格

进行大学生心理健康教育，可以使大学生了解自己当前所处阶段的心理特点及其发展规律，能帮助大学生科学全面地认识自己，加强心理自我教育，从而形成正确的自我观念和人生观。另外，这对于消除不利于大学生人格发展因素的影响，培养大学生健全的人格，将起到积极的作用。

（二）有助于大学生进行心理调适，保证学习正常进行

大学生的心理状态正处于迅速发展、趋于成熟又未完全成熟的阶段，其心理品质的发展特点表现为不稳定和不平衡。当前社会节奏越来越快，社会竞争日益激烈，大学阶段的学习从某种层面来看也是就业的准备，因此，当代大学生的学业压力是十分巨大的。在学习生活之外，大学生还要面

对来自社会各方面的压力，不断迎接失败和成功的考验，这些都必然加重大学生的心理负担。加强大学生的心理健康教育，一方面大学生可以利用掌握的心理健康知识及时应对遇到的困难与困惑，另一方面有利于及时针对有较大困扰的学生进行心理疏导，最终可以减少大学生的不适应行为，保证其学习活动的正常进行。

（三）有助于大学生智力活动的开展

良好的心理状态是保证大学生智力活动正常进行的基础和条件。心理学研究表明，心理健康的人常具有轻松、愉快、乐观的情绪，这种积极情绪不仅能使人的记忆力增强、观察力提高，而且能促进个体活跃思维，充分发挥心理潜力，从而使人精力充沛地去学习。此外，在社会活动中，心理健康的人更容易建立良好的人际关系，适应多变的环境，保持心理平衡，从而在智力活动中创造出更有价值的成果。

（四）有助于促进大学生身体素质的提高

人的身体与心理是一个相互影响的有机整体。心理健康因素与身体器官的健康之间有十分密切的关系。较多的医学研究证明，心理障碍可以导致某些身体疾病；反过来，头痛等身体症状，很多时候也可以找到心理方面的原因。因此，对大学生进行心理健康教育，不仅有利于强化其心理素质，还有利于促进其身体素质的发展。

第五节 大学生成长训练营

心理测试 **90 项症状自评量表（SCL–90）**

90 项症状自评量表（SCL–90）是世界上最著名的心理健康测试量表之一，该量表共有 90 个项目，包含较广泛的精神病症状学内容，从感觉、情感、思维、意识、行为直至生活习惯、人际关系、饮食睡眠等，均有涉及，并采用 10 个因子分别反映 10 个方面的心理症状情况。

注意：表 1–1 列出了有些人可能会有的问题，请仔细阅读每一条，然后根据最近一星期你对以下项目的实际感觉，选择最符合你的一项。

表 1–1 90 项症状自评量表

项目	无	轻度	中度	偏重	严重
1. 头痛	1	2	3	4	5
2. 神经过敏，心中不踏实	1	2	3	4	5
3. 头脑中有不必要的想法或字句盘旋	1	2	3	4	5
4. 头晕或晕倒	1	2	3	4	5
5. 对异性的兴趣减退	1	2	3	4	5
6. 对旁人责备求全	1	2	3	4	5
7. 感到别人能控制你的思想	1	2	3	4	5
8. 责怪别人制造麻烦	1	2	3	4	5
9. 忘性大	1	2	3	4	5

续表

项目	无	轻度	中度	偏重	严重
10. 担心自己的衣饰不整齐及仪态不端正	1	2	3	4	5
11. 容易烦恼和激动	1	2	3	4	5
12. 胸痛	1	2	3	4	5
13. 害怕空旷的场所或街道	1	2	3	4	5
14. 感到自己的精力下降，活动减慢	1	2	3	4	5
15. 想结束自己的生命	1	2	3	4	5
16. 听到旁人听不到的声音	1	2	3	4	5
17. 发抖	1	2	3	4	5
18. 感到大多数人都不可信任	1	2	3	4	5
19. 胃口不好	1	2	3	4	5
20. 容易哭泣	1	2	3	4	5
21. 同异性相处时感到害羞不自在	1	2	3	4	5
22. 感到受骗，中了圈套或有人想抓住你	1	2	3	4	5
23. 无缘无故地突然感到害怕	1	2	3	4	5
24. 自己不能控制地大发脾气	1	2	3	4	5
25. 怕单独出门	1	2	3	4	5
26. 经常责怪自己	1	2	3	4	5
27. 腰痛	1	2	3	4	5
28. 感到难以完成任务	1	2	3	4	5
29. 感到孤独	1	2	3	4	5
30. 感到苦闷	1	2	3	4	5
31. 过分担忧	1	2	3	4	5
32. 对事物不感兴趣	1	2	3	4	5
33. 感到害怕	1	2	3	4	5
34. 你的感情容易受到伤害	1	2	3	4	5
35. 旁人能知道你私下的想法	1	2	3	4	5
36. 感到别人不理解你、不同情你	1	2	3	4	5
37. 感到人们对你不友好、不喜欢你	1	2	3	4	5
38. 做事必须做得很慢，以保证做得正确	1	2	3	4	5
39. 心跳得很厉害	1	2	3	4	5
40. 恶心或胃部不舒服	1	2	3	4	5
41. 感到比不上他人	1	2	3	4	5
42. 肌肉酸痛	1	2	3	4	5
43. 感到有人在监视你、谈论你	1	2	3	4	5
44. 难以入睡	1	2	3	4	5
45. 做事必须反复检查	1	2	3	4	5
46. 难以做出决定	1	2	3	4	5
47. 怕乘坐公共汽车、地铁或火车	1	2	3	4	5
48. 呼吸有困难	1	2	3	4	5
49. 一阵阵发冷或发热	1	2	3	4	5
50. 因害怕而避开某些东西、场合或活动	1	2	3	4	5
51. 脑子变空了	1	2	3	4	5
52. 身体发麻或刺痛	1	2	3	4	5

续表

项目	无	轻度	中度	偏重	严重
53. 喉咙有梗塞感	1	2	3	4	5
54. 感到前途没有希望	1	2	3	4	5
55. 不能集中注意力	1	2	3	4	5
56. 感到身体的某一部分软弱无力	1	2	3	4	5
57. 感到紧张或容易紧张	1	2	3	4	5
58. 感到手或脚发重	1	2	3	4	5
59. 想到死亡的事	1	2	3	4	5
60. 吃得太多	1	2	3	4	5
61. 当别人看着你或谈论你时，你感到不自在	1	2	3	4	5
62. 有一些不属于你自己的想法	1	2	3	4	5
63. 有想打人或伤害他人的冲动	1	2	3	4	5
64. 醒得太早	1	2	3	4	5
65. 必须反复洗手、点数或触摸某些东西	1	2	3	4	5
66. 睡得不稳不深	1	2	3	4	5
67. 有想摔坏或破坏东西的想法	1	2	3	4	5
68. 有一些别人没有的想法	1	2	3	4	5
69. 感到对别人神经过敏	1	2	3	4	5
70. 在商店或电影院等人多的地方不自在	1	2	3	4	5
71. 感到任何事情都很困难	1	2	3	4	5
72. 一阵阵恐惧或惊恐	1	2	3	4	5
73. 感到公共场合吃东西很不舒服	1	2	3	4	5
74. 经常与人争论	1	2	3	4	5
75. 单独一人时神经很紧张	1	2	3	4	5
76. 感到别人对你的成绩没有做出恰当的评价	1	2	3	4	5
77. 即使和别人在一起也感到孤单	1	2	3	4	5
78. 感到坐立不安，心神不定	1	2	3	4	5
79. 感到自己没有什么价值	1	2	3	4	5
80. 感到熟悉的东西变成陌生或不像是真的	1	2	3	4	5
81. 大叫或摔东西	1	2	3	4	5
82. 害怕会在公共场合晕倒	1	2	3	4	5
83. 感到别人想占你的便宜	1	2	3	4	5
84. 为一些有关“性”的想法而很苦恼	1	2	3	4	5
85. 你认为应该因为自己的过错而受惩罚	1	2	3	4	5
86. 感到要很快把事情做完	1	2	3	4	5
87. 感到自己的身体有严重问题	1	2	3	4	5
88. 从未感到和其他人很亲近	1	2	3	4	5
89. 感到自己有罪	1	2	3	4	5
90. 感到自己的脑子有毛病	1	2	3	4	5

评分与解释

该量表包括 10 个因子，每一个因子反映了某方面症状的痛苦情况，通过因子分可了解症状分布特点。因子分 = 该因子的项目总分 / 该因子的项目数。当测试者某一因子的得分大于 2 时，即超出正常均分，则个体在该方面就很有可能有心理健康方面的问题。若超过 3 分，即表明该因子的症状已达到中等以上的严重程度。下面是各因子名称及所包含的项目。

（1）躯体化：1、4、12、27、40、42、48、49、52、53、56、58，共 12 项。该因子主要反映主观的身体不适感。

（2）强迫症状：3、9、10、28、38、45、46、51、55、65，共 10 项。该因子反映临床上的强迫症状群。

（3）人际关系敏感：6、21、34、36、37、41、61、69，73，共 9 项。该因子主要反映某些个人的不自在感和自卑感，尤其是在与其他人相比较时更突出。

（4）抑郁：5、14、15、20、22、26、29、30、31、32、54、71、79，共 13 项。该因子反映在临床上与抑郁症状群相联系的广泛的概念。

（5）焦虑：2、17、23、33、39、57、72、78、80、86，共 10 项。该因子反映在临床上明显与焦虑症状群相联系的精神症状及体验。

（6）敌对：11、24、63、67、74、81，共 6 项。该因子主要从思维、情感及行为 3 方面反映某些人的敌对表现。

（7）恐怖：13、25、47、50、70、75、82，共 7 项。它与传统的恐怖状态或广场恐怖所反映的内容基本一致。

（8）偏执：8、18、43、68、76、83，共 6 项。主要是指猜疑和关系妄想等。

（9）精神病性：7、16、35、62、77、84、85、87、88、90，共 10 项。其中有幻听、被洞悉感等是反映精神分裂样症状的项目。

（10）其他：19、44、59、60、64、66、89，共 7 项。主要反映睡眠及饮食情况。

自我成长训练

训练 1：探索大学发展目标

请在表 1-2 中写下你在大学里最想完成的 5 个目标，然后思考确立这些目标的理由，再按照如下要求进行活动。

（1）假如当前必须从中划掉 2 个目标，你会如何选择？体验一下划掉时的心情。

（2）假如你必须再划掉 1 个目标，你会如何选择？体验一下划掉时的心情。

（3）假如你不得不再划掉 1 个目标，你会如何选择？体验一下现在的心情。

（4）再次审视这 5 个目标，进行重要性排序。

表 1-2 探索大学发展目标

大学里的 5 个目标	确立该目标的理由	重新排序

训练 2：制订心理保健计划书

姓名：____________

主题：____________

目的：____________

确定心理保健的形式：____________

需要准备的装备物资：____________

进行心理保健的时间或频率：____________

我的监督者：____________

特殊情况的处理：____________

其他需要注意的事项：____________

计划执行后的总结或调整：____________

____

团体拓展训练

活动主题：积淀成就，适应变化。

活动目标：增强学生对自我的肯定，找到自己的定位，寻求集体的认同，促进新生适应。

活动时间：90 ～ 120 分钟。

活动人数：每组 8 ～ 10 人。

活动原则：注意保密原则，在活动中涉及的自我暴露及探讨的相关信息不可以在其他场合谈论，注意保护小组成员的隐私，遵守小组制订的“团体契约”，推动小组安全运行。

热身活动：滚雪球（时间：15 分钟）

1. 目的

允实自我介绍的内容，从第一个人滚动雪球到最后一个人，雪球越滚越大，介绍的次数越多，大家的记忆就越深刻，同时增加的内容也能增加自我介绍的趣味性。

2. 活动步骤

各组的人围成圈坐在一起，按顺时针方向开始自我介绍，介绍格式为“我的名字是××，我来自××，我的兴趣是×××”，然后接着的一个人要按照格式将前面人介绍的信息重复一遍，再来介绍自己，所以最后一个人就要将所有人都介绍一遍。

活动 1：曾经闪耀（时间：45 分钟）

1. 目的

促进成员自我肯定，同时加深同学之间的相互了解。

2. 活动步骤

（1）每个人在白纸上画出一幅自画像，并且用各种方式展示自己过去的个性、成就、爱好等。

（2）画好后，小组成员之间轮流向其他人展示、讲解过去的自己，并且挑选一件最有挑战性或最有成就感的事情详细讲述。

（3）每个成员分享自己作为听者和讲述时候的感受。

3. 活动点评

在作画过程中，每个成员可以认真梳理成长经历；向他人陈述自己的优点、成就时，容易激发成员的自信心，赢得他人赞赏，也可促进成员自我形象的优化。

活动 2：大学新体验（时间：45 分钟）

1. 目的

（1）通过认识大学生活与高中生活的差异，寻找客观和主观原因，引导学生思考如何在大学阶段通过自己的努力，得到更好的自我成长和自我发展。

（2）促使大学生发现大学的变化，讨论变化给自己带来的影响，并找到适应的途径。

2. 准备材料

便利贴、两个小纸箱。

3. 活动步骤

（1）给大学贴标签：高中以前，你心中的大学是什么样的？来到大学后，你体验到的大学又是什么样的？请分别在便利贴的正反面将具有代表性的形容词或名词写下来。

（2）将便利贴分别装入不同的纸箱：认为上大学前后，你体验到的大学比较符合你的预期的同学，请将便利贴投入其中一个纸箱内；认为上大学前后，你体验到的大学与你心中的预期相差较大，甚至大相径庭的同学，请将便利贴投到另外一个纸箱内。

（3）统计两个纸箱的便利贴，了解大学生对大学的初步认识情况。

（4）同学之间讨论交流，分别谈谈体验相差较远的原因或较为一致的原因。

4. 活动点评

大家会发现每个人对大学的期待和体验都是不同的，经过交流，大家会对大学有一个更理性的认识，进而确定自己的发展方向。

案例导读 新环境，新成长

案例介绍

李晓，男，20 岁，独子，某校大一学生。家在河南农村，父母都是农民，家庭经济条件一般。他性格较内向，从小成绩优秀，对自我要求严格。进入大学两周以来，李晓发现自己总是难以适应目前的大学生活，每天心烦意乱，对什么事情都不感兴趣。同宿舍的张强是班级心理委员，通过观察，他发现李晓这位新同学的情绪总是比较低落，集体活动也都不积极参与，有时候会一个人坐着发呆，回到宿舍也不爱说话。一天晚饭时间，张强私下找到李晓，试探着询问其情况，发现原来李晓正陷入难以适应环境的苦恼情绪之中。在张强的建议之下，李晓前来咨询。

来到咨询室后，李晓终于讲出了自己的心事："老师，我参加过两次高考。不过都发挥失常，来到了这个我不喜欢的学校，选了一个不满意的专业。开学后周围的一切让我感觉是那么不适应，我理想中的高等学府应该有很多博学的老师和思维敏锐的同学们，我们一起在象牙塔里遨游，去探求未知的一切。而今，学校给我安排了这些我并不感兴趣的课程，我应付不来那么多繁杂的活动，周围的同学们也不怎么聊得来。现在所学的专业，听师兄说就业状况并不好，我好怕自己四年后找不到工作！那时候我怎么养自己，怎么养父母？现在我这种状态真的很可怕，上课听不进去，晚上睡不着，也不想参加集体活动，觉得好无聊，一个人独来独往。最近这几天，我就老想是不是该重新再考一次，选择自己喜欢的学校、喜欢的专业，可是又怕自己重新选择一次结果还是不如意，所以很痛苦。"

案例分析

在本案例中，听完陈述，咨询师得知李晓历来成绩优秀，承载着家庭很高的期望，并且他的性格很敏感，自尊心强，做事追求完美。根据评估，并且经过咨询师与李晓共同协商，达成口头协议，初步订立了咨询目标：降低不良情绪反应，改变不合理认知，提高适应能力，合理规划大学生活。咨询师接下来基于理性情绪疗法与李晓进行了三个阶段的咨询工作：①诊断评估与关系建立，咨询师对来访者表示理解与共情，并鼓励他倾诉，收集临床资料，与其建立良好的咨询关系；②实施合理情绪疗法，咨询师引导李晓探索自己的认知方式，改变其不合理认知，投入生活，用实际行动解决问题；③巩固与结束，李晓的认知已有积极改变，逐渐接纳当前学习生活，人际关系与学习效率也有好转。

个案成长

大学是人生的关键时期，对一个人的知识积累、思想塑造及价值观培养起着重要的作用。大学新生首先面临的就是适应问题，适应不良会给新生带来极大的困扰，使他们在生活、学习等方面面临极大的挑战。李晓入校后产生的一系列问题主要是因为适应不了新环境，之所以适应不了是因为他认为现实生活跟自己的期待不相符，这种思维中存在一定的认知偏差或不合理信念。在咨询师的帮助下，李晓逐渐调整心态，改变了完美主义的信念，学会积极适应，因而最后能主动去参与学校的活动与学习。

思考与讨论

1. 在你的生活经历中遇到过心理健康方面的困扰吗？你是如何应对的？
2. 你认为在未来的大学生活中，怎样做才能保持健康的心理状态呢？

经典导读

《心理学与生活》

《心理学与生活》由美国当代著名心理学家理查德·格里格和菲利普·津巴多著，是斯坦福大学多年来使用的教材，也是在美国许多大学里推广使用的经典教材，还是被全世界许多大学的普通心理学课程选用的教材。这本书语言流畅，通俗易懂，深入生活，把心理学理论知识与人们的日常生活、工作相联系，是一般大众了解心理学与自我探索的极好读物。作为一本包含丰富的教育思想和独特教学方法的经典教材，原书中所有的元素——如由600余条词汇及解释组成的“专业术语表”、2000余条“参考文献”以及近1000条“人名和主题索引”等，对于教学、研究和学习都是十分宝贵的。而译本完整地翻译和保留了这些元素，使其广受国内师生的喜爱。

《对“伪心理学”说不》

在今天的大众媒体和图书市场上，到处充斥着关于潜能提升、心理操控、色彩星座、催眠读心等伪心理学。如何拨开迷雾、去伪存真呢？《对“伪心理学”说不》将教给人们科学、实用的批判性思维技能，告诉你什么才是真正的心理学。

本书由加拿大心理学家基思·斯坦诺维奇撰写，自1983年出版以来就一直被奉为心理学入门经典图书，在全球享有盛誉。这本书不同于心理学导论类教材，书中的很多内容都是心理学课堂上不曾讲授的。作者运用幽默生动的语言，结合一些妙趣横生、贴近生活的实例，深入浅出地介绍了可证伪性、操作主义、实证主义、相关和因果、概率推理等心理学中的基本原则。《对“伪心理学”说不》不仅适合心理学专业的学生，有助于帮助他们建立心理学研究中的批判性思维技能与意识，同样也非常适合所有对心理学感兴趣的普通读者， 这本书将帮助读者纠正对心理学的种种误解，使读者学会用科学的精神和方法理解自己和他人的行为。因此，这本书不失为一本精彩有趣的科学哲学类读物。

02 第二章 大学生心理困惑与心理咨询

【名人名言】

心理治疗的主要目的，并不是使病人进入一种不可能的幸福状态，而是帮助他们树立一种面对苦难时的哲学式的耐心和坚定。

——荣格

这世界除了心理上的失败，实际上并不存在什么失败。

——亨·奥斯汀

开篇故事　　**贝克的选择**

贝克（Aaron Temkin Beck），是当今著名的心理学家，他创立了认知治疗方法，还编制了贝克抑郁量表。贝克在心理治疗领域成就辉煌，然而很多人不知道的是，其实他也曾深受心理困扰。7 岁时，贝克在玩耍中不小心摔断了手骨，还因感染导致了败血症，这次意外让他差点死去并因此而留级。病愈之后，贝克依然时常感受到严重的焦虑和恐惧。直到 12 岁时，贝克看到电影中的抢救场面还会晕倒，他甚至害怕在公众场合发言，按他自己的话说，他有一大堆的恐惧症。贝克十分渴望解决自身的恐惧症，因此，他选修了医学院的课程，并且在毕业后进入了精神医学领域。在医院实习时，在手术台旁的贝克经常看见血液恐惧到满头大汗，但他努力要求自己按照规程去做。坚持的过程中他发现那种恐惧感开始消退，直至消失。就是这样，贝克无论遇到怎样的困难，总是选择坚持和努力，因而最终他发展出认知疗法，享誉世界。

生活中，我们每个人都会遇到一些心理困惑，贝克的故事带给你什么启示呢？

第一节　心理问题及异常心理

大学阶段是人生发展的关键阶段，这一阶段的大学生正经历急剧变化与发展，会因此而充满矛盾、不确定和烦恼。大学生活远比以前的中学阶段复杂，倘若大学生以前较少锻炼自己的适应和应对问题能力，就会体验到诸多压力和挑战，甚至形成心理疾病。什么是正常与不正常？怎样算是心理疾病？患上心理疾病后该怎么办？……作为当代社会发展新形势下的大学生，你需要去掌握这些科学的心理健康知识。

一、心理正常与异常的区分原则

人的心理状态是连续的，国内有学者提出心理健康的“灰色理论”概念，即人的精神正常与不正常没有明显界限，它是一个连续变化的过程。对于心理健康水平的界定，目前还没有专业上统一的标准。一般来说，心理健康状况可划分为心理正常与心理异常两个大的范畴。通俗地讲，就是一个人没病或有病。

根据临床标准，心理问题属于正常心理范畴，但是属于不健康状态；心理疾病则属于异常心理范畴。以下是判断心理正常与异常的“三原则”，即判断“病”与“非病”的“三原则”，背离其中任何一条都可判断为心理异常。

（一）主观世界与客观世界统一性原则

心理是客观现实的反映，任何正常的心理活动或行为，必须与客观环境保持一致。如果一个人感知到了客观世界中当时并不存在的、引起他这种感知觉的刺激物，以致他的思维内容或思维逻辑脱离了客观现实，甚至产生了幻觉妄想，这就是心理异常状态，因为他的主客观世界失去了统一性。

（二）心理活动的内在协调一致性原则

人的知、情、意、行等精神活动协调一致是一个人内在完整统一的表现，说明了他的内在体验与环境相适宜。比如开心的时候我们会笑，痛苦的时候我们会哭。如果一个人经历了重大的灾难却表现得好像这件事没有发生过一样，这就是心理异常状态，他的心理过程失去了协调一致性。

（三）人格相对稳定性原则

一个人的人格特征具有相对的稳定性，所谓“江山易改，本性难移”。如果一个人在没有明显的外界因素作用下出现了人格层面的重大变化，比如，一个活泼开朗、好与人交往的人突然变得很沉默寡言、退缩回避，这就是心理异常状态，他的人格失去了相对稳定。

二、常见心理问题的分类

按照心理问题的严重程度，由轻到重，可将心理问题分为心理困扰、心理障碍和精神疾病。

（一）心理困扰

心理困扰是因各种现实问题，如适应问题、应激问题、人际关系问题、工作压力、家庭问题等引起的轻度心理失调。个体体验到哀伤、后悔、懊丧与自责的不良情绪强度较弱，持续时间较短。这些情绪对人的生活效能和情绪状态具有一定的负面影响，但个体仍基本能维持正常的社会功能，可以通过自我调整和适当的心理疏导得到恢复和矫正。这种困扰不属于疾病范畴。

（二）心理障碍

心理障碍又称心理疾病，是指心理功能紊乱，并达到严重影响个体的社会功能或使自我感到强烈痛苦的心理问题。心理障碍主要包括神经症、人格障碍和行为障碍等轻度的心理创伤或心理异常现象。

（三）精神疾病

精神疾病是指在各种因素的影响下，人脑机能活动失调，丧失自知力，导致个体的认知、情感、意志和行为等出现不同程度的障碍，以致个体不能应付正常生活，不能与现实保持恰当接触的严重心理障碍。

心理问题产生的原因很复杂，既有生物遗传因素，又有心理、社会和环境因素。积极面对、及时求助是每一个大学生应该采取的基本应对策略。

三、大学生常见异常心理

神经症也被称为神经官能症，是大学生中较为常见的异常心理表现，其发病常常有一定的素质和人格基础，并与心理社会因素有关，主要表现为焦虑、抑郁、强迫、恐惧等症状。在大学生中，比较常见的有焦虑症、抑郁症、强迫症、恐惧症、疑病症等。

（一）焦虑症

当预感到危险或者将要面对有挑战的任务时，我们经常会表现出紧张、焦虑不安，这其实是人类长期进化来的适应性表现。但是焦虑症的情绪反应往往是个体很难自控的，并且往往与处境并不相符。焦虑症主要分为急性焦虑发作和广泛性焦虑。

1. 急性焦虑发作

急性焦虑发作又叫惊恐发作。主要症状表现：患者发作无明显原因或情境因素，发作期间患者表现出强烈的焦虑、恐惧，甚至会出现人格解体、濒死感等体验。

2. 广泛性焦虑

患者往往自述并没有明确的焦虑对象或内容，但却总是觉得不能放松，全身紧绷绷的，有时候还会出现口干舌燥、胸闷气短、头晕等反应。这种难以摆脱的持久的担心和紧张状态，会给患者带来痛苦。

（二）抑郁症

遭遇挫折时，感觉心情差、悲观、缺少信心，这些情绪是与处境相符合的，如果持续时间较短，都是正常的。然而，抑郁症患者会在较长时间（持续至少两周）内都有显著的心境低落现象，并且心境低落与处境并不相称，严重者甚至会出现自杀的念头和行为。抑郁症典型的表现有以下 3 种。

1. 情绪低落

患者会在绝大多数时间里感到情绪低落，高兴不起来。凡事都没有兴趣，也很难从中感觉到乐趣。对生活和自己都失去信心，常常会有无用感、无助感和无价值感，会自责、自罪，甚至企图自杀。情绪低落在早晨往往较为严重，在傍晚时会有所减轻。

2. 思维缓慢

患者感觉自己脑子反应变迟钝，记忆力和注意力也在减退，学习或工作能力受到影响。

3. 精神疲倦

患者经常会感觉自己好像精力已经耗尽，什么都不想做，或者想做事情也总是不能振作，提不起劲头。严重的患者甚至每天卧床不起，生活都需要被照料。

小贴士　　面对抑郁症朋友，你可以说的与不可以说的

如果你的朋友患上了抑郁症，你可以对他/她说下面这些话。

（1）你不会一直这样下去的。

（2）我会一直在你身边。

（3）我做些什么可以让你舒服一点？

（4）你觉得什么能让你感觉好一点？

（5）你能想想是什么事情让你觉得不开心吗？

（6）在一天中什么时候你觉得最难过？

当我们出于真心时，专注聆听其实是给予对方最好的回应。有时候你可以什么都不说，好好听他们说些什么就好。

面对抑郁症的朋友，你不可以对他/她说下面这些话。

（1）你搞得我心情也不好了。

（2）每个人都在应对各种问题，为什么你就不行？

（3）别自怨自艾了，别人比你还惨。

（4）生活在继续，明天就会好了。

（5）生活就是不公平的，你必须去面对它。

（6）你很坚强，你会没事的。

（7）我知道你什么感觉，因为我也曾经抑郁过。

（8）出去放松玩玩/运动一下/喝杯酒，然后就能忘掉这一切了。

（三）强迫症

很多同学都自我标榜是“强迫症患者”，表示自己在生活中经常会不自觉出现一些重复性行为，比如出门前检查几遍灯是否关。不过，真正的强迫症会存在强烈的内心冲突：患者明知道自己反复出现的观念、行为没有现实意义或多余，但是无力摆脱，因而十分苦恼。强迫症包括强迫观念和强迫行为两种类型。

1. 强迫观念

强迫观念的主要表现为患者对日常的一些事物或现象追根究底，反复思考，明知没有必要，却不能自我控制。比如，“到底是先有鸡还是先有蛋”等。

2. 强迫行为

强迫行为的主要表现为患者不断重复一些明知道不必要的行为，直到内心焦虑缓解为止。比如，总担忧被细菌感染，从而不停搓洗手掌。

（四）恐惧症

恐惧症也称为恐怖症，主要症状表现：患者的恐惧常与事物或处境不相称，恐惧显得程度过分或不合理。患者感觉痛苦，并主动回避该事物或处境，往往造成其社会功能损害。恐怖症常见类型有广场恐惧症、社交恐惧症、特殊恐惧症等。

1．广场恐惧症

广场恐惧症最初用于描述对聚会场所所感到的恐惧综合征，但现在已经不限于广场，如拥挤场所、船舱、火车车厢等。关键特征之一就是患者会过分担心是否有即刻可以用的出口。

2．社交恐惧症

社交恐惧症主要表现为患者对人及情境的强烈恐惧和回避行为，恐惧对象可以是某个人或某些人。患者恐惧被别人注视，担心自己会做出丢脸的言行，由于恐惧，他们甚至拒绝参与聚会，回避所有公众场所。

3．特殊恐惧症

特殊恐惧症指对于现场存在的或者自己预期中的某种特殊物体或情境出现不合理的恐惧。常见恐惧对象有蛇、老鼠、蜘蛛、高处、黑暗、血、利器等。

（五）疑病症

疑病症主要症状表现为患者对自己的身体健康过于焦虑，常常出现各种主观症状，因而频繁去就医诊断，诊断结果往往并不能印证患者的主观症状。有时候医生的解释也不能消除患者的疑虑。由于患者很多注意力都集中于健康问题，以至于明显影响到日常的学习、生活和人际交往。

患者产生主观疼痛最常见的部位为头、颈、背、胸部等。患者躯体不适的症状可表现在不同器官，如恶心、呼吸困难、心悸、腹泻等。

注意：以上所列的是常见精神疾病的表现特征，请勿对号入座。真正的精神疾病诊断是一个复杂、专业的工作，必须求助于有专业资质的精神科医生。

第二节　大学生心理咨询

我国高校心理咨询起步于20世纪80年代中期，目前绝大多数高校都设立了心理咨询机构。心理咨询已经成为高校心理健康教育不可或缺的部分，也是促进大学生全面发展、心理素养提升的重要途径与方法。

一、心理咨询的概念

美国心理学家布鲁斯·万普和扎克·伊梅儿对心理治疗和心理咨询有一个较为清晰的定义："心理治疗主要是人际关系治疗，它有以下要素：（1）基于心理学原理；（2）参与者为一名训练有素的治疗师（咨询师）与因心理困扰、问题或障碍而求助的求助者；（3）治疗师的目的是缓解求助者的障碍、问题或困扰；（4）针对特定的求助者及具体障碍、问题或困扰以个性化的方式进行。"

心理咨询是一个人际互动过程。在这个互动关系中，专业心理工作人员（咨询师）运用心理学原理和知识，通过人际互动中体现的尊重、共情、理解和支持等，帮助求助者获得自我成长。

（1）心理咨询是一种陪伴。在求助者痛苦、困难、绝望甚至危机的时刻，咨询师以信任、理解、关怀、尊重和陪伴为求助者提供一个"安全的港湾"，在咨询师温情的陪伴下，求助者才有勇气去探索自己。

（2）心理咨询是一个未知的"探险"历程。求助者的问题往往就在于他以往习惯的应对机制无法再适应新的变化，以至于产生冲突或痛苦。在咨询过程中，咨询师与求助者携手并进，层层深入，直面求助者以往用各种防御方式回避的感受、想法和行为，直面回避的冲突和痛苦。

（3）心理咨询是一个“共同工作”的过程。咨询师根据求助者的想法、体验、自我认识等所有与求助者有关的材料，调动求助者的积极性和主动性，促进求助者对自我的觉察，帮助求助者发现自身问题所在，并自己探索解决问题的方法，从而使求助者在咨询过程中得到自我成长。

二、大学生心理咨询内容与设置

大学生正处于青春后期与成年初期阶段，会遇到各种各样的困扰，他们的心理问题有其独特性。适应问题、学业问题、人际关系问题、家庭问题、情感问题、职业发展问题以及大学生自身人格的不稳定，导致大学生心理问题频发。

（一）大学生心理咨询的内容

大学生心理咨询主要可以分为以下两个方面的内容。

1. 发展性心理咨询

发展性心理咨询主要根据大学生身心发展的一般规律和特点，协助大学生处理好成长中的困惑，开发自身潜能，提高心理弹性，促进人格的全面发展。大学生应关注自身的心理健康状况，防范于未然，积极地寻求帮助和调整自我，从而度过美好的大学阶段。

2. 心理问题的处理

对有严重心理问题困扰及心理障碍的大学生，例如焦虑症、抑郁症、双相情感障碍、人格障碍、精神分裂等进行辅助性心理咨询，并依据来访者的心理状态采取不同的干预措施，有必要的转介到精神病医院，以帮助他们朝着健康的方向发展。

（二）大学生心理咨询设置

了解心理咨询的设置，有助于打破大学生对于心理咨询的疑虑，并且在需要时方便利用心理咨询资源。

1. 机构设置

当前，我国绝大部分高校都已经设立心理咨询机构，配备了专业的心理咨询师提供服务。大部分高校的服务机构名称为“大学生心理发展中心”“大学生心理健康中心”“大学生心理咨询中心”“大学生心理健康教育与咨询中心”。高校心理咨询机构不同于医院心理门诊或商业咨询机构，服务仅面向本校在校学生，着眼于学生心理健康水平的提高与人格的完善。对于有严重心理障碍或精神疾病的学生，一般需要转介到医院进行治疗。

2. 时间设定

心理咨询是需要遵守一定的时间限制的。咨询时间一般为每周 1 次，每次 50 分钟，原则上不会随意延长咨询时间。时间限定不仅可给来访学生提供一定的安定感，而且可以促进学生有效利用时间。每周 1 次也可以给来访学生留出时间去消化反思、实践练习。

3. 场所布置

心理咨询师一般不会在咨询室外的其他地方开展咨询服务。心理咨询室一般满足安全、安静、温馨、放松等特点。咨询室内会有挂钟，方便来访学生与心理咨询师把握时间，茶几会摆放纸巾。在咨询过程中，门外会挂“咨询中，请勿扰”等标识语，保证咨询过程不被打断。

4. 情感设定

心理咨询师在工作过程中始终保持客观身份，尊重且真诚、热情地对待每一个来访学生，但不会为学生做决定。咨询过程中，原则上禁止进行私人化的人际交往，心理咨询师也不能在咨询中寻求个人情感或索取实际利益。

5. 转介设定

本着对学生负责的原则，心理咨询中心对以下情况一般进行转介：来访学生的情况超出咨询师的能力范围；来访学生有严重的心理障碍或精神疾病等。在进行转介时，心理咨询师会按规范流程为学生匹配更有胜任力的心理咨询师或其他专业医疗机构。在转介过程中，心理咨询师应尊重学生的知情同意权。

三、大学生心理问题的处理方法

社会发展的巨大变化给大学生带来了巨大的压力，越来越多的大学生因为不同的心理问题走进了心理咨询室。针对不同的心理问题，也有不同的处理方法。

（一）心理问题的处理方法

大学生在成长过程中会遇到各种各样的问题，遭受各种各样的挫折，出现各种各样的矛盾冲突。一般情况下，随着时间的流逝和不断从社会支持中获得帮助，大学生会走出困境，得到心理发展和自我成长。如果经过自我调节不能奏效，则大学生应该选择专业的心理咨询。

1. 个体心理咨询方法

个体心理咨询法通常采用一对一的方式，咨询师和求助者面对面交谈，通过咨询师和求助者之间建立起良好的咨访关系来帮助求助者解决个人的心理问题。现代心理咨询的方法很多，对于不同类型的心理问题，可以使用不同的方法有针对性地进行心理咨询。求助者有权利了解咨询师的专业受训背景，以找到与自己匹配的咨询师。

2. 团体心理咨询方法

团体心理咨询是一种在团体情境下提供心理帮助与指导的咨询形式。即由团体带领者根据求助者问题的性质组成小组，通过共同商讨、训练、引导，实现成员的共同发展或解决成员共有的心理问题。团体咨询法通过团体内人际交互作用，促使个体在交往中通过观察、学习、体验等方式认识自我、探讨自我、接纳自我。

目前在各高校，新生适应、人际关系、恋爱挫折、拖延症等各种主题的团体心理咨询已经成为解除大学生心理困惑的主要方法。在团体心理咨询中，大学生会认识跟自己有相似经历或相似心理困扰的人，通过观察、互动和支持，大学生的心理问题比较容易得到缓解。

（二）心理障碍的处理方法

对存在不同程度心理障碍的求助者，在处理时要遵循以下原则。

1. 发病期进行药物治疗

对于有严重心理障碍，如精神分裂症、重症抑郁症等的求助者，在疾病发病期，应及时转介精神卫生机构，由精神科医生进行诊治。目前药物治疗仍是最主要的治疗措施，可以迅速缓解病情，控制症状。对于有轻型心理障碍，如神经症、躯体形障碍的求助者，也必须由精神科医生明确诊断并提出治疗方案后，才可以进行心理咨询或心理咨询与药物相结合的治疗。

2. 恢复期辅助心理咨询

经过药物治疗，大多数有重症心理疾病的求助者症状都能得到比较好的控制，逐渐进入康复期。此时，应尽快增加心理咨询，目的在于宣泄求助者的消极情绪，改变求助者在认知上的错误观念，帮助求助者重新建立和谐的人际关系，尽早恢复社会功能，增加适应行为，帮助求助者重新融入现实的大学生活中。

拓展阅读

关于心理咨询的误区

1. 去做心理咨询的都是精神病

心理咨询是促进人心理健康、人格完善的重要途径，但是心理咨询服务对象都是心理正常的人群，处于心理异常状态的精神疾病患者需要到精神科治疗，心理咨询反而不是最佳选择。去进行心理咨询的人往往都是勇敢的人，他们敢于直面自己遇到的困惑，敢于面对最真实的自己，去努力接纳自我并追求自我实现。

2. 心理咨询就是聊聊天

尽管心理咨询多采用谈话的工作方式，但心理咨询师接受过科学心理知识与专业技能训练，他们会积极与来访者共情，本着客观中立的原则，运用咨询技能帮助你解决问题。与亲朋好友、老师同学的聊天往往带有很多的价值评判，跟心理咨询是不能混为一谈的。

3. 心理咨询师会窥见内心

心理咨询师掌握了系统的心理学知识，对人的心理活动规律比较熟悉，并且往往观察力与逻辑分析能力良好，所以他们经常表现得比非专业人员更敏锐一点。但是，人的心理活动是极其复杂并且多变的，其复杂程度远非当前科学技术能够准确判别，更不必说心理咨询师。

4. 心理咨询是无所不能的

心理咨询师不是“救世主”，心理咨询更不会无所不能，它作为一种科学的工作方式，必定有其局限性。有些来访者期待咨询一两次就获得立竿见影的效果，这是不切实际的。“冰冻三尺非一日之寒”，心理问题往往是基于某些长期的因素形成的，其解决也必定是需要持续努力的。

5. 来访者在心理咨询中是被动的

有一些来访者以为到了咨询室，只需要将自己所有的问题和盘托出，自己不需要思考和努力，心理咨询师自然就能帮忙解决。这也是不切实际的。心理咨询经常会强调一个原则那就是助人自助。心理咨询师只能起到分析、引导和启发的作用，来访者必须要积极投入并且认真配合完成咨询全过程，才能取得理想效果。

四、近年流行的心理咨询与治疗方法

心理咨询和治疗的理论与方法有很多种，调查显示，当前有 500 多种心理治疗的大小流派活跃在全球范围。迄今为止，尚没有一种理论能够解释或解决所有的心理问题，每一种理论都从其独特视角解释心理发展过程以及心理异常原因，并且发展出自己的技术方法。由于篇幅有限，本书选取了 3 种近年非常流行的心理咨询与治疗方法予以介绍。

（一）叙事疗法

叙事疗法是当前受到广泛关注的后现代心理治疗方法，该疗法的创始人和代表人物为澳大利亚临床心理学家麦克・怀特及新西兰的大卫・爱普斯顿。叙事疗法理论于 1980 年被提出，但直到 1990 年才开始流行。

叙事疗法深受后现代主义哲学的影响。现代主义哲学观点和后现代主义哲学观点的最大区别在于两者对"真实"（Reality）的看法不同，前者崇尚客观的事实真相，真相就是真相，不会因为观察的人或是观察的方法不同而有差异；后者则相信主观的事实真相，也就是说事实真相会随着使用的观察历程的不同而改变，事实真相取决于语言的使用，并且大部分受到人们所处的背景环境的影响。叙事疗法摆脱了传统上将人看作问题的治疗观念，通过问题外化技术将人与问题分开，让个体能以轻松的心态和方式去处理问题，减少自我对抗和逃避，增进自我接纳，从而使人变得更自主、更有动力。通过叙事心理治疗，不仅可以让当事人的心理得以成长，同时可以让心理咨询师对自我的角色进行重新整合与反思。

（二）接纳与承诺疗法

接纳与承诺疗法是美国著名的心理学家斯蒂文・海斯教授及其同事于 20 世纪 90 年代基于行为疗法创立的新的心理治疗方法，是认知行为治疗的最新发展。该疗法通过正念、接纳、认知解离、以自我为背景、明确价值和承诺行动等过程以及灵活多样的治疗技术，帮助来访者。

接纳与承诺疗法的目标是提高心理灵活性，即提高来访者心理改变的能力或坚持功能性行为以达到价值目标的能力，帮助来访者建立更灵活有效的应对方式。治疗中强调所检验问题之间的联系性。

（三）辩证行为疗法

辩证行为疗法是由美国精神科医生马莎・莱恩汉（Martha Linehan）创立的行为疗法，是认知行为疗法的第三波浪潮中具有重要影响的新兴治疗方法。

辩证行为疗法以辩证法基本原则作为理论基础，强调患者与心理咨询师之间、理性与情感之间、接受与改变之间的辩证平衡与协调。该疗法的中心方法是社会心理技能训练以及治疗策略的应用。该疗法坚信每个人都能够找到解决矛盾冲突中的"合"，每个人都有明智精神，这也正是辩证行为疗法与其他疗法相比的优越之处。该疗法有助于来访者学习辩证思维方法，提高全面、客观看待事物的能力，最终减少其情绪失调和行为异常的可能性。

第三节　大学生朋辈心理辅导

大学生的心理健康意识越来越强，对于心理咨询服务的渴求量快速增加，然而当前我国各高校普遍面临专业教师人员配备有限的困境。朋辈心理辅导模式起源于美国，近年来中国高校也逐渐重视并且不断拓展深化这一工作模式。从目前情况来看，朋辈心理辅导已经被验证不失为一个行之有效的方法。

一、朋辈心理辅导的含义

"朋辈"包含"朋友"和"同辈"的双重意思。朋辈心理辅导就是指年龄相当的同学对有需要的当事人处理心理问题的辅导活动。这种活动带有心理辅导功能，但并非严格意义上的心理咨询。朋辈心理辅导员必须掌握一定的心理助人知识与技能，并接受专业教师的督导。

这提示我们，朋辈心理辅导在大学生心理健康辅导方面存在巨大发展潜力，未来可能会为大学生心理健康教育的转变和发展创造新契机。大学生朋辈心理辅导具有一定的优势和特点。

（一）友情性

大学生同辈之间，年龄、兴趣好爱、价值观念、语言风格、生活方式等方面都比较近似，天然就会形成人际的亲近感。大学生遇到心理困惑时，往往喜欢求助于身边的朋友、同学。某高校进行“当大学生出现心理压力时，一般会选择向谁寻求帮助”的调查，结果显示，59.4% 的学生选择向朋友和同学倾诉。

（二）有效性

由于是身边的同学，求助者更容易接触，从而在遇到困惑时就能够及时缓解心理压力。来自同辈之间的建议和意见也更容易被求助者接受，并且对于求助者行为落实的监督也更加便利。

（三）简便易行

专业心理咨询会有时间、场地等方面严格的限制，朋辈心理辅导往往不受时间、场地等因素的影响，更加便于开展。

二、朋辈心理辅导工作的开展

朋辈心理辅导不同于一般的安慰或劝告，而是以科学心理知识和辅导技术为基础，结合求助者的心理特点予以帮助和引导，促进求助者能够认识自我、悦纳自我、完善自我，从而克服心理障碍，提高心理素质。

（一）朋辈心理辅导的过程

朋辈心理辅导的过程主要包括以下 4 个阶段。但实际的辅导过程，并不一定完全按照该程序进行，不能生搬硬套，要根据实际情况灵活调整。

1. 营造气氛

所谓营造气氛，就是指朋辈心理辅导员以共情、真诚和关爱的态度去关注求助者，让求助者感觉到被重视、了解、关心，因而敞开心扉，与朋辈心理辅导员一起探索问题。如果朋辈心理辅导员站在指导者的立场上指手画脚，甚至不关注求助者的意愿，必然会引起求助者的防卫，更加导致无法引导和帮助。因此，辅导的第一件事就是建立良好的辅导关系，营造良好的辅导气氛。

2. 澄清事实

在营造辅导气氛的同时，朋辈心理辅导员要认真倾听当事人的陈述，从中了解问题所在。问题的由浅入深、辅导速度的快慢，必须根据求助者的实际情况来决定，而不允许朋辈心理辅导员单方面揠苗助长。

澄清事实的具体活动步骤一般如下。

（1）了解事实。有些求助者可以清楚说出一件事的来龙去脉，有些人则不善于表达，或者因为某些心理不愿说出来。对于这些情况，朋辈心理辅导员要注意观察和耐心引导，帮助求助者讲清事实。

（2）确定问题。朋辈心理辅导员不能简单直接地告诉求助者做错了什么或者问题是什么，而是要让求助者自己了解到影响他们的问题是什么。

（3）找到关键。朋辈心理辅导员必须认真倾听求助者对事情的陈述，从纷繁复杂的问题中，找到问题的关键。

3. 探索问题

朋辈心理辅导员根据了解到的情况，进一步引导求助者深入分析问题的性质，追溯问题根源，并商讨问题解决对策。

朋辈心理辅导员要避免仅凭主观印象就给求助者下结论，在和求助者分析问题的过程中，需要探索与问题有关的各个方面，包括求助者的人格、认知、习惯等。朋辈心理辅导员帮助求助者全面了解问题情况，纠正不合理认知信念和不良行为模式，然后一起探索并且评估解决问题的方案，让求助者自己选择最合适的方案。

4. 指导实施

在方案执行过程中，朋辈心理辅导员应提供指导，保持跟进。问题的解决往往不是一蹴而就的，朋辈心理辅导员要多观察，及时督促、鼓励。但是需要注意的是，要避免求助者过于依赖，要培养求助者自己独立解决问题的能力。

（二）朋辈心理辅导技术

朋辈心理辅导员必须掌握的技术有以下 4 种。

1. 倾听

倾听技术是心理辅导的基本功，尤其在辅导的初期和中期。所谓倾听，就是指朋辈心理辅导员全神贯注地听取求助者的讲述，不但要听懂事实内容，还要听出求助者的情绪、态度，以及在谈话中求助者省略的部分。倾听不仅可以使朋辈心理辅导员明了情况，也能使求助者的情绪得到宣泄。倾听过程中，朋辈心理辅导员要保持专注，包括身体的专注和心理的专注。

（1）身体的专注。在倾听时，朋辈心理辅导员要身体放松、姿态开放地面对求助者，身体微微前倾，保持良好的目光接触与关切的表情，必要时还要配以“嗯”等语气助词。

（2）心理的专注。朋辈心理辅导员不仅要倾听语言内容，而且要注意求助者的语调变化、声音高低，以及伴随的其他非语言行为。朋辈心理辅导员要深入到求助者的烦恼中去，细心注意对方如何表达自己的问题、如何谈论自己及与他人的关系等。

倾听时，朋辈心理辅导员容易犯的错误有以下 3 种。

（1）急于下结论。许多朋辈心理辅导员在真正了解求助者所叙述的事情真相之前，便急于下结论，提供指导意见。这样做会令求助者因为讲话被打断而扫兴，容易影响辅导关系的建立；对情况把握不够全面、准确，必然影响辅导的针对性和有效性。

（2）轻视当事人的问题。朋辈心理辅导员需要保持共情的态度，认真去理解求助者的问题实质，然后去帮助求助者。如果缺乏共情，认为当事人是小题大做、自寻烦恼，辅导中就易流露出轻视、不耐烦的态度，效果必然大打折扣。

（3）做评判。朋辈心理辅导员不能把自己的价值观、是非标准强加于求助者，辅导过程中避免做道德或者正确性的评判。

2. 提问

提问技术是指朋辈心理辅导员为了帮助求助者思考与认识问题和更具体地表达，在必要的情况下，提出相关问题。提问技术分为以下两类。

（1）开放式提问。通常使用“什么”“怎样”“为什么”等词来发问，回答没有固定答案。一般来说，辅导开始或转换话题时多采用开放式提问。开放式提问能促使求助者自由地敞开心扉，讲出更多的有关情况、想法、情绪等。

（2）封闭式提问。通常使用“是不是”“有没有”“对不对”等词来发问，多可用“是”“否”等来回答。一般来说，辅导内容深入、需要收集资料并加以条理化、澄清事实、缩小谈论范围时，或求助者的叙述偏离正题时，都可以使用这种提问方式。

提问时要注意以下两点。

（1）提问是心理辅导本身的需要，而不是为了满足朋辈心理辅导员自己的好奇心或窥测欲望。

（2）提问需要注意语气、语调、词汇的选择，封闭式提问不宜过多使用，否则会使来访者产生被询问的感觉。

3. 面质

面质技术是指发现求助语言与非语言行为不一致、叙述前后矛盾、逃避自己的感觉或想法时，朋辈心理辅导员指出求助者不一致的地方，使其发现自身存在的矛盾，对问题原因有所领悟。面质不是批评责备，但仍然容易引起求助者的反感，因此，面质要建立在良好的辅导关系之上，朋辈心理辅导员除了指出求助者不一致的地方，还要强调求助者的优点、资源，给予求助者心理支持，让求助者看到解决问题的可能性。

面质是辅导必需的，但务必谨慎，切忌过分使用甚至变成对求助者发泄情绪的工具。

4. 自我表露

自我表露技术是指在适当的情况下，朋辈心理辅导员跟求助者分享自己的经验感受，协助求助者对自己的感觉、想法与行为后果有进一步的了解，并且从中得到积极启发。自我表露一般有以下两种形式。

（1）朋辈心理辅导员表露自己对求助者的感受。正面、赞扬性的信息，能使求助者得到鼓励，行为得到强化。但这些正面信息必须是真诚的、实事求是的，不然会适得其反。负面信息的自我表露，应注意体谅求助者的心情。

（2）朋辈心理辅导员暴露与求助者所谈内容相关的个人经验。这些信息的暴露有益于提高求助者的信任感，增进辅导关系，更可让求助者因为受到类似经验的鼓励，能够客观地看待自己、开放自己、探讨问题。

自我表露时，朋辈心理辅导员须避免自己成为辅导中的主角，朋辈心理辅导员的自我开放不是目的而是手段，应始终把重点放在求助者身上。

三、朋辈心理辅导的注意事项

在进行朋辈心理辅导时，辅导员应注意以下 3 项。

（一）坚持心理咨询原则

在心理咨询工作中，最核心的就是保密原则。朋辈心理辅导员要本着尊重、真诚、热情的原则开展工作，不得向第三方泄露求助者的隐私信息。若需要向老师请教专业问题，也不能随意公开当事人的隐私信息，必须进行一定的模糊化处理。

（二）具备助人知识与技能

心理服务工作是需要一定的专业知识与技术作为支撑的，不是人人都能办得到的。作为一名朋辈心理辅导员，需要广泛阅读心理学书籍来充实自己，积极参与心理助人技能培训，经常与老师及同辈进行交流研讨，只有这样才能促进个人专业能力不断提升，从而具备更强的胜任力。

（三）塑造良好心理品质

作为朋辈心理辅导员，需要具备热情、真诚、乐于助人等品质，只有拥有良好的心理品质，才能获得同学们更广泛的信赖，朋辈辅导工作才能顺利开展。除此之外，朋辈心理辅导员还需要注重自身心理健康的维护，不断加强自己的心理素质。

第四节　大学生成长训练营

心理测试

焦虑自评量表（Self-Rating Anxiety Scale，SAS）是心理咨询师、心理医生、精神科大夫最常用的心理测量工具之一。该量表包含 20 个项目，请认真阅读表 2-1 中的每一项陈述，根据与你自己实际情况的符合程度，选择你认为最合适的选项。

表 2-1　焦虑自评量表

项目	没有或很少	有时	大部分时间	绝大部分或全部时间
1. 我觉得比平常容易紧张和着急	1	2	3	4
2. 我无缘无故地感到害怕	1	2	3	4
3. 我容易心里烦乱或觉得惊恐	1	2	3	4
4. 我觉得我要发疯	1	2	3	4
5. 我觉得一切都很好，不会发生什么不幸	1	2	3	4
6. 我手脚发抖打颤	1	2	3	4
7. 我因为头痛、颈痛和背痛而苦恼	1	2	3	4
8. 我感觉容易衰弱和疲乏	1	2	3	4
9. 我觉得心平气和，并且容易安静坐着	1	2	3	4
10. 我觉得心跳很快	1	2	3	4
11. 我因为一阵阵头晕而苦恼	1	2	3	4
12. 我有过晕倒发作或觉得要晕倒似的	1	2	3	4
13. 我呼气、吸气都感到很容易	1	2	3	4
14. 我手脚麻木和刺痛	1	2	3	4
15. 我因为胃痛和消化不良而苦恼	1	2	3	4
16. 我常常要小便	1	2	3	4
17. 我的手常常是干燥温暖的	1	2	3	4
18. 我脸红发热	1	2	3	4
19. 我容易入睡并且一夜睡得很好	1	2	3	4
20. 我常做噩梦	1	2	3	4

评分与解释

第 5 项、第 9 项、第 13 项、第 17 项、第 19 项为反向计分题，即“该项实际分 = 5– 选项分”，其余各项为正向计分项。将 20 个项目的得分相加即得粗分，用粗分乘以 1.25 后取整数部分，就得到标准分。按照我国常模结果，SAS 标准分的分界值为 50 分，50 ～ 59 分为轻度焦虑，60 ～ 69 分为中度焦虑，70 分以上为重度焦虑。

自我成长训练

训练 1：走进“心理咨询”

中央电视台有一档节目——《心理访谈》，该节目以通俗的方式讲解每个个案出现问题的原因和应对的方法。请你自行观看李子勋、杨凤池做客讲解的视频各至少一个。看完之后，写下自己的感受以及对心理咨询的认识。

训练 2：身体扫描

在日常生活中，我们经常忽略身体一些部位的感受，在这个练习中我们要与它们“单独”相处。这个练习可以帮助我们提高对身体感受的觉知，我们对自己的身体乃至情绪的变化更加敏锐，同时也提高我们进行清醒觉察的能力。具体操作指导如下：

首先放松身体，开始几分钟专注于呼吸，注意每一次呼吸时，感受腹部的起伏。

接下来，如果你坐在椅子上，请将注意力集中在身体与座椅的接触面上，感受自己的变化；如果你躺在床上，请将注意力聚焦在自己身体和床的接触感受上。

当获得自己身体的空间感觉后，将注意力集中在一只脚的脚趾上，感受来自脚趾的感觉，是紧张还是松弛，是冷还是热？以充满好奇心的态度全身心专注于短暂的细微感受，并且尝试去把它们串在一起。如果在此期间发现自己被吸引到其他感受时，请将自己轻轻地拉回到对脚趾的专注上，直到有一种完全的专注状态。

接下来以同样的方式将注意力集中在另外一只脚趾上，再到小腿、膝部、大腿、腹股沟部、腹部、胸部以及颈部等部位的感受上，进行同样的练习。

团体拓展训练

活动主题：心理健康面面观。

活动目标：交流各自的心理健康观念，促进学生提高心理保健意识，提升心理健康水平。

活动时间：90 ～ 120 分钟。

活动人数：每组 8 ～ 10 人。

活动原则：注意保密原则，在活动中涉及的自我暴露及探讨的相关信息不可以在其他场合谈论，注意保护小组成员的隐私，遵守小组制订的“团体契约”，推动小组安全运行。

热身活动：大风吹（时间：10 分钟）

1. 目的

活动可以打乱学生原有座位，这利于学生对他人的观察，同时活动还能调动学生的情绪，增加趣味。

2. 活动步骤

所有人围坐成一个圆圈，带领者站在圆圈中说：“大风吹。”其他人问：“吹什么？”

如果带领者说："吹穿红衣服的人。"那么所有穿红衣服的人就必须离开原来座位重新寻找位子。没有位子的人就得站到圆圈中间继续进行活动。如果带领者说："小风吹。"那么就按所说的意思反着进行。如带领者说："吹戴帽子的人。"那么没戴帽子的人都要起立重新寻找位子。

活动 1：心理健康大家谈（时间：35 分钟）

1. 目的

引导学生自我探索，针对自己的心理健康状况提出提升心理健康水平的方式方法。

2. 活动步骤

（1）成员先讨论分享自己关于心理健康的认识。

（2）成员交流自己现在存在的心理困扰。

（3）成员分享可以通过哪些途径提升自己的心理健康水平。

3. 活动点评

心理健康是每个人追求的目标，要引导大家充分利用各种资源来维护自己的心理健康。

活动 2：我的原生家庭（时间：45 分钟）

1. 目的

引导学生正确认识家庭在个人成长过程中对自己心理健康的影响。

2. 准备材料

家庭评估表（见表 2-2）。

表 2-2 家庭评估表

家庭成员	我欣赏的	我不欣赏的
祖父		
祖母		
外祖父		
外祖母		
爸爸		
妈妈		

3. 活动步骤

（1）每个人一张表，认真填写你对自己家庭成员欣赏与不欣赏的地方。

（2）填写完后在小组内分享，讨论家庭因素对自己的影响。

（3）交谈结束后，请你写下自己新的发现或体会。

4. 活动点评

我们如何评估自己的家庭成员，我们想要表达的跟其他人的生活故事有什么异同，从多方位了解后，有利于促进我们重新整合对家庭因素的认知。

活动 3：与你同行（时间：25 分钟）

1. 目的

让对自己的心理问题感到困惑的人从他人的理解和应对中获得启发。

2. 准备材料

小便签、笔、纸箱。

3. 活动步骤

（1）每个人匿名在小便签上写下自己最近最感到困惑的问题，折叠好后投入纸箱，混合均匀。

（2）每位成员依次抽取一张小便签，对上面的问题说出自己的理解和应对措施。

4. 活动点评

人生会不断地遇到一些困难和挫折，有些自己认为很难过去的坎也许别人已经经历过了，当遇到困难的时候要积极寻求身边同学朋友的支持帮助。

案例导读

感恩相遇，共同成长

案例介绍

小宝是一名大一的女生，入学已经两个多月了。在班级心理委员的介绍下，她来到了心理咨室。刚坐下，她就焦急地说："老师，我真的受不了了。我想退学回家了！"接着她就控制不住地大哭起来，大约十多分钟后，才慢慢平静下来，述说了原委。原来，她从北方一个小城考到我们学校。这是她第一次远离父母独自一人生活。她是家里的独生女，从小到大衣食无忧，生活上的事情都由父母料理。来到大学，好像骤然被推入了一个完全陌生的环境，两个多月过去了，她感到自己快要崩溃了。咨询师问她感到压力最大的是什么，她哽咽着说道："我好孤独，我没有朋友，她们都排挤我。"原来小宝从没有住过校，在家养成了早睡早起的好习惯，可现在熄灯后舍友们有的还会煲电话粥或者是聊天。有的还在追剧。小宝根本没有办法睡好觉，第二天上课也头晕脑胀，一点精神都没有。有一天晚上小宝实在忍不住了，发了脾气，但却因此得罪了室友们。小宝明显感觉到她们对自己有意见，很多活动都不叫她一起了。她每天特别孤独，又不敢跟爸爸妈妈说，怕他们担心，真的很难受。小宝感受到了后悔、愤怒、内疚、痛苦的情绪。这些情绪一直伴随着她。她无法集中精力在学习上，学习效率下降，记忆力下降，不想学习，功课落下好多，听课也听不懂，还有意回避参加集体活动。小宝谈到伤心之处，又流下了泪水，"老师，我最近天天晚上都失眠，对很多事情也变得很敏感，有时非常烦躁，想发脾气。您说我该怎么办？"

案例分析

咨询师了解到小宝的相关情况，虽然有痛苦、焦虑、烦躁的负性情绪，还有失眠、兴趣下降、记忆力下降等问题，但她对自己的情况有一定的认识，能够主动寻求帮助。由于来到一个陌生的环境学习和生活，身边缺乏有力的社会支持，小宝的困境是大多数刚入学的大学新生很容易出现的适应不良现象。当独自离家求学时，身边的自然环境、社会环境及人际关系等都发生了巨大的变化，当个体的心理适应能力不足以应对环境变化，就有可能出现心理适应不良现象。这个个案中咨询师采用了一个发展性的心理疏导办法。咨询师通过与小宝建立一个良好的咨询关系，给予其充满理解、支持、关怀的温情陪伴，与小宝一起探索自己，促进她对自我的觉察，帮助她发现自身问题的所在，并探索解决问题的方法，从而使小宝在咨询过程中得到自我成长，顺利渡过大学适应期。

个案成长

小宝在咨询师的陪伴下，一吐心中的郁闷，充分抒发了最近一段时间压抑在她心中的负性情绪，而咨询师则给予了充分的理解、共情和支持。在随后的几次咨询中，咨询师和她一起回顾了进入大学后她遇到基于环境改变所引发的问题，以及自己的应对方法，并着重和她探讨了几件大事的发生、发展和对她的影响。在探讨的过程中小宝认识到了自己存在的一些不合理认知。例如，“她们不叫我一起去吃饭就是不喜欢我”“想要交到好朋友就要委屈和顺从别人”。随着探讨的深入，小宝修正了自己的一些不合理认知并学习了一些维护人际关系技巧。在学习和生活中，小宝积极应对，主动寻求老师和同学的帮助，对学习有了深厚的兴趣，还参加了话剧社和心理社两个社团，人际关系改善，自信心增加，变得十分开心和愉悦。经过6次咨询，小宝已经能够很好地适应大学生活，有了许多朋友，成绩也大有进步，对未来的大学生活充满了希望。

思考与讨论

1. 心理咨询是如何帮助求助者的呢？
2. 如果自己或身边的朋友出现了心理问题，你该如何处理？

经典导读

《心理学与个人成长》

《心理学与个人成长》由美国著名心理咨询师、畅销书作家克里夫妇所著，是美国许多大学的指定教材，它影响了无数关注自身心灵成长的读者。这本书的最大特点在于其实用性和互动性。它的主要内容包括：选择一种适合个人的学习风格；通过对自己童年和青春期的回顾，找出以往的经历对现在行为的影响；迎接成年和独立生活的挑战；保持健康的身体和心态；应对压力；享受美好的爱情、恋爱关系、性别角色和性爱；工作和娱乐；创造性地应对寂寞和独居生活；理解和接受孤独和死亡；选定生命的价值和意义；包容纷杂多变的世界；走好个人成长道路。

本书的主题就是告诉人们，只要我们愿意，任何时候我们都有机会重新选择更适合自己的成长道路。

《登天的感觉》

《登天的感觉》是由我国著名心理咨询专家、哈佛大学博士岳晓东撰写的。该书讲述了他在哈佛大学经历的10个心理咨询个案，以及他对每个个案进行的深入分析及处理技巧。本书深入浅出地介绍了充满神秘色彩的热门学科——咨询心理学的基本理论与方法。“我恨我自己，我实在太愚蠢了！”“我们的爱情还有救吗？”……这些日常生活中随处可见的不起眼问题，却妨碍着人们对幸福的追求。在处理这些心理案例的过程中，作者展现了心理咨询的神奇技巧——原来一个人的人生道路可能因为几句话而改变！日常生活中的大多数问题实际上都是心理问题，人生的幸福来自于内心的平静，天堂原本就存在于每个人的心中。本书将带给读者飞翔在云端般的美妙享受。

03 第三章 大学生的自我意识

【名人名言】

认识了自己，就认识了全世界。

——印度谚语

知人者智，自知者明。

——老子

开篇故事

俄狄浦斯王

拜城的国王和王后生下一个男婴俄狄浦斯。国王得到神谕：这个孩子长大之后会杀父娶母。为了避免这样的灾难，国王就让他的手下把孩子扔到一个无法存活的荒野里，让他自生自灭。后来，一个好心的牧羊人救了他。邻国科瑞斯国的国王恰好无儿无女，就收留了俄狄浦斯，并且把他养大。

随着俄狄浦斯的成长，他慢慢听到了有关自己的种种传闻，他想摆脱“长大之后可能会杀掉自己的父亲”这个神谕的安排，就离开了养育他的科瑞斯国，开始了流浪生涯。他并不知道科瑞斯国国王原来只是他的养父。流浪途中，他与一行 5 人发生了冲突，失手杀死了包括一位老者在内的 4 人。后来他制服了狮身人面兽，当上了拜城国王，并娶了王后。随后，这个国家开始出现瘟疫，哀鸿遍野、民不聊生。于是他去德尔菲神庙求神谕，神谕指示：只有将杀害前国王的凶手找到并且赶出这个国家，这场灾难才能够结束。

俄狄浦斯开始寻找凶手，随着调查的深入，真相水落石出：俄狄浦斯就是当年杀害老国王的凶手！被他杀掉的老者就是他的生父，他现在娶的妻子是他的生母……他的母亲羞愧难当、自杀身亡；他用母亲头上的簪子刺瞎了自己的双眼，并主动要求被放逐来解救国家。

“俄狄浦斯王”是古希腊三大悲剧之一。拜城国王和王后为了避免儿子杀父娶母的悲剧，想将俄狄浦斯抛弃荒野，任其自生自灭。俄狄浦斯凭着自己的理性想逃脱命运，却又被理性推动着一步步走进命运的织网。

在“俄狄浦斯王”这个故事里有这样一个隐喻：当一个人不了解自己是谁，也不知道自己从哪里来、向哪里去时，他就很难摆脱命运的安排，就会受到命运的支配和捉弄。

“认识自己”，是我们每个人都要去思考、面对的问题，是我们用尽一生要去完成的事情。接下来，我们将进入自我意识的探索之旅。

第一节 自我意识概述

自我意识是一个人个性的起点和核心，自我探索往往充满喜悦、痛苦、挣扎，在这一过程中我们会了解自我、了解世界，建立起自我与世界的关系。作为一个人，不管身处何方、不管从事什么样的职业、不管在什么样的职位、不管受什么样的教育、不管学什么样的专业，认识自己、察觉自己都是必经的过程。

一、自我意识的含义

人类文明的发展是伴随着对“我”的发现开始的，古往今来的先哲们都在探讨到底什么才是“我”。“美国心理学之父”威廉•詹姆斯在 1890 年将“自我意识”这一概念引入心理学。之后，心理学学者对自我意识的研究曾几度兴衰。在行为主义心理学派出现之前，心理学家对自我意识的探究颇有兴趣。行为主义学者主张对人的客观行为进行研究，认为心理学不应只是研究人脑中那种无形的像“鬼火”一样不可捉摸的东西——意识，这一时期自我意识研究也就逐渐被忽视。人本主义心理学派主张心理学必须从人的本性出发研究人的心理；尤其是代表人物罗杰斯（G. Rogers），他对自我意识进行了深入的研究。20 世纪 80 年代后，认知学派对自我意识的研究也很重视。时至今日，自我意识已经得到学者的多方面解读，并且引起人们的广泛关注和积极探索。

自我意识又称为自我或自我概念，是意识的核心部分，即“对自我的认知”，主要包括自我认知、自我评价和自我控制。自我意识就是对自己以及自己与周围环境关系的认识，包括对自己存在以及对自己身体、心理、社会特征等方面的认识。这种认识是一个多维度、多层次的复杂心理系统。

二、自我意识的结构

关于自我意识的结构，常见的有以下 3 种划分方式。

（一）按结构要素划分

按结构要素划分，自我意识可分为自我认识、自我体验和自我调节 3 个组成部分（见表 3-1）。

表 3-1 自我意识的结构及成分

自我意识的结构	成分	探讨主题
自我认知	自我感觉、自我印象、自我观察、自我概念、自我评价	我如何看待自己
自我体验	自我价值感、成功体验和失败体验、自我效能感	我对自己感觉如何
自我调节	自我监督、自我控制、自我教育	我如何改变自己

自我认识决定自我体验，而自我体验又可强化自我认识。在我国传统教育模式中，往往不重视“情”的层面，事实上自我体验对大学生的成长而言具有不可替代的重要作用，很多体验甚至可超越从理性中获得的。自我认识与自我体验决定了自我调节，自我调节也可反过来加深自我认识。在生活中，心动是一件容易的事，但是“知”与“行”之间有很长的路，很多同学总是因为意志力不够而变成一名“拖延症患者”。真正历练意志就需要更多的自我调节。事实上，当意志成为一种习

惯时，自我调节就会转变为自动化，并不需要太多努力了。不论你观察哪个行业和领域，你总会发现有些人对自己所做的事情擅长到令人不可思议，他们的杰出程度令人感到炫目。面对如此非同凡响的人时，我们往往自然而然地认为“他们很有天赋，是真正的天才”等。其实，很多成功的人并不是天生优秀，他们往往都具有很高的自我调节能力，通过适当的方法日复一日刻意练习，最终取得成就。

拓展阅读

刻意练习

20 世纪 90 年代初，佛罗里达州立大学心理学家安德斯·艾利克森在柏林音乐学院研究“天才是如何脱颖而出的”，调研之后首次提出“刻意练习”这个概念。“刻意练习”的理论目前已经被广泛接受和应用。刻意练习方法主要有以下 4 个特点。

（1）只在“学习区”练习。人的知识和技能可分为嵌套的 3 个区域：最内层为“舒适区”，即我们熟练掌握的各种技能；最外层为“恐慌区”，即我们目前无法学会的技能；二者中间则为“学习区”。有效的练习任务必须在“学习区”内进行，并且具有高度的针对性。

（2）大量重复训练。技能应用是基于成熟度的，而成熟源于重复训练。从不会到会，核心的秘诀就是重复。反过来说，若没有事前的重复训练，一个人面对不常见事件时往往不知所措。

（3）持续获得有效的反馈。最好的老师会给学生非常具体的即时反馈，学生能够随时了解练习结果，从而不断改正。而真正的高手都有很强的自学能力，他们会每天给自己设定目标，并经常从旁观者的角度审视自己，即时给予自己反馈，不断寻求改进。

（4）精神高度集中。我们正处在一个时间越来越“碎片化”、专注力被不断破坏的时代，有一项调查显示，iPhone 用户每天平均解锁手机 80 次，也就是除去睡觉的 8 小时，他们平均 12 分钟就会解锁一次手机。有些人整日忙忙碌碌，看起来在很努力地学习和生活，但是真正保持专注的时间非常少。这只是一种“看起来很努力”，但实际成效必定是不理想的。

（二）按活动内容划分

美国心理学家詹姆斯把自我划分为 3 个方面：物质我（material self）、精神我（mental self）和社会我（social self）。

物质我是个体对自己躯体及外部世界中属于自己那一部分的反映，如身体、亲人、财产、成果、家庭环境等，是自我最原始的形态。詹姆斯认为物质我的核心部分是身体，因为一个人一生中总是通过身体与周围的事物发生关系。物质我在意向上表现为对财富的追求、对健康与美貌的追求等。

精神我是个体内心的自我，属于“经验的自我”，它包括个体感知到的自己的个性、能力、情绪、情感、需要、理想、兴趣、动机等，是个体内心或主观的存在，它在个体的发展过程中能根据主客观的需要，调控个体的心理与行为。精神我在意向上表现为对自身发展的追求和对理想和信念的追求。

社会我指对他人心目中的自己的认识，包括个体对自己在社会群体中的名誉、地位、尊严、权利等的意识，即个体所感知到的自己的社会形象。社会我在意向上表现为对名誉、地位、事业成功的追求。

物质我是基础，社会我高于物质我，精神我又高于社会我，这 3 个部分“我”既相互区别又相互联系，它们相互作用，共同发展。

（三）按现实自我和理想自我划分

美国心理学家罗杰斯将自我分为“现实自我”和“理想自我”。

现实自我是指个体对当前自我状况的认识和评价，是个体对自我现实和社会存在的真实反映。

理想自我是指个体按一定的社会要求想要达到的完美形象，是个体建立起来的对自己的理想化形象。

现实自我和理想自我存在于每个个体身上，都是主体我能意识到的部分，二者相互作用，相互影响。现实自我决定了理想自我的方向，理想自我是现实自我积极努力的方向。当理想自我与现实自我比较符合时，个体会感到心理上的愉悦和满足；当现实自我与理想自我差距过大，或理想自我无法达到时，个体会发生悲观失望等负面情绪，日积月累可能产生各种心理问题。

三、自我意识的发展过程

我们的自我意识并不是生来就有的，而是在一定的生理和心理成熟的基础上，在个体与环境相互作用的过程中产生与发展的。心理学家提出个体自我意识从萌芽、形成、发展、完善到相对稳定需要 20 年的时间，经历生理自我形成、社会自我发展、心理自我发展及自我同一性形成 4 个阶段。

（一）萌芽时期——生理自我形成

刚出生的新生儿是没有意识的，不能区分自己和非自己；七八个月大时，初步萌发了自我意识，听到自己的名字会反应；到两岁左右，才慢慢学会使用“我”这一人称代词，这在自我意识的形成中是一大飞跃；3 岁左右，开始出现羞耻感、占有心，表现出要求“我自己来”，其自我意识有了新的发展。这一时期的儿童主要是以自己的身体为中心，以自己的想法和情感来认识和投射外部世界。因此，这一时期也被称为自我中心期。

信息窗

照镜子实验法

照镜子实验法是一种经典的研究儿童自我意识发生的方法。自我意识发生的主要标志就是儿童可以把自己作为主体从客体中区分出来。实验时，研究者将婴儿置于较大的镜子(能照出全身像)前，观察其反应，以确定婴儿能将自己与外界事物区别开来的年龄，也就是自我意识发生的年龄。在此基础上还有一种辅助照镜子的方法：趁婴儿不注意时，在其鼻子上点一个小红点，再让婴儿照镜子，观察其反应。

除此之外，还有研究者在2006年运用镜子实验法揭示出亚洲象具备一定的自我意识。在亚洲象头上先画一道记号，可以发现大象照镜子时常常用鼻子去够自己头上的记号——而不是试图去够镜子里面那头。这说明，大象知道镜子里的是自己。

（二）形成时期——社会自我发展

3 岁左右的儿童逐渐形成了成熟的生理自我意识，这一时期社会自我开始发展。儿童在学校接受教育，通过在游戏、学习、劳动等活动中不断地练习、模仿和认同，逐渐习得一些社会规范，形成性别角色、家庭角色、同伴角色、学校中的角色等角色观念，并能有意识地调节控制自己的行动。这一时期虽然儿童也关注自己的内部世界，但他们主要还是依据别人的观点去评价事物、认识他人，权威和同伴发挥的影响作用很大。因此，这一时期个体自我意识的发展被称为"客观化"时期。

（三）发展时期——心理自我发展

进入青春期后，个体开始关注自己的内心世界和内心体验，于是自我分裂为主题自我和客体自我两个部分。青少年所表现出来的语言行为都带着浓厚的个人色彩，他们开始关注自己是一个怎样的人，但做出的自我评价仍具有片面性、主观性和被动性，经常过高或过低地评价自己。自我意识进入了"心理自我"阶段，这一时期自我意识的发展被称为"主观化"时期。

（四）完善时期——自我同一性形成

青春期开始的自我意识的分化引发自我意识内部的矛盾。这一时期自我意识发展的主要任务是主体自我和客体自我、理想自我和现实自我的整合统一，也就是自我同一性的发展。理想自我往往与主体自我相联系，反映了个体希望成为怎样的人；现实自我往往与客体自我相联系，反映了个体实际上是怎样的人。自我意识的矛盾就是当"主体自我"去认识、评价"客体自我"时，常常会发现"现实自我"并不能符合"理想自我"，于是出现了心理不平衡。因此个体就会常常感到内心困惑、苦闷和烦恼，甚至迷茫不解，当前很多大学生会有"太难了"等口头禅，这些口头禅是这一心境的真实体现。能否解决好这个问题，对青年期的心理发展将产生重大影响。自我同一性的发展是一个长期的心理过程及社会化过程，个体需要努力改善现实自我，修正理想自我，最终在一个点上实现理想自我与现实自我的统一，实现自我同一性整合。

拓展阅读

自我同一性

"自我同一性"这一概念最早是由著名精神分析学家埃里克森提出的，但这一概念至今没有一个被普遍接受的定义。玛西亚等心理学家这样进行界定：同一性就是指个体将自身动力、能力、信仰和历史进行组织，纳入一个连贯一致的自我形象之中。它包括对各种选择和决定的深思熟虑，特别是关于工作、价值观、意识形态、承诺等方面的内容。倘若青少年无法将这些方面和选择整合起来，或者他们根本没有能力去选择，那么就会发生角色混乱。玛西亚还提出 4 种同一性状态，具体如下。

1. 同一性完成

同一性完成指个体充分考虑了各种实际选项，做出选择并去实践。跨入大学校门的学生往往面对各种各样的选择，同时也并未考虑清楚未来目标，因而要花一定的时间才能做出决定。自我同一性完成后也并非一成不变，之后还可能放弃前一种同一性，而形成新的同一性。

2. 同一性早闭

同一性早闭指个体未充分进行同一性探求，也没有考虑各种选择的可能性，过早地将自我意象固化，对一定的目标和价值观等做出了承诺。例如有些同学一进入大学就根据家长、老师等的指导进行考研、考公务员等准备。同一性早闭的个体倾向于喜欢有组织、有秩序的生活，较为尊重权威。

3. 同一性扩散

同一性扩散指个体很少“发现自己”，不知道自己是谁，也不知道自己想做什么，没有明确的发展方向。例如，生活中常能看到有些“佛系”同学：他们好像对什么都不感兴趣，人际关系也比较疏离，对未来也抱希望，很多时间用于睡觉或打游戏等。事实上，正经历同一性扩散的他们当前无法成功地做出选择，或者在逃避思考问题。

4. 同一性延缓

同一性延缓指个体还处于探索过程或者考虑了各种可能的选择，但尚未做出选择和承诺。自我同一性完成是一个缓慢的内化探索过程，而不是外在的急剧变化。很多学生在大学之前很少进行独立规划，很多时候都是跟着节奏走或听父母老师的指导，因而势必进行很多积极尝试，摒弃不适合的东西，才能发现适合自己的选项。这种情况下的延期选择很正常，而且是健康有益的。

第二节　大学生自我意识的特点和偏差

大学生正处在青年早期发展阶段，心理上趋于成熟但尚未完全成熟，大学生的自我意识正经历着分化、冲突、整合等过程，因而其发展过程必然具备一定的特殊性。

一、大学生自我意识的特点

大学生自我意识具体来说有以下 3 个特点。

（一）自我认识的主动性和自我评价的客观性

进入大学阶段，个体的自我认识能力逐渐提高。一般来说，大学生会围绕自我发展、自我与社会的关系，从客观和主观、肯定和否定等方面主动探索。例如，往往特别关心自己在班级、社团组织中的形象和地位；经常思考“我是一个什么样的人”“别人喜欢我这种性格吗”等问题。自我评价是个体对自己能力、品德、行为等方面社会价值的评估，是自我认识成熟最有力的证据。大学生通过对自己进行分析和社会比较等，已经能在一定程度上客观地认识现实自我。但值得注意的是，大学生中自我评价偏差的现象仍然较为严重，经常评价过高或过低，但是自我评价过高的现象更为普遍。

（二）自我体验的丰富性和敏感性

自我体验是对涉及自我和与自我有关事物的情绪体验，建立在自我认识的基础上，反过来也影响自我认识。随着自我认识的发展，大学生开始十分在意他人对自己的评价与态度，对涉及自己的名誉、地位、理想及与异性交往等问题表现出较强的敏感性，容易引起强烈的自我情绪体验。此外，大学生的自我体验还会随着情绪的波动而发生变化，例如，当情绪良好时会体验到自信和自我肯定，当情绪烦恼时就会自卑、内疚、自责，事实上过度的自卑、自负、自闭都是心理不健康的表现。

（三）自我调节的独立性和自觉性

自我调节主要表现为个体对自己言行和态度的调控。随着大学生理想、价值观和社会责任感的逐步确立，其自我完善、自我规划的愿望也随之产生。他们对自己有了更高、更完美的期望，并且强烈地要求摆脱对其他成年人的依赖，希望通过自己的言行向他人证明自己已不再是孩子，能够独立地解决与自己有关的问题，同时也希望其他成年人能尊重和信任他们。这一阶段的孩子由于迫切寻求独立与被尊重，而很多父母却依然习惯于行使权威角色，因此亲子关系容易发生激烈冲突。

随着身心的日益发展成熟，大学生能够根据社会的要求自觉地调节和改变自己不切实际的目标和动机，在较高水平上驾驭自我。只有提高自我调节能力，才能保证较高的自我意识水平，自我意识才能正常发挥功能。

二、大学生常见自我意识偏差

自我意识偏差是大学生在自我认识、自我体验和自我调节方面出现的偏差，比如不能正确认识自我、自我体验过于消极、自我调节能力不足等。总体来看，大学生存在的典型自我偏差包括以下 4 个方面。

（一）过度的自我接受与自我拒绝

自我接受是指认可自己、肯定自己的价值，对自己的长处和短处都能进行客观评价并坦然接受，这是心理健康的一种表现。过度自我接受就是指过高地评估自我，对自己的肯定评价明显超出自身实际。过度自我接受的人常常放大自己的长处，同时把别人细微的短处找出来，他们的人际交往模式是“我好，你不好”。因此，过度自我接受的人容易盲目乐观、自以为是，处理不好人际关系；另一方面，过高评价易产生对自己过高的要求，但又无法承担，从而导致失败。

自我拒绝是指不喜欢自己、不能接纳自己的缺点和弱点，否定、指责自己。过度的自我拒绝是经常进行更严重的多方面自我否定。在生活中，许多大学生都有不同程度的自我拒绝，这会带来一些情绪困扰，但也可促使他们不断反思修正自己。过度自我拒绝的人则严重低估自我，看不到自己的价值，感到自己什么都不如人，处处低人一等，还可能走向自我毁灭，因此是一种很不健康的心态。

（二）过强的自尊心与自卑感

扫码看资料

自尊评量

自尊心、自信心、好胜心等都是大学生自我意识发展的表现。自尊是个体发展过程中个人基于自我评价产生和形成的悦纳并尊重自己，对自己抱肯定态度的一种情感体验。自尊是一种积极的心理品质。适度的自尊是一种内驱力，可以帮助个体实现自我。大学生自尊的主要表现为强烈渴望他人的尊重、渴望表现自己、关心自我形象，对自尊的情感反应激烈。但自尊心过强，则会以自我为中心，唯我独尊，容易骄傲自大，轻视他人，在社会交往中容易导致冲突，引起失败。

自卑是人类的普遍心理现象，心理学家阿德勒认为每个人都有自卑情结。自卑起源于婴儿时期对成人哺育的依赖和无助感，每个人都存在先天的生理或心理缺陷。自卑是对自己不满、否定的自我情感体验。大学生自卑的主要表现为总是认为自己不够好，夸大自己的缺点，敏感多疑。适度的自卑有助于激发个体奋发努力的补偿行为；过度的自卑则有可能导致自卑情结，造成个体适应性困难，过于敏感和退缩，在社会生活中错失良机。

（三）自我中心与从众心理

随着自我意识的发展，个体越来越多地将关注投向自我，尤其很多独生子女在家庭中经常是关注的焦点，因而当代很多大学生容易出现自我中心倾向。以自我为中心的人凡事都从自我出发，不能设身处地地进行客观思考，他们只关心自己的得失，对他人没有同感共情。总认为自己是对的，都是别人的错，喜欢把自己的意见强加于他人，因而他们的人际关系多不和谐，难以得到他人的帮助。

与自我中心相反，有些大学生会有过强的从众心理。大学生正处在一个很关注自己在群体中的形象、很在意别人对自己的看法的时期，因而他们经常渴望得到群体的认可，从众是取得别人认可的一种方式。但是从众心理过强，则会缺乏独立意向，常常表现出随大流、人云亦云。长此以往，从众心理会阻碍自主性和创造意识的发展。

拓展阅读

飞升的气球

美国著名心理学家基恩提到他小时候经历过一件终生难忘的事，正是这件事使基恩从自卑走向了自信，最终一步步走向成功！

有一次，他躲在公园的角落里偷偷看到几个白人小孩在快乐地玩耍，他非常羡慕他们，而他因为是一个黑人小男孩，所以感到非常自卑。这时，一位卖气球的老人举着一大把气球进了公园，白人孩子一窝蜂地跑了过去，每人买了一个，高高兴兴地把气球放飞到空中。白人小孩走了以后，他才悄悄地走出来，胆怯地走到老人面前，低声请求："你……可以……卖一个气球给我吗？"老人慈祥地说："当然。你要一个什么颜色的？"他鼓起勇气说："我……要……一个黑色的……"老人给了他一个黑色的气球。他接过气球，小手一松，黑气球慢慢地升上了天空。老人一边眯着眼睛看着气球上升，一边轻轻拍着他的后脑勺说："记住，气球能不能升起来，不是因为颜色、形状，而是因为气球内充满了氢气。一个人的成败不是因为种族和出身，关键是你内心有没有自信。"

基恩的故事告诉我们人的自我意识影响认知、情感和行为，对个体的心理健康和发展具有重大影响。相信自己，自信地面对人生，才能自我实现！

（四）过分的独立意向与过分的逆反心理

独立意向是大学生自我意识发展的显著标志之一。真正成熟的个体的独立指个体能在感情上、行为上对自己负责任，但也并不排斥接受他人的帮助。生活中很多大学生把独立理解成"万事不求人"，独来独往，从不向别人寻求帮助，有些甚至不顾社会规范，我行我素，其结果必然是在现实生活中经常遇到挫折，独自吞下苦果。

逆反心理是指青少年为了寻求独立、寻求自我肯定，为了保护新发现的、正逐渐形成但还比较脆弱的自我，而去抵抗和排除在他们看来压抑自己的外部力量（多为家长和老师）。这也是大学生自我意识发展过程中的一种产物。逆反心理一方面彰显了大学生的反抗精神和独立意识的发展；另一方面，一些人不能适度把握反抗，不区分正确与错误一概排斥，其结果必然是阻碍自己的进步和健康成长。

第三节 大学生自我意识的完善

健全完善的自我意识是心理健康的必要条件。大学生自我意识也处于一个变动发展的阶段，因此，通过个人努力去塑造健全完善的自我意识是完全有可能的。那么，大学生在实际生活中要如何做呢？本节将进行解答。

一、正确认识自我

常言道："人贵有自知之明。"正确认识自我是建立完善自我意识的基础。正确认识自我同时也是一个不断发展的过程，大学生要正确认识自我就必须掌握一定的方法和策略。

（一）比较法——从我与他人的关系认识自我

唐太宗曾经说过："以铜为鉴，可以正衣冠；以人为鉴，可以明得失。"与他人交往是获得自我认识的重要途径，主要表现在两方面：一方面，所谓"当局者迷，旁观者清"，我们可以从周围人对我们的态度和评价中认识自我、了解自我，特别是自己没有觉察或者潜意识层面的行为和想法；另一方面，处在社会团体中的人，都免不了会与他人进行比较，大学生尤其在意自己与同龄人的差距、自己在同龄人或团体中的地位等。社会比较理论认为，当个体发现自己对自己的评价和类似于自己条件（性别、年龄等）的他人一致时，就能加强自我评价的信心；相反，如果发现有差距，内心就会产生自卑感。因此，大学生在进行社会比较时，要选择合适的比较参照系，不仅要上行比较（与比自己好的人比较），同时也要下行比较（与比自己差的人比较），这样我们才能不断发现自身的不足，努力去追赶提高，同时又不至于过于自卑。

（二）经验法——从我与事的关系认识自我

经验法是指从自身的经历中去了解自己。其实任何一种经历都是一种学习，不经一事不长一智。对善于反思总结的人来说，不管成功还是失败的经验都可以促使他们取得成功，因为他们主动挖掘经历了解自己，善于从中吸取经验教训，因而就可以避免重蹈覆辙。对某些自我比较脆弱的同学而言，他们在挫败后往往不敢去复盘这段经历，因而就不能从中吸取教训，下次遇到类似情况就会再次遭遇失败。其实，我们可以从以下步骤去反思生活事件。

（1）发生了什么事？所有的同学都在上台展示作业，我因为当众讲话紧张，再次请同组要好的男生帮忙。但是他却坚持要我自己去做，我一生气就直接离开了教室。事后那个男生找到我解释，其实他是希望我能逐渐学会面对自己的恐惧，他会在一旁帮我。

（2）我为什么这样做？我觉得紧张想请求帮助，但作为要好的朋友，他却不帮忙，我觉得非常生气，所以离开了教室。

（3）发生了这件事，我的认知或行为中存在哪些不合理的地方？认为感到害怕就可以逃避；认为作为好朋友遇到什么问题都应该立即帮我；认为在任何场合，我都可以发脾气离开。

（4）我还可以怎样想、怎样做？了解朋友不愿帮忙的原因；求助心理辅导老师解决当众演讲紧张的毛病。

（5）以后再遇到这种情形时我会怎样做？尝试去克服紧张的感觉；即使不能很好地完成演讲，也可以试着给自己机会展示一下。

（三）反省法——从我与己的关系中认识自我

曾子曰："吾日三省吾身：为人谋而不忠乎？与朋友交而不信乎？传不习乎？"从我与己的关系中认识自我，即进行自我反省，这看似简单实则不易。大学生自我意识最明显的冲突是"理想自我"与"现实自我"的冲突。要进行正确自我认识，努力克服偏差，大学生就要正确定位"理想自我"。既要符合社会需要，要符合个人实际情况，切忌好高骛远、目标过高，也不要目标过低，几乎唾手可得。在追求理想自我的过程中，结合自己承担的各种角色，分析自己的努力情况以及活动成果，从而能够多方面、全方位地构建理想自我，使其与现实自我协调一致。

（四）测量法——通过科学测量工具认识自我

测量可以分为生理测量和心理测量。通过生理测量，我们可以了解自己的生理状况，包括身高、体重等；通过心理测量，我们可以了解自己各方面的心理特征，包括智力水平、气质类型、心理健康水平等。借助一些成熟的、信度和效度较高的测量工具，是很客观、科学地了解和认识自我的方式。

拓展阅读

乔哈里窗口理论

乔哈里窗口理论是美国心理学家乔瑟夫和哈里在 20 世纪 50 年代提出的，如表 3-2 所示。该理论将“我”分成了 4 部分。

表 3-2　乔哈里窗口

	自知	不自知
他知	公众自我	盲目自我
他不知	隐秘自我	未知自我

公众自我是指自己知道、他人也知道的我，例如你的姓名、肤色、部分经历和爱好等。隐秘自我是指自己知道但他人不知道的自我，例如你的某些心愿等。真诚的人也是需要隐藏区域的，完全没有隐秘我是心智不成熟的表现。盲目自我则是他人知道、自己不知道的我，例如性格上的弱点或某些待人处事方式等。未知自我则是有待发掘、自己和他人都不知道的我。只有不断探索，通过别人了解或自我认识的深入，未知区的潜能才能得到较好的发挥。

二、积极悦纳自我

悦纳自我是指对自己的本来面目持肯定和认可的态度，这是自我意识健康发展的关键所在。大学生要使自己成为幸福的人，首先就要学会欣赏自己、接纳自己的一切，因为这样才能去面对真实的自我，才能做到自尊、自爱、自强。不能接纳自我的人，往往会否定自我或者为掩饰不足而不断伪装、逃避，这样的人就会很难感受到生活的轻松与快乐，甚至自暴自弃。

（一）接纳自身不足

“金无足赤，人无完人”。每个人都有自己的缺点和不足。首先我们要接纳自己的不足，把它看成自己的一部分，是自己区别于他人的特征。但是，接纳自己的不足并不意味着我们就对不足置之不理。我们每个人固然会存在一些无法弥补的不足，比如其貌不扬、身材矮小等，对此我们只能乐观接纳；然而，我们的很多不足是可以改变的，如拖延习惯、缺乏毅力等，对此则要勇于承认并努力改善。俗语云：“失之东隅，收之桑榆。”理智地通过努力来弥补不足，我们往往还能收获到特别的成功。

（二）勇敢面对挫折

在实践活动中，大学生常常以结果为导向，以成败论英雄，当取得成功时，就会沾沾自喜、踌躇满志；但当遭遇挫折、失败时，便将问题扩大化和严重化，感到信心不足。一个人在成长的过程中既会有成功也会有失败，作为大学生，我们经常无法控制成败本身，但是我们可以学会掌握正确的归因方式，正确分析成败、对待成败，客观地评价自我。美国心理学家伯纳德·韦纳认为我们对成功和失败的解释会对后续行为产生很大影响。例如，如果把考试失败归因为自己缺乏能力，那么面对以后的考试时，我们就没有太大动力去积极准备并且没有信心取得成功；如果把考试失败归因为运气不佳，那么面对以后考试时，我们就会更积极地去准备并且期望成功。

（三）积极心理暗示

受暗示性是人的心理特性，是人在进化过程中形成的一种无意识的自我保护能力和学习能力。我们每天都在接受并传达心理暗示，并无时无刻不在进行自我暗示。例如，有的同学早晨在出门前习惯照一照镜子，如果照镜子发现自己脸色不太好看，上眼睑浮肿，恰巧昨晚睡眠也不太好，这时就会有不快的感觉，并怀疑自己是否得了什么病，接下来的一天肯定状态都好不了，甚至要去医院检查。这就是消极自我暗示的作用。如果在镜子里看到自己脸色不好，然后马上用理智控制自己的紧张情绪，并且告诉自己：只是昨天晚上没有休息好，到户外活动活动，呼吸一下新鲜空气就会好的。于是精神状态就不会受影响，一天的学习生活也能保持常态。这就是积极的自我暗示，它有利于身心健康。大学生活中，同学们会碰到诸多的不确定情境甚至挫折与困难，如果经常给自己积极心理暗示，增加对自己的肯定与鼓励，很多困难处理起来就会变得容易一些，自我效能感也会不断累积。

信息窗

有位心理学家曾进行过这样一项实验：他招募 20 名大学生来开展这个实验，每两人为一组，其中一人的角色是 A，另一人的角色是 B。首先让 B 闭上眼睛，给 A 看图片 A（见图 3–1），然后把图片 A 撤掉，A 闭上眼睛，让 B 睁开眼睛看图片 B（见图 3–2），最后把图片 B 撤掉，让 A 睁开眼睛和 B 共同看图片 C（见图 3–3）。实验结果：大部分 A 报告从图片 C 中看到的是美丽的少女，而大部分 B 报告从图片 C 中看到的是老太太。

图 3–1　图片 A

图 3–2　图片 B

图 3–3　图片 C

为什么会有这样的差异呢？因为 A 和 B 之前看到的图片不一样，他们接受到了不同的心理暗示，所以看到同样的图片 C 时给出的答案却不一样。因此，大学生要认识到心理暗示的作用。当我们信心不足时，可以通过积极心理暗示来鼓励自己，使状态得以平衡。

三、有效调节自我

自我调节是伴随自我认识、自我体验而产生的各种思想和行为倾向，常常表现为对个体思想和行为的发动、支配、维持和定向。马库斯和沃夫在 1987 年提出自我调节的一般模型。该模型将自我调节过程分为目标选择、行动准备和行为控制环路 3 个部分。

（一）目标选择

进行自我调节之前必须选择一个目标，明确自己想要做什么。一般情况下，个体会评估自己达到目标的可能性，从而来确定目标。如果个体认为自己能达到目标，那么他就会产生积极的期望，反之期望值就低。能够达到目标的可能性越大，就越容易形成积极的期待，这样的目标就越有可能成为确定的目标。

（二）行动准备

当目标确立后，个体就会搜集大量信息，根据可能的结果建构情境并进行“预演”。在这个阶段，个体会制订并实施计划来达到目的，但并非所有的行为都能达到目标。

（三）行为控制环路

在这个阶段，个体会利用信息来调节自己的行为。个体控制行为的过程可分为以下 6 个部分。

（1）初始行为，比如跑步 1 千米。

（2）观察行为，比如记录跑步所用时间。

（3）与标准比较，比如将实际跑步时间与目标时间进行比较。

（4）期望，比如对自己跑步能否进步的期望。

（5）情绪反应，比如因为成绩和目标之间的差距而表现出来的情绪。

（6）行为调节，比如继续努力或放弃跑步训练。

四、不断自我超越

自我超越是由著名心理学家维克多·弗兰克尔提出的一个概念。他认为人真正追求的不是自我实现，而是超越自我的生活意义。这种追求包含了对自然界、人类社会和文化以及人在其中所处位置的探索和理解，目的是更好地把握人生、更有意义地去生活。对人生意义的追求，其实不是满足于自我的平衡状态，而在于一种自我的超越，表现为勇于承担责任，敢冒风险，不断创造。能够自我超越的人，其一生都在追求卓越的境界，自我超越的价值在于学习和创造。那么怎样才能实现自我超越呢？可参考以下 4 点。

（一）建立个人愿景

愿景不仅是美好的构想，而且代表了一种召唤人向前的使命。愿景是我们内心真正关心的事情，很多时候可能并不是我们当下想要摆脱的事情，也不是我们设定的目标。例如，想要远离吵闹的室友、希望困扰已久的背部不再疼痛、期望高等数学不挂科等。这样的愿景是生活中适应或解决问题的副产品，其实对真正成长的促进意义并不会很大。建立个人愿景，把焦点放在真心追求的目标上，这是自我超越的基石。

拓展阅读

三个泥瓦匠

一天，有一位哲学家路过三个正在砌墙的泥瓦匠，他好奇地问：“你们在干什么？”第一个泥瓦匠没好气地说：“你没看到？在砌墙。”第二个泥瓦匠心平气和地说：“我们正在建一座高楼。”第三个泥瓦匠则满脸洋溢着笑容，自豪地说：“我们正在建设美好生活。”10年过去了，第一个泥瓦匠仍在砌墙，第二个泥瓦匠成了一位工程师，第三个泥瓦匠成了前两个人的老板。

命运是把握在我们自己手中的，保持积极心态，心怀愿景，我们的前进道路就有了光明指引。

（二）保持创造性张力

愿景与现实之间存在的差距会产生将你朝向愿景推动的力量，即“创造性张力”，它是个体认清了愿景与现实之间差距时产生的一股正面力量。创造性张力产生作用时常常夹杂焦虑、气馁、绝望等感觉，这些负面影响即为情绪性张力。创造性张力与情绪性张力之间存在无法调和的矛盾。情绪性张力会带给人难受的感觉，要消除情绪性张力只能降低愿景，但当愿景不断下降时，个体可能跌回现况甚至更糟糕的境遇。所有人要想实现愿景就必须保持创造性张力，忍耐住情绪性张力，用创造性张力战胜情绪性张力。

（三）看清并处理结构性冲突

在意识底层，我们往往会存在一些根深蒂固、与自我超越相反的成见，比如对自己能力的限制就是很常见的一种。这种力量将我们拉离愿景，它往往来自先入为主的假设，因而是隐性的。正确解决这种结构性冲突的方法就是诚实地面对真相，根除模糊真实状况的障碍，并对内心隐含的假设进行挑战，加深对冲突结构的理解和警觉。一旦结构被看清，它就不能再囚禁我们。

（四）运用潜意识

自我超越的实践过程中，隐含着心理的另外一个面向——潜意识。事实上我们都曾不自觉地通过潜意识来处理复杂的问题。例如，在你初学计算机打字的时候，需要相当大的注意力，甚至和坐在你身旁的人谈话都很困难。然而，练习几个月后，你几乎不需要在意识上专注，就可做同样的动作。不久之后，你甚至可以完全不看键盘，一边打字一边与人聊天。在我们学习的过程中，整个活动一般是从有意识的注意，逐渐把熟练的部分交给潜意识掌管，就不需要意识关注也能自动完成了。使自我超越层次高的人与一般人有所区别的，在于他们能在意识与潜意识之间，发展出较高的契合关系，把愿景中的特定目标或一些方面纳入经常的思考，使愿景逐渐向潜意识渗透，在潜意识中产生持久的创造性张力。

总之，培养潜意识最重要的是，它必须契合内心真正想要的结果。越是发自内心深处良知和价值观的愿景，越容易与潜意识深深契合，甚至有时就是潜意识的一部分。

第四节 大学生成长训练营

心理测试

自我意识量表由17个项目构成，如表3-3所示。请认真阅读表3-3中的每一项陈述，根据与你自己实际情况的符合程度，选择你认为最合适的选项。

表 3-3 自我意识量表

项目	完全不符合	不太符合	一般	比较符合	完全符合
1. 我总是试着了解我自己	0	1	2	3	4
2. 我很注意我做事的风格	0	1	2	3	4
3. 总的来说，我并不太清楚自己是什么人	0	1	2	3	4
4. 我经常自我反省	0	1	2	3	4
5. 我注意自己的表现方式	0	1	2	3	4
6. 我能决定自己的命运	0	1	2	3	4
7. 我从不审视我自己	0	1	2	3	4
8. 我对自己是什么样的人很在意	0	1	2	3	4
9. 通常我很注意我内心的感受	0	1	2	3	4
10. 我经常担心能否给别人一个好形象	0	1	2	3	4
11. 我经常检视自己做事的动机	0	1	2	3	4
12. 我出门之前会先照镜子	0	1	2	3	4
13. 我有时觉得我是站在身外之处看自己	0	1	2	3	4
14. 我很在乎别人如何看我	0	1	2	3	4
15. 我对自己心情变化很敏感	0	1	2	3	4
16. 我对自己的外表很关注	0	1	2	3	4
17. 在解决问题时，我很清楚自己的心理	0	1	2	3	4

评分与解释

第 3 项和第 7 项为反向计分项，即“该项实际分 = 4– 选项分”，其余各项为正向计分项。量表可测量两个维度，即内在自我意识和公众自我意识。代表内在自我的项目：1、3、4、6、7、9、11、13、15 和 17。代表公众自我的项目：2、5、8、10、12、14 和 16。每个维度的得分为对应项目的累加总分。

对大学生而言，内在自我得分超过 26 分即为过高，内在自我水平过高的人对自己的感受比较在乎，常常坚持自己的行为标准和信念，不太会受外界环境的影响；公众自我得分低于 19 分即为过低，公众自我水平过低的人太看重外界的影响，所以担心别人对自己有不好的评价，由于太看重来自他人的评价，常常会产生暂时性的自尊感低落，容易在理想自我和现实自我之间产生矛盾。总之，过分关注自我或外界都容易引发心理不健康。

自我成长训练

训练 1：自我意识发展历程

请你找到一张自己 3 岁左右的照片和一张 12 岁左右的照片，把两张照片与现在自己的照片进行对比，看看这么多年来自己在身高、体重、相貌、自我认识及评价上发生了什么变化。在 3 张照片的对比中，

你想对 3 岁左右的自己说的是____。

你想对 12 岁左右的自己说的是____。

你想对现在的自己说的是____。

训练 2：我的生命线

请你准备好一张白纸，一只黑色铅笔，红、蓝签字笔各一支。首先将白纸横放，写上“××× 的生命线”，然后在纸的中部，从左至右画一条带箭头的长横线，如图 3–4 所示。请按照你为自己规定的生命长度，找到目前自己所在的那个点，其中预测死亡年龄的依据为本人的健康状态、家族成员健康状态等。

图 3–4　生命线

（1）你目前位置的左侧代表过去岁月，把对你有重大影响的事件用笔标出来。请你把觉得快乐的事情用红色签字笔写在生命线上方，如果你觉得特别快乐就把这件事的位置写得高些；请你把觉得不快乐的事情用蓝色签字笔写在生命线下方，如果你觉得特别不快乐就把这件事的位置写得低些。

数一数，影响你的重大事件中有多少在生命线上方，有多少在下方？生命线上下的起伏幅度怎样？

（2）你目前位置的右侧代表未来时间，把你余生可能会经历的事情用笔标出来。如果你觉得这件事会带给你快乐，就用红色签字笔标在生命线的上方；如果你觉得这件事会是自己遇到的困难或挫折，就用蓝色签字笔标在生命线的下方。

数一数，你未来可能要经历的事情有多少在生命线上方，有多少在下方？如果很多事情都在下方，那么你的未来显得有些暗淡，想一想可以怎样调整呢？

（3）现在你已经画好自己的生命线了，请认真审视一下，并思考未来它还会不会变化。

团体拓展训练

活动主题：认识自我。

活动目标：通过参加心理活动，同学们能认识自我，悦纳自我，提高自尊水平，变得更加自信。

活动时间：90 ～ 120 分钟。

活动人数：每组 8 ～ 10 人。

活动原则：注意保密原则，在活动中涉及的自我暴露及探讨的相关信息不可以在其他场合谈论，注意保护小组成员的隐私，遵守小组制订的“团体契约”，推动小组安全运行。

热身活动：家庭成员（时间：15 分钟）

1. 目的

通过运动，调动学生的情绪，增加趣味。

2. 活动步骤

领导者根据全体成员的人数，预先设计好不同轮次的“家庭人数”，原则是每一轮都会有人“无家可归”。大家按照领导者的口令，如每 6 个人组成一个家庭，然后迅速跑动，随机寻找能组成自己家庭的成员。没有被组成家庭的成员，就要与大家分享感受，然后再变换“家庭人数”继续进行几轮。每轮结束后，分别请“无家可归”的人谈感受。

活动 1：自我介绍（时间：25 分钟）

1. 目的

自我展示，促进小组成员的相互认识。

2. 准备材料

纸和笔。

3. 活动步骤

（1）在白纸上写上这 3 个问题“我是谁？”“我从哪里来？”“我要去哪里？”，将白纸放于中间供大家使用。

（2）每个人依次回答上述 3 个问题。

（3）大家相互交流，加深认识。

活动 2：20 个我是谁（时间：30 分钟）

1. 目的

多方面地探索了解自己。

2. 准备材料

纸和笔。

3. 活动步骤

每个人在纸上写 20 句话，描述“我是一个怎样的人”，然后与组员进行分享交流，其他组员也可以给出自己的观察反馈。

请统计每个人关于“我是谁”的描述分别属于物质我、精神我和社会我的个数。

4. 活动点评

通过统计，可以发现每个人对自我的认识是倾向于物质的、精神的还是社会的，哪一个方面不够完善，以及还需要增加哪些方面的自我认识。

活动 3：自画像（时间：30 分钟）

1. 目的

用任何形式画出自己，表达自我。

2. 准备材料

白纸、彩笔。

3. 活动步骤

（1）每个人一张白纸，彩笔放中间供大家使用。

（2）在白纸上进行自画像创作，形式是抽象的、形象的、写实的、动物的、植物的都可以，不用在意自己的绘画水平。

（3）画完后，用简练的语言解释说明自己的画。大家进行分享交流。

4. 活动点评

在活动过程中，大家会对自己有不同的认识。团体成员之间的交流能提供不同的视角，给个体带来启发，促进个体提升自我。

案例导读

悦纳自我，青春飞扬

案例介绍

吴刚，男，19 岁，是广东某高校的大一学生，出生于东部沿海地区一个普通农村家庭，家庭和睦。父母对吴刚的学习要求较严格，因此他从小学习成绩就很好，一直是学校里的优秀学生，后来顺利考入大学。吴刚进入大学时是充满着期待和兴奋的，但是开学还不到一个月，他很快就遇到了烦恼：吴刚的室友都来自城市，经济条件相对更好，吴刚本来并不觉得有什么。但是最近有一次上英语课，吴刚被老师点名回答问题，口语表达磕磕巴巴，他的室友一起哄堂大笑。一瞬间，吴刚觉得无地自容，十分自卑。从此，吴刚总是不自觉地想到自己跟城市同学的差异，经常失眠，每次上英语课之前他更是心烦意乱。

吴刚发现自己的学习效率严重下降，人际关系也受到影响，故前来咨询。他对心理老师陈述道：“我从小到大学习一直不错，尤其英语在班上总是名列前茅，老师经常夸我学习认真，有方法。在家里父母很疼爱我，因为爸妈没上过大学，所以就把希望寄托在我身上，我一直想考上重点大学来报答父母。现在我顺利考入大学，内心挺自豪的，但是来到大学后才逐渐发现优秀的同学那么多，很多同学家境比我富裕，见识也比我广。本来我想要通过努力学习来弥补内心的一点自卑感，但是那一次英语课的表现让我彻底崩溃了！在同学们眼中我肯定特别差劲，他们肯定觉得我什么都不懂，表现也不怎样，我都不知道现在同学们是怎么看我的，简直没脸见人！我真是个没用的人！现在我看见别的同学们用功的样子，很想静下心来抓紧时间学习，可是越想越紧张，怎么也集中不了，书看不进去，上课开小差，晚上翻来覆去睡不着，白天迷迷糊糊没精神。我非常苦恼，再这么下去我的大学就没希望了。”吴刚讲到激动处，双拳紧握，开始哭起来。

案例分析

在本案例中，咨询师与求助者吴刚建立了良好的咨询关系，比较全面地掌握了他的基本状况及其对自身自卑和考试焦虑情绪问题的认识。基于求助者的成长经历、性格特点等具体情况，在咨询过程中咨询师应用理性情绪行为疗法，初步订立咨询目标：帮助吴刚降低情绪反应；找出导致情绪反应的认知因素，改变不合理认知；形成正确的自我观念，增强自信和社会适应能力，促进心理健康发展。咨询师运用理性情绪疗法开展工作，在尊重、热情、真诚的基础上，做到专注倾听、无条件接纳和积极关注，吴刚的焦虑情绪得到缓解，逐步理清了自己存在的不合理信念，建立对自己的合理评价，尝试从积极的视角认识自己。

个案成长

在咨询师的帮助下，经过调整认知观念，最终吴刚建立了新的合理的认知模式。现在吴刚能够做到重新审视自己，认识到出生在怎样的家庭并不由自己决定，然而自己未来能够取得怎样的成就，成为怎样的人都全凭个人努力，而这些才更应该成为自己与同龄人竞争、比较的方面。吴刚在离开咨询室的时候告诉老师，自己的自信心提高了，不再盲目跟他人比较，跟宿舍同学关系有所好转，睡眠也得到改善，心情好了学习效率也就回来了。

思考与讨论

1. 请结合自身情况，谈谈如何悦纳自我？
2. 你理想中的自我是什么样子？你是如何解决理想自我与现实自我的差距的？

经典导读

《少有人走的路：心智成熟的旅程》

《少有人走的路：心智成熟的旅程》是一本通俗的心理学著作，它出自美国心理医生 M. 斯科特·派克。斯科特曾在美军基地担任心理医生将近 20 年，他后来总结反思、以从业经验为基础写了这本《少有人走的路：心智成熟的旅程》，该书一出版就引起了巨大轰动。《少有人走的路: 心智成熟的旅程》已经被翻译成 20 多种语言，在《纽约时报》畅销书榜单上停驻了近 20 年的时间。毫无疑问，本书创造了出版史上的一个奇迹，而且至今长盛不衰。本书处处透露出沟通与理解的意味，它跨越了时代的限制，帮助我们探索爱的本质，引导我们过上崭新、宁静而丰富的生活；它帮助我们学习爱，也学习独立；它教诲我们成为更称职的、更有理解心的父母。归根到底，它告诉我们怎样找到真正的自我。正如本书开篇所言: 人生苦难重重。斯科特让我们更加清楚: 人生是一场艰辛之旅，心智成熟的旅程相当漫长。但是，斯科特没有仅仅让我们感到恐惧，而是带领我们去经历一系列艰难乃至痛苦的转变，最终帮助我们达到自我认知的更高境界。

《人性能达到的境界》

《人性能达到的境界》是由美国著名人本主义心理学家马斯洛编撰。该书一方面自述性地解释了马斯洛为何开始研究自我实现，使读者能够更好地了解其思想历程；另一方面论述了自我实现及其超越、人类的创造性、价值、高峰体验、需求层次关系等人本主义心理学的重要概念和哲学观点，是一本极佳的人本心理学启蒙读物。

本书最大的特色是阐述了现实生活中每个人都会思考的问题，使读者不仅能够领略马斯洛的思想魅力，还能通过其哲学观点来解决个人生活的一些实际问题，诸如什么才是真正的教育，如何管理创造性人才等。提及马斯洛，大家最耳熟能详的必定是其代表理论“需要层次模型”，在这本《人性能达到的境界》中，马斯洛就详细探讨了自我实现这个概念。除此之外，《人性能达到的境界》一书还展示了马斯洛其他方面的思想精髓，全面地给读者再现了马斯洛的理论体系，包括其他书籍很少甚至没有提及的 Z 理论的内容。事实上，在马斯洛的理论体系中，自我实现者可以分为两种，一种是缺乏超越体验的健康的自我实现者——我们所熟知的“自我实现者”，即实现了麦格雷戈 Y 理论的期望；另一种是超越者，这种人超越了 Y 理论，达到了 Z 理论的水平。

04 第四章 大学生的人格发展

【名人名言】

真正的幸福来自建立并发挥自己的优势，而非花时间改正自己的弱点。

——马丁·塞里格曼

我的一生是一个潜意识充分发挥的故事。潜意识里的一切竭力做出种种外化的表现，而人格也强烈要求逐渐从潜意识状态中成长起来并作为一个整体来体验自身。

——荣格

开篇故事

荣格的两个人格

荣格是著名的瑞士心理学家，分析心理学的创始人。他在年少的时候，就感觉到自己身上存在着两个人格。第一人格是一名普通的学生，不聪明，但很用功，忙于日常的生活和学习，甚至有些笨拙的感觉；第二人格则像一位老人，有厚重的历史感，远离他人而亲近大自然，喜欢太阳、石头、植物，对艺术更感兴趣，有高贵的自信。

这两个人格伴随着他的成长过程，给他带来了不解和困惑，在他大学填报志愿时进入了最纠结的时候。一方面，荣格被自然科学吸引，因为那些真理是建立在事实基础上的，可以满足他第一人格的需要；另一方面，他又对宗教和哲学有些向往，喜欢希腊、罗马、埃及的文化和史前考古学，这可以满足他第二人格的需要。

荣格做了几个跟这相关的梦，通过梦得以了解他自己内心深处的想法。后来，他认识到他需要认真学习、努力赚钱，为了美好生活而奋斗，因此，他需要选择第一人格，并有意地压抑第二人格。最终，荣格选择了医学专业，既可以满足他对于自然科学的向往，也可以满足他对人的兴趣。

多年以后，他提出了“人格面具”的概念，用以表示人们公开展示给他人和社会的那些人格特质，这与第一人格何其相似；又提出了“自性”的概念，用以代表每个人内心深处真正的自己，并认为人生的追求就是自性化的过程，这正是对第二人格的深刻理解与认同。

第一节　人格概述

“认识你自己”，是特尔斐神殿上的箴言，也是人类文明诞生以来孜孜不倦的追求。心理学者一直尝试回答这个千古以来的永恒话题，提出了人格的概念及多个人格理论。

一、人格的含义

俗话说“性格决定命运”，可见性格对于人的发展的重要性。性格是人格的重要组成部分，心理学家提出了人格的概念用以描述人究竟是什么。不同的心理学家对人格的定义也不尽相同，一般来说，人格是指个体认知思维、情绪情感和行为特征的相对稳定的模式，具有整体性、稳定性、独特性和社会性等特点。整体性是指人格是由气质、性格、动机、认知、情感、行为等组成的相互关联的有机整体；稳定性是指跨时间的连续性，以及跨情境的一致性；独特性是指人格赋予每个个体独特的特征，使之与周围的他人区分开来；社会性是指人格是个体在与社会环境及他人互动中逐渐形成的，受社会的影响较大。

二、与人格相关的理论

人格理论众多，我们选取比较有代表性的几个理论进行介绍，分别是经典的弗洛伊德的人格结构理论、埃里克森的人格发展阶段理论，以及在学术研究中使用较多的大五人格理论，和在实践应用中使用较多的荣格的心理类型理论。

（一）弗洛伊德的人格结构理论

精神分析学派创始人弗洛伊德将人格划分为本我、超我、自我三部分。

本我包含人的基本欲望，是心理能量的源泉。本我按照快乐原则行事，不理会社会道德、外在的行为规范，它的目标就是获得快乐，避免痛苦，就是平常说的趋利避害。

超我代表自我理想，它是人在成长过程中通过内化社会主流价值观和道德规范而形成的。超我的特点是追求完美，要求自我按社会可接受的方式满足本我，它所遵循的是“道德原则”。它像父母，严格遵守各种社会制度和规则。

自我是自己可意识到的执行思考、感觉、判断或记忆的部分，它既要寻求本我冲动的满足，又要满足超我的要求，同时要保护整个机体不受伤害，它遵循的是“现实原则”。它处于本我和超我之间，进行协调，在不违反社会制度的前提下满足对快乐的追求。

（二）埃里克森的人格发展阶段论

埃里克森认为人生的特定阶段会产生特定的心理需求，假如需求得到满足，就可以顺利进入下一个阶段；如果处理不好，则可能会造成发展的混乱。不过，每个阶段并不是截然分开的，而是有很多重叠的部分。年龄的划分是大概的范围，并不是绝对化的。

1．婴儿期（0～1岁）：基本信任和不信任

这个阶段的主要需求是建立信任他人的能力，尤其是对主要照顾者的信任。当婴儿可以被较好地照顾时，他就能建立对他人的信任感；如果缺乏足够的照顾，则难以建立信任感。这种信任感是之后人际关系发展的重要基础。

2．儿童期（1～3岁）：自主和怀疑

自主性是这一阶段的主要心理需求，如果儿童可以在自由与安全的环境中探索自己和周边环境，则可以发展出较好的自主性。反之，则会产生羞怯和怀疑。

3. 学龄初期（3～6 岁）：主动和内疚

这一阶段，儿童会与周边环境进行积极互动。如果他们可以创造、构建或改变周边环境，进行各种各样的尝试，他们的主动性就可以得到较好发展。如果他们遭受了嘲笑或过度批评，则会产生内疚感。

4. 学龄期（6～12 岁）：勤奋和自卑

这一阶段的儿童都在学校接受义务教育。学校是训练儿童适应社会、掌握今后生活所必需的知识和技能的地方。如果他们能够努力学习并取得良好的成绩，就会获得勤奋感，这使他们在今后的独立生活和承担工作任务中充满信心。反之，就会产生自卑感。

5. 青春期（12～18 岁）：自我同一性和角色混乱

这一阶段的青少年伴随生理上的变化和心理上的发展，经常思考关于“我是谁”的问题，想要明白自己是一个什么样的人，想要成为一个什么样的人，进行自我同一性探索。如果青少年能得到稳定的答案，就可以建立稳定的自我同一性。如果没有建立，则可能导致角色混乱。

6. 成年早期（18～25 岁）：亲密和孤独

这一阶段的人正处于大学生活中，或刚毕业工作几年，虽然学业和职业都是重要的发展议题，但埃里克森认为其核心问题是建立一种亲密的人际关系。如果他们能够进入一种承诺的和持久的亲密关系，则会获得亲密感。反之，则会感到孤独。

7. 成年期（25～65 岁）：生育和自我专注

处于成年期的人大多已经成家立业，既注重职业的发展，也重视家庭的幸福。人们会意识到自己是社会中的一员，不仅要养育孩子，同时要承担社会工作，这是一个人对下一代的关心和创造力最旺盛的时期。反之，人们则会过度关注自己的幸福或认为生活是没有意义的。

8. 老年期（65 岁以上）：完整和绝望

这一阶段的人们由于衰老，体力、心力和健康每况愈下，他们会回望过去。如果回想自己的经历，认为自己的一生是充实的，则会获得满足感，让他们相信自己的独特性。如果认为自己的一生由遗憾占主导，那么就会感到绝望。

（三）大五人格理论

1961 年，托普斯和克里斯托通过研究发现，通过五种主要的人格维度可以描述整个人格，从而提出了大五人格理论。这五个人格维度是外倾性（Extraversion）、宜人性（Agreeableness）、开放性（Openness）、神经质（Neuroticism）和尽责性（Conscientiousness），五个首字母可以组合成“OCEAN”，也被称为人格的海洋。

外倾性表示个体神经系统的强弱特点和动力特征，包括合群、热情、支配性、活跃这四个主要人格特质。外倾性高的人神经系统唤醒水平较低，需要更丰富强烈的刺激来提高唤醒水平；他们喜欢交际，喜欢跟朋友待在一起；对待他人表现得热情好客；争强好胜，喜欢领导别人；精力充沛，做事积极主动。外倾性低的人则相反。

宜人性反映的是与人交往过程中的情感特点和人道主义倾向，包括信任、体贴、共情三个主要人格特质。宜人性高的人容易信任他人，对人性持乐观的态度，关注体贴他人的感受，善解人意，对弱者富有同情心，乐于助人。宜人性低的人则相反。

开放性描述的是个体对经验的开放性、智慧和创造力，包括想象力、审美、好奇心、冒险精神、价值观念五个人格特质。开放性高的人想象力丰富，对艺术和审美较为喜爱和敏感，富有好奇心，兴趣广泛，愿意尝试有风险的活动，对新事物和新观念持开放包容的态度。开放性低的人则相反。

神经质反映个体情绪调节能力，包括焦虑、抑郁、敏感多疑、脆弱性、愤怒－敌意五个人格特质。神经质高的人容易感到焦虑，坐立不安；容易体验到消极情绪，郁郁寡欢；过于在乎自己的内心感受和他人对自己的评价，面对困难容易感到挫败无力，容易受伤，想要逃避；暴躁易怒，对他人有敌意。神经质低的人则相反。

尽责性反映了与责任心、意志力相关的内容，包括责任心、自我控制、审慎性、条理性、勤奋五个人格特质。尽责性高的人信守承诺，对待他人和任务认真负责；善于管理自我，自制，有毅力；在采取行动前能充分考虑，较为谨慎；处理工作和日常事务时富有逻辑性和条理性；学习和工作非常勤奋，为了实现目标而刻苦努力。尽责性低的人则相反。

（四）荣格的心理类型理论

荣格于 1921 年出版了《心理类型》一书，书中结合精神病学、哲学、文学、文化学等知识，梳理了人类精神的发展史，提出了两种心理倾向“内倾和外倾”，四种心理功能“感觉、直觉、思维、情感”。美国心理学家伊莎贝尔·布里格斯·迈尔斯和凯瑟琳·库克·布里格斯在此基础上增加了“判断、感知”维度，并开发了迈尔斯布里格斯类型指标，简称为 MBTI 性格测试（见表 4-1）。心理类型理论在职业生涯规划、心理咨询、教育培训等领域有众多应用。

心理类型理论共包括四个维度，第一个维度是心理能量倾向，分为内倾和外倾。内倾是指心理能量主要指向自身内部，关注自己内在的想法和感受，内倾的人更喜欢独处，显得安静内敛，内心想得多但表达得少；外倾的人更喜欢参加活动，结交新的朋友，显得活泼开朗，行动力强。

表 4-1 心理类型特点

外倾	内倾	感觉	直觉	思维	情感	判断	感知
合群 互动 广度 外在事件 先说后想	独处 专注 深度 内在反应 先想后说	有序 此时此刻 事实 实际 接地气 现实 具体	随机 未来 概念 理论 天马行空 想象 一般化	客观 坚定的心 规矩 公平 清晰 评判 保持距离	主观 柔软的心 环境 仁慈 和谐 欣赏 卷入	解决 决定 固定 控制 计划 结构化 明确的 规划性	等待 等等看 灵活 适应 开放 流动性 暂定的 自主性

第二个维度是接收信息的方式，分为感觉和直觉。感觉型的人更注重感官体验，观察客观现实，对细节进行敏锐的捕捉；直觉型的人更喜欢抽象的概念，透过表象看到事物背后的本质，在多种事物间建立某种联系以看到其模式和意义，对事物的未来发展具有敏锐的洞察力。

第三个维度是处理信息的方式，分为思维和情感。思维型的人和情感型的人的差异不是因为做出的决定不同，而在于做出决定的思路和过程不同。思维型的人更注重逻辑分析，以客观事物的发展为准，关注事件本身的客观情况；情感型的人更注重价值判断，以人的情感感受为准，关注与事件相关的人的感受。

第四个维度是处事风格，分为判断和感知。判断型的人更喜欢制订计划，通过计划管理自己的生活，让生活与工作井井有条；感知型的人更喜欢自发、灵活的方式，不喜欢被计划束缚，喜欢解决应对突发的情况。

这四个维度的八种类型在每个人身上都存在，只是倾向型不同。人都是习惯从自己的角度来理解他人，但人与人之间都存在差异，因此，差异很容易带来误解与矛盾。心理类型理论传递的理念是人与人之间的矛盾不一定是对错之分，而是因为差异。当我们可以理解彼此的差异，尊重彼此的差异时，我们会更容易与人为善，也更自在。

三、大学生人格特征

当代大学生都是网络世代，成长于改革开放 20 年后物质较为丰富的年代，是互联网世界的原住民。而目前我国已经取得了脱贫攻坚的全面胜利，全面建成小康社会，实现了第一个百年奋斗目标，为实现中华民族伟大复兴的中国梦而不懈奋斗。因此，他们的人格特征也有时代的烙印。

中华复兴带来的文化自信。伴随着改革开放，尤其是加入 WTO 后，我国的经济迎来了飞速发展。国学潮也逐渐兴起，传统文化在国人心中的位置越来越重要，并在众多平台获得了大量年轻人的关注和喜爱。当代大学生有较高的文化自信，勇于发出中国声音，捍卫祖国荣誉。在国家和人民需要的时候，大学生都勇于担当，做出自己的贡献。

娱乐精神下的快乐至上。当代大学生成长于物质丰富的年代，衣食住行方面的质量都有较大提高，他们注重物质享受，美食和旅游是他们的心头好。他们从小就接触互联网，对网络非常熟悉，网络冲浪、即时通信聊天、网络游戏等都是他们的喜好。广袤的网络世界提供着源源不断的新鲜刺激，让他们保持在一个持续被吸引的状态。

当然也有一些不好的影响，包括物质享乐主义带来的超前消费和过度消费，不合理的借贷为大学生带来了沉重的经济压力和心理负担；移动互联网的便利带来注意力分散，从而引起拖延等问题；手机依赖、游戏依赖等问题愈发严重等。这都需要大学生调整好物质财富与精神食粮的关系，达到内心的平衡。除此之外，当代大学生还具有以下人格特征。

人格的具体化与概括化。有些大学生基于过往的人生经验，已经可以比较具体地认识自己的人格特点了，例如高中学习时的坚韧、遇到困难时的乐观、面对弱势群体时的利他等。但也有些大学生对自身的认识存在概括化的倾向。当他们被问到是什么性格的人时，很多大学生的回答是"活泼开朗"，缺少对自己性格全面和具体的认识。这大部分是源自于中学阶段对学习的重视和投入，掩盖了对自我人格的探索和了解，经历了埃里克森所说的合理延缓期，从而将认识自我的任务延迟到了大学阶段，进而导致刚进入大学的他们对自身的认识还是非常笼统概括的。

人格的多维度与单一化。有些大学生认识到人格是有多个维度的，虽然具有乐观的特质，但某些时候可能有些悲观消极，这也是正常的。但有些大学生却认为人格是线性单一的，如果他们认为自己是内倾的，就认为自己应该在所有时间和情境中都该表现为内倾，对于有时出现的外倾感到奇怪。

人格的稳定性与可塑性。大学阶段是大学生的过渡期和成长期，对大部分学生来说，都是第一次长时间地离开父母，过上相对独立的集体生活。经过青春期的成长和发展，大学生的人格已经具备了相对稳定性。同时，他们在大学期间会重新审视自己的人格特质，培养自己的某些人格特质，希望可以让自己变得更好。因此，大学生的人格仍具有一定的可塑性。

拓展阅读

高敏感型人格

高敏感者有发达的神经系统，是与生俱来的气质，他们可以敏锐地捕捉到事物的细微差别，敏锐地感知到他人的情绪状态，并具有强烈的责任感。他们拥有丰富的内心世界，容易把很多事物、想法联系起来。虽然，高敏感型人格这个概念是在 20 世纪 90 年代中期由美国心理医生伊莱恩·艾伦首次提出的，但它并不是一个新的概念。它与内倾者很像，但不同的是，有 30% 的高敏感者热衷于参加社交活动。它也与神经质很像，但当环境舒适和谐时，高敏感者可以产生非常喜悦的体验。其实，高敏感是一种特质，并没有好坏之分，它既可以带来烦恼，也可以带来快乐。

第二节　大学生健康人格塑造

一、人格发展的影响因素

人格的发展受到众多因素的影响，在心理学的发展中出现过先天决定论和环境决定论的争辩。目前的共识是人格是由先天因素和后天环境共同作用影响的。

（1）生理因素。生理因素包括遗传因素和生理基础。当然遗传因素并不直接影响人格特质，而是通过神经递质、激素水平等生理因素的中介作用来影响人格的。心理学家艾森克提出了人格唤醒理论，他认为内倾者比外倾者有更高的唤醒水平，因此，内倾者为了避免加重现有的刺激水平，就会做一些相对安静的事情。

行为遗传学主要研究人格特质受遗传因素影响的程度和机制，是人格研究的重要内容。双生子研究是主要的研究方法，并运用同卵双生子的相关系数与异卵双生子的相关系数之差的两倍来作为某一种特质的遗传力。有研究对 2015 年之前进行的双生子研究进行了元分析，发现大五人格各维度的遗传力估计为：开放性 0.41、神经质 0.37、外倾性 0.36、宜人性 0.35、尽责性 0.31，平均遗传力为 0.36，说明人格特质中等程度地受到遗传因素的影响。

（2）家庭教养环境。著名心理学家阿德勒认为溺爱或忽视会导致儿童产生自卑情结，并首先关注出生顺序对人格发展的重要影响。他认为最大的孩子聪明、有成就需要，但害怕竞争；中间的孩子喜欢竞争，有强烈的反抗意识；最小的孩子有雄心，但懒散，难以实现目标。另外，父母的教养方式同样对人格发展有重要影响。研究发现，父母的情感关怀和理解对青少年的外倾性、宜人性、尽责性有积极作用；父亲的惩罚和母亲的拒绝否认对青少年的宜人性有消极作用。

（3）社会文化因素。“一方水土养育一方人”，这里的水土不仅指物理环境，也包括社会文化。我们都受到身处其中的社会文化的影响，不同地域的人有不同的文化印记，东北人热情豪爽，南方人温文尔雅。跨文化的研究在说明文化对人格的影响，并从多元文化的角度来认识和理解处于不同文化中的人中起着重要作用。例如，上课做笔记多但发言少在中国是认真的表现，但在西方文化中却可能被认为缺少互动或创造性。

二、塑造健康人格的方法

我们认识了人格，知道了人格的影响因素，更重要的是学会利用这些知识塑造健康的人格。以下是一些塑造健康人格的方法。

（1）正确认识自己的人格特质。人格是一个复杂体，很多时候其变化和发展会超乎我们的预期，有些时候我们对自身的认识也是片面的。而这就需要我们不断地增加自我觉察能力，对我们自身的状态有相对客观正确的认识，这样才能对自己的人格发展有更大的掌控，避免误入歧途。

要想提高自我觉察力，要善于自我反省，多问自己几个问题，比如“我现在感觉怎么样”“我现在的想法是什么”“为什么会有这样的想法”等。不过，自我反省是为了了解自身，而不是批判自己。对于发现的自己身上不好的地方，不要急于批评，而是要包容，然后去理解它，并试着找出改善的方法。同时，对于那些消极的感受，不要一味地压抑，而是要面对它们，给它们一个合理的疏通渠道。

（2）优先发展自己的优势功能。根据心理类型理论，我们大多数人在人格维度上都具有一定的倾向型，这就是我们的优势功能，是我们在应对外在世界时首先会用到的功能，也是我们用得最多、最顺手的功能，它会给我们掌控感和成就感，有点像我们人格的英雄。但与我们的优势功能相对的劣势功能，却会让我们觉得自己尴尬和无助，这就是我们的阴影，是人格中被讨厌的部分。但阴影就像我们的影子一样，是逃不掉，也抹杀不了的，我们只能去面对它，与它对话，从中找到力量的源泉，达到人格的整合。

（3）借助人际力量发展人格。“没有人是一座孤岛”，我们都处于各种不同的人际关系中。他人对我们的态度和看法也会影响我们的人格发展。研究证明，孤独感是非常消极的情绪，会让我们只看到自己身上的缺点和不足，它甚至会影响我们的身体健康，缩短寿命。避免孤独感的办法是多参加朋友聚会，不管是和一群朋友，还是和某一两个好朋友，与他人的接触会把我们拉出自怜自哀的泥沼。

良好的人际互动对人的健康成长是非常重要的。朋友是非常重要的社会支持力量，同样，父母、老师、同学也是重要的社会支持力量。当我们感觉自身遇到困境的时候，要记得向他们伸出求助之手。

（4）培养积极的人格特质。积极心理学旗帜鲜明地提出要关注人的积极心理特质，并提出了六大维度 24 种积极心理特质。积极心理学认为我们要想过得幸福，不能只关注人格的缺陷，而应该关注人格中的积极特质，通过强化积极特质达到更幸福的状态。其中，乐观、坚韧、真诚、友善、自律、幽默等都是重要的积极人格特质，是可以通过心理训练进行培养提高的。在大学的不同阶段有不同的心理特质发展关键期，大一阶段要注重创造性和思维力的培养，大二阶段要注重爱和领导能力的培养，大三阶段要注重乐观、协作精神的培养，大四阶段要注重社交智慧、真诚的培养。当然，这些发展期并不是固定不变的，每个人都该根据自身的特点和发展情况培养自己的积极人格特质。

第三节　大学生常见人格发展偏差及调适

我们希望塑造健康的人格，但遗憾的是，受先天因素和后天环境的各种影响，人格的发展难免会出现偏差，甚至形成人格障碍。人格障碍是一种心理疾病，有明确的诊断标准，下面先来认识一下人格障碍的常见表现。

一、常见人格障碍及治疗

人格障碍是指人格特征明显偏离了正常范围，与社会文化期待相悖，形成了稳定的反映其个人生活风格和人际关系的异常行为模式，并给自己和他人带来痛苦，一般开始于青春期或成年早期。

（一）常见人格障碍

美国的《精神障碍诊断与统计手册》第五版（DSM-5）将其分为十类，我们将以此为依据，简述常见的人格障碍类型及特点。

（1）偏执型人格障碍。这类人是多疑的，难以相信他人，经常把他人的动机解释为恶意的。他们经常假设他人会剥削、伤害或欺骗他们；怀疑朋友会背叛他们；当心与他人分享的信息会被利用来对付自己；善意的谈论或事件会被当作隐含有贬义或威胁性的意义；他们脾气发作得很快，当感到愤怒时，会迅速做出反应或反击。

（2）分裂样人格障碍。这类人不关心人际交往，缺少对亲密关系的渴望，想从人际环境中脱离出来。他们没有明显的情绪反应，对批评或赞赏都漠不关心。他们回避亲密关系，倾向于独处。

（3）分裂型人格障碍。人际交往对这类人来说是非常困难的，他们在人际关系中感到不舒服，他们在他人眼中是奇特或古怪的，没有什么好朋友。他们可能表现出不寻常的知觉或思维，言谈古怪，情感表达不恰当。

（4）反社会人格障碍。这类人表现为不能遵守与合法行为有关的社会规范，从儿童时期就有逃课、撒谎、偷窃、打架斗殴等行为。他们做事鲁莽冲动，容易攻击他人，不顾及他人或自己的安全，即使伤害了别人，也缺少同理心，对自己的行为没有悔恨之意。他们不负责任，不认真学习与工作，并容易拖欠债务。

（5）边缘型人格障碍。这类人情绪不稳定，时常表现出强烈的、不合适的愤怒。他们容易冲动，会做出伤害自己的行为，如性冒险、冲动消费、物质滥用、暴饮暴食等。他们觉得空虚无聊，极力避免真正的或想象出来的被抛弃，甚至会进行自杀威胁。他们的人际关系波动较大，在极端理想化和极端贬低之间交替变化。

（6）表演型人格障碍。这类人过分情绪化和追求他人的注意。他们需要一直成为他人注意力的中心，会进行舞台化或夸张的情绪表达。他们以自我为中心，与他人交往时往往带有不恰当的性诱惑或挑逗行为。

（7）自恋型人格障碍。这类人觉得自己非常重要，具有自我重要性的夸大感，例如，在没有相应成就时却盼望被认为是优胜者。通常沉浸在幻想成功或对自己独特性的认识中。他们会强烈地拒绝批评，需要他人持续的关注，并对其表达赞美。他们缺乏对他人的共情能力，会利用其他人。

（8）回避型人格障碍。这类人有些胆怯，对负性评价极其敏感，容易因为被批评而感到受伤害，因此想要避免与他人产生交集。他们会害怕在人群中说出一些看起来愚蠢的话，害怕被嘲笑，显得害羞而拘谨。他们认为自己在社交方面笨拙、缺乏个人吸引力或低人一等，非常不情愿参加任何新的活动。

（9）依赖型人格障碍。这类人过度依赖他人的照顾，以至于难以独立做决定或开始一件事，需要他人为其大多数生活领域承担责任。他们害怕分离，自己一个人会感到无助，当一段关系结束时，会迫切寻求另一段关系作为支持和照顾的来源。为了获得依赖，他们甚至会同意那些明知道是错的事情。

（10）强迫型人格障碍。这类人追求完美和秩序，比较僵化，缺乏灵活性和开放性。他们是工作狂，会过度投入工作或追求业绩，以至于无法顾及娱乐活动和朋友关系。他们过于仔细，沉湎于细节、规则、条目、秩序、组织或日程，以至于忽略了活动的要点，并难以做出选择和决定。他们坚持让其他人按照他们的方式进行工作，对自己和他人较为吝啬，不愿扔掉已经无价值的物品。

（二）人格障碍的治疗

大家习惯性地认为人格障碍的改变有一定的困难，并且有些人格障碍患者并没有意识到自己给他人带来的痛苦，或并不认为自己需要进行心理治疗。不过，目前越来越多的研究表明，在治疗过程中，人格障碍是可以得到较大改变的。目前针对人格障碍的治疗主要有药物治疗和心理治疗两种方式，心理治疗是主流。

1. 药物治疗

人格障碍患者存在情绪、行为等异常表现，并可能与其他心理障碍共病，治疗的效果受人格障碍患者的药物依从性影响。研究发现，5- 羟色胺能药物对治疗冲动和攻击行为有作用；5- 羟色胺能药物、抗抑郁药、心境稳定剂对治疗情绪不稳定有作用；抗精神病药物对治疗精神病性体验有作用。

2. 心理治疗

有多种心理治疗方法对人格障碍的治疗有帮助作用，包括解惑咨询、支持性心理治疗、动力性心理治疗、认知行为治疗、心理教育和训练等。解惑咨询是将患者当前的困扰与过去的经历相结合，帮助他们通过省视自己的态度和情绪应对当前的困扰，对缺乏自信、有人际交往障碍的患者帮助较大。

认知行为治疗运用认知策略帮助患者辨别特定的心理模式，并了解如何修正它们。它通过行为治疗的策略，包括放松技术、角色扮演等，帮助患者改善行为模式，并可结合认知行为疗法和东方智慧的辩证行为治疗，在针对边缘型人格障碍的治疗中具有较好的效果。

动力性心理治疗中的移情焦点治疗对于边缘型人格障碍患者的治疗具有良好的效果。该方法由科恩伯格创建，包括边缘型人格结构的精神分析理论、治疗策略、治疗战术和治疗技术。而科胡特创建的自体心理学对于自恋型人格障碍的治疗具有较好的效果。

研究进展

人格替代模型

DSM-5 中的人格替代模型是在大五人格理论的基础上构建出来的，可从偏常人格特质角度对一般人群进行人格评估，并可在一定程度上评估普通人的人格异常程度。人格替代模型包括五个维度，25 个不同特质：负性情绪维度，包括情绪易变、焦虑、分离的不安全感、顺从、敌意、固执、抑郁、多疑、受限的情感表达；分离维度，包括退缩、回避亲密、情感缺失；脱抑制维度，包括不负责任、冲动、随境转移、冒险、机械的完美主义；对抗维度，包括操控、欺骗、夸大、寻求关注、无情；精神质维度，包括不寻常信念、古怪、认知和情感失调。

研究发现，大学生五个人格特质维度得分由高到低依次是负性情绪维度、精神质维度、对抗维度、脱抑制维度、分离维度。25 个人格特质中，得分较高的是焦虑、顺从、固执、机械的完美主义及寻求关注。人格特质存在性别差异，女大学生在负性情绪、分离、脱抑制三个人格维度上的得分显著高于男大学生，在焦虑、抑郁、随境转移、情绪易变、敌意、回避亲密、不负责任、退缩、冲动九个人格特质上的得分显著高于男大学生；男大学生在欺骗、顺从、不寻常信念三个人格特质上的得分显著高于女大学生。

二、常见人格发展偏差及调适

DSM-5 人格替代模型的维度与大五人格理论的维度具有相关性，这说明了正常人格与人格障碍具有相似的人格维度，但在某些维度中的表现程度不同，人格障碍的人格特质是适应不良的正常人格特质，是正常人格特质的极端表现。

（一）常见人格发展偏差

人格发展偏差是介于健康人格和人格障碍之间的一种人格发展状态，虽没有达到人格障碍的诊断标准，但对大学生的生活和学习带来了较大困扰。

（1）完美主义。完美主义倾向的人追求尽善尽美，会给自己制定过高的标准，并认为自己“应该”做得更好，哪怕已经做得不错了，但也难以肯定自己的表现。他们容易感觉到父母对自己有较高的期待，并且也容易感觉到父母对自己的批评和指责。他们害怕犯错误，过分担心小错误的发生。他们会为了避免犯错或表现不好，而表现出明显的迟疑，不敢采取行动。这些是完美主义的消极方面，会给完美主义倾向的人带来较大的压力和焦虑，影响他们的生活、学习或工作。

但完美主义也不完全是消极的，它的积极方面主要表现在对秩序和条理的追求上，做事有条理，行动果断，并追求卓越，渴望成功。积极完美主义和消极完美主义是相互独立的，它们的不同组合构成了“高积极－高消极”的冲突型完美主义者、“高积极－低消极”的活跃型完美主义者、“低积极－高消极”的神经质型完美主义者三种类型。

（2）自恋。自恋（narcissism）一词源于希腊神话中的美少年那喀索斯，他因迷恋自己水中的倒影，日渐憔悴而死，化作一朵水仙花。自恋的人过于夸大自身的重要性，过于关注或沉迷于自己及自己在他人心中的形象，认为自己比他人更优越。自恋分为显性自恋和隐性自恋，这两种自恋类型的人的共同特点是具有特权感，认为自己是特殊人物，应该得到更多，除非得到一切应得的，否则不会感到满足；以及自我钦羡，喜欢注视镜子里的自己，认为自己有更好的审美品位。不同的是，显性自恋的人具有权力欲，认为自己有领导才能，想要成为领导者；具有优越感，认为每个人都喜欢听自己的故事，很容易让别人相信自己说的任何事。而隐性自恋则具有易感质，较为敏感脆弱，常感到自己很没用，并认为他人经常让自己失望。一般来说隐性自恋类型的人容易关注与自我相关的消极信息，显性自恋类型的人容易关注与自我相关的积极信息。隐性自恋与心理异常有显著正相关关系，有调查发现，易感质与症状自评量表（SCL-90）的所有维度都有显著正相关。而显性自恋总体上与心理异常无显著相关。

（3）冲动。俗话说“冲动是魔鬼”，但现在越来越多的人渴望及时满足，难以抑制自己的冲动。冲动性特质包括注意力冲动性、运动冲动性、无计划冲动性三个维度。冲动性特质高的人容易对内部或外部的刺激做出快速、无计划的反应，从而导致负性事件的产生，并且无法采取合理的应对方式解决紧急的负性事件及其带来的消极体验，使其暴露于明显的消极体验中。他们的注意力容易分散或转移，做事不够专心；容易把事情想得很简单，草率地做出决定；不喜欢制订计划，不喜欢思考复杂的问题。冲动容易导致过度消费、不合理借贷、饮酒过度、病理性赌博等不良行为，甚至会引起自杀等极端事件。

（二）人格发展偏差的调适

人格具有一定的稳定性，但也可以通过有意识的调整来改善人格，我们应用发展的眼光来看待人格。一般来说，可以通过以下方法来调适、完善人格。

（1）注重他人意见，有则改之，无则加勉。“当局者迷，旁观者清。”有时，他人可以更清楚地认识到我们的人格特质，就像周哈里窗中的“盲目我”的部分，自己不知道，但他人知道。这就需要我们重视他人的意见，虽然刚开始会觉得奇怪，或习惯性否认。但我们不妨认真思考一下，别人为什么会有这样的意见，尤其是不止一个人这么说时。我们借此反思自身，如果存在这样的问题，就虚心改正；如果没有，就避免以后出现这样的问题。

（2）执其两端用其中，注意人格的平衡发展。一般来说，人格特质并不是非黑即白的，而是既有优点也有不足，这既取决于当时所处的情境，也取决于我们自身的度。就像完美主义一样，表现过度就会过于严厉，担忧自责；而表现适度，则可以条理清晰、井然有序，取得良好的结果。因此，我们要同时看到人格特质好的一面和坏的一面，根据不同的情境，进行适当的表达，以取得平衡发展。

（3）观察学习，善用榜样的力量。人格的特质论说明这些人格特质都是存在于每个人身上的，只是不同的人其表现程度和表现形式有所不同而已。因此，我们可以通过观察了解别人身上的这些特质是如何表现的，然后进行模仿学习，并逐渐与自身特质相融合，从而起到完善人格的作用。

第四节　大学生成长训练营

心理测试

大五人格量表简化版是由美国心理学者科斯塔和麦克雷编制的，包含60道题目，如表4–2所示。请仔细阅读表中的问题，每个问题从非常不符合到非常符合有5种选择。如果该描述明显不符合你或者你十分不赞同，请选择“1”；如果该描述多数情况下不符合你或者你不太赞同，请选择“2”；如果该描述半正确半错误，你无法确定或介于中间，请选择“3”；如果该描述多半符合你或者你比较赞同，请选择“4”；如果该描述明显符合你或者你十分赞同，请选择“5”。

表4–2　大五人格量表简化版

问题	非常不符合	不太符合	不确定	比较符合	非常符合
1. 我不是一个容易忧虑的人	1	2	3	4	5
2. 我喜欢周围有很多朋友	1	2	3	4	5
3. 我很喜欢沉浸于幻想和白日梦中，去探索、发展其中所有可能实现的东西	1	2	3	4	5
4. 我尽量对每一个遇到的人彬彬有礼，非常客气	1	2	3	4	5
5. 我让自己的物品经常保持整洁干净	1	2	3	4	5
6. 有时候我感到愤怒，充满怨恨	1	2	3	4	5
7. 我很容易笑	1	2	3	4	5
8. 我喜欢培养和发展新的爱好	1	2	3	4	5
9. 有时候，我会采用威胁或奉承等不同手段，去说服别人按我的意愿做事	1	2	3	4	5
10. 我比较擅长为自己安排好做事进度，以便按时完成任务	1	2	3	4	5
11. 当面对极大的压力时，有时我会感到好像就要垮了似的	1	2	3	4	5
12. 我喜欢那些可以单独做事，不被别人打扰的工作	1	2	3	4	5
13. 我对大自然和艺术中蕴涵的美十分着迷	1	2	3	4	5
14. 有些人觉得我有些以自我为中心，不太考虑别人的感受	1	2	3	4	5
15. 许多时候，事到临头了，我才发现自己还没做好准备	1	2	3	4	5

续表

问题	非常不符合	不太符合	不确定	比较符合	非常符合
16. 我很少感觉孤独和忧郁	1	2	3	4	5
17. 我很喜欢与别人聊天	1	2	3	4	5
18. 我认为让学生接触有争议的学说或言论只会混淆和误导他们的思想	1	2	3	4	5
19. 如果有人挑起争端，我随时准备好反击	1	2	3	4	5
20. 我会尽量认真地完成一切分派给我的任务	1	2	3	4	5
21. 我经常感到紧张而心神不定	1	2	3	4	5
22. 我喜欢置身于激烈的活动中	1	2	3	4	5
23. 我对诗词基本上没有什么感觉	1	2	3	4	5
24. 我觉得自己比大多数的人都优秀	1	2	3	4	5
25. 我有一些明确的目标，并能以有条不紊的方式朝它们迈进	1	2	3	4	5
26. 有时我感到自己完全一文不值	1	2	3	4	5
27. 我通常回避人多的场合	1	2	3	4	5
28. 对我来说，让头脑无拘无束地想象是一件困难的事情	1	2	3	4	5
29. 受到别人粗暴无礼的对待后，我会尽量原谅他们，让自己忘记这件事	1	2	3	4	5
30. 开始着手学习或工作之前，我会浪费很多时间	1	2	3	4	5
31. 我很少感到恐惧或焦虑	1	2	3	4	5
32. 我常常感到自己精力旺盛，好像充满能量	1	2	3	4	5
33. 我很少留意自己在不同环境下的情绪或感觉变化	1	2	3	4	5
34. 我相信人性是善良的	1	2	3	4	5
35. 我努力做事以达到自己的目标	1	2	3	4	5
36. 别人对待我的方式常使我感到愤怒	1	2	3	4	5
37. 我是一个乐天开朗的人	1	2	3	4	5
38. 我经常体验到许多不同的感受或情绪	1	2	3	4	5
39. 很多人觉得我对人有些冷淡，经常和别人保持一定距离	1	2	3	4	5
40. 一旦做出承诺，我通常会贯彻到底	1	2	3	4	5
41. 很多时候，当事情不顺利时，我会感到泄气，想要放弃	1	2	3	4	5

续表

问题	非常不符合	不太符合	不确定	比较符合	非常符合
42. 我不太喜欢和人聊天，很少从中获得太多乐趣	1	2	3	4	5
43. 阅读一首诗或欣赏一件艺术品时，我有时会感到非常兴奋或喜悦	1	2	3	4	5
44. 我是一个固执倔强的人	1	2	3	4	5
45. 有时候，我并不是那么可靠和值得信赖	1	2	3	4	5
46. 我很少感觉忧伤或沮丧	1	2	3	4	5
47. 我的生活节奏很快	1	2	3	4	5
48. 我对思考宇宙规律或人类生存状况没有什么兴趣	1	2	3	4	5
49. 我尽量对他人做到体贴周到	1	2	3	4	5
50. 我做事情总是善始善终，是一个很有做事能力的人	1	2	3	4	5
51. 我经常感觉无助，希望有人能帮助我解决问题	1	2	3	4	5
52. 我是一个十分积极活跃的人	1	2	3	4	5
53. 我对许多事物都很好奇，充满求知欲	1	2	3	4	5
54. 如果我不喜欢某一个人，我会让他知道	1	2	3	4	5
55. 我好像总不能把事情安排得井井有条	1	2	3	4	5
56. 有时我会感到十分羞愧，以至于只想躲起来，不见任何人	1	2	3	4	5
57. 我宁愿自己独自做事，而不是领导指挥别人	1	2	3	4	5
58. 我喜欢研究理论和抽象的问题	1	2	3	4	5
59. 如果必要的话，我会利用别人来达到自己的目的	1	2	3	4	5
60. 对于每件事，我都力求做到最好	1	2	3	4	5

评分方法

1. 神经质维度：1、6、11、16、21、26、31、36、41、46、51、56，其中1、16、31、46为反向计分。

2. 外倾性维度：2、7、12、17、22、27、32、37、42、47、52、57，其中12、27、42、57为反向计分。

3. 开放性维度：3、8、13、18、23、28、33、38、43、48、53、58，其中18、23、28、33、48为反向计分。

4. 宜人性维度：4、9、14、19、24、29、34、39、44、49、54、59，其中9、14、19、24、39、44、54、59为反向计分。

5. 尽责性维度：5、10、15、20、25、30、35、40、45、50、55、60，其中15、30、45、55为反向计分。

自我成长训练

训练 1：对话标签

我们在生活中不自觉地就会被贴上某种标签，其中有些是消极的标签，遗憾的是，我们会被标签效应左右，表现得越来越符合标签。

首先，大家想一下自己身上的消极标签有哪些？例如：自卑、多愁善感、暴脾气等。将它们一一写在下方。

标签 1：______________________________

标签 2：______________________________

标签 3：______________________________

然后，想一下自己最初是怎么获得这些标签的？它们给你的生活和学习带来了什么样的影响？并试着与标签对话。自己是否真的如标签所说呢？如果是的话，应该如何改进？如果不是的话，就要认清自我。请写下你想对标签说的话。

我想对标签 1 说：______________________________

我想对标签 2 说：______________________________

我想对标签 3 说：______________________________

有的标签反映了我们的一些特点，需要我们自己注意，加强改进。但有些标签却与我们的状况不符，我们应该勇于调整那些标签，活出真正的自己。

训练 2：我的人格宣言

通过这节课的学习，你对自己的人格应该有了更多的认识和了解。请你提炼一两句话，作为自己的人格宣言，并把它们写在下方。

我的人格宣言：______________________________

____

____

团体拓展训练

活动主题：成为更好的自己。

活动目标：通过参加心理活动，让同学们成为一个更加独立、自信、自强的人，逐渐地完善人格。

活动时间：80 分钟左右。

活动人数：每组 7 ～ 8 人，舍友或同学均可。

活动原则：保密原则，在小组活动期间探讨的有关其他人的信息不可以在其他场合谈论，注意保护小组成员的隐私，营造安全与受保护的氛围。其他相关原则可以在小组活动中制定“团体契约”。

热身活动：抓逃（时间：10 分钟）

1. 目的

活跃小组氛围，调动团体动力，提高同学们的参与度。

2. 活动步骤

首先，组员们围成一圈，双手平举在身体两侧，左手手心朝上，右手食指伸直朝下，放在右边组员的手心上，连成一圈。

然后，带领者随意报数，当组员听到 3 的倍数时，每个组员都要快速地用左手去抓右边组员的手指，同时右手食指要快速逃离，避免被抓到。

活动时要注意安全，不要伤到手。

活动 1：戴高帽（时间：20 分钟）

1. 目的

学习观察并发现他人的优点，表达对他人的欣赏和赞美；同时，也学会接纳他人的赞美，体验被表扬的愉悦感，增强自信心。

2. 准备材料

自制高筒帽。

3. 活动步骤

首先，小组成员围成一圈。

然后，请一位成员带上高筒帽站在圆圈中央，其他人轮流说出他的优点以及值得欣赏的地方。被称赞成员分享哪些优点是自己以前不知道的，以及听到之后的感受。

其他成员依次带上高筒帽站在中央。

4. 活动点评

学会赞美和被赞美是一件非常幸福的事情。在活动中要注意的是，一定要说优点，态度要真诚，说法要有根据，毫无根据的吹捧反而会伤害他人。

活动 2：寻人启事（时间：30 分钟）

1. 目的

学会表达自己的人格特点，并与他人对自己的人格印象进行对比分析，从自我和他人的角度更加全面地了解自己。

2. 活动步骤

首先，说明活动背景：假如你为了防止与朋友们失去联系，准备给他们写一份你自己的“寻人启事”，这样当他们找不到你时，就可以通过寻人启事来找你。

然后，请每位同学都在A4纸上写下自己的寻人启事，内容包括外貌特征、性格特点等，写完不署名。

之后，将寻人启事对折，打乱顺序。让小组成员抽取寻人启事，读出来并由大家猜一下是哪位同学的，同时说明猜测理由。

最后，请大家找到自己的寻人启事，对号入座，并分享刚才听了大家的猜测理由之后的反应。

3. 活动点评

我们对自己的认识要结合个人经验和与人格相关的理论，理论为我们提供认识的工具和参考标准，个人经验让认识充满个人色彩。同时，我们也要听取他人对我们的评价，了解他人眼中的我与自己的认识有何异同，从而丰富自我认识。

活动3：请求与拒绝（时间：20分钟）

1. 目的

人是有社会属性的，一直处于关系之中，这就难免要不断地做出请求与拒绝。但在某些同学看来，这是比较困难的。这个活动的目的便是让大家掌握请求与拒绝的技巧。

2. 活动步骤

首先，大家分为两两一组，握手，简单交流几句。

然后，一方向另一方发出邀请，可以是借东西，或一起聚会等。另一方则找理由拒绝。

之后，互相分享刚才邀请与拒绝中的感受。

最后，互换角色再进行一次。

3. 活动点评

有些时候我们会把邀请与拒绝看作用自己的人格或尊严做的赌注，在他们看来，好像遭到拒绝就是对自己人格和尊严的否定，但拒绝到底是出于客观原因还是主观意愿，这是要分清的。

案例导读

“敏感”的男生

案例介绍

张仁是一名大一新生，他来到学校已经两个多月了。现在的他看上去却没有大一新生的活力，反而显得暮气沉沉，从他紧锁的眉头上可以感受到他内心的痛苦和压抑。

刚来大学时，张仁对大学生活充满了好奇，报名参加了好几个社团，学习上也很努力。那时的他阳光积极，同学需要帮忙，他也很热心地提供帮助。在宿舍里，他跟大家也聊得不错。但渐渐地，他跟舍友小李出现了“矛盾和冲突”。小李喜欢熬夜打游戏，晚上关灯之后，他会戴上耳机，但游戏过程中难免会发出一些声响。这些声音会让想要睡觉的张仁辗转反侧难以入睡，他戴上耳机听歌，却仍然能听到小李的动静。张仁想跟小李说一下，但其他舍友似乎并没有受到小李影响，“是不是自己太敏感了”，张仁产生了自我怀疑。并且，他担心自己处理不好，影响和睦的舍友关系。张仁就这样忍着，一直在心里数羊，希望可以早点入睡。不过，只有等到小李休息了，他才能慢慢睡着。他长期休息不好，精神面貌就差了一些，内心的纠结让他很苦恼。

痛苦中的张仁来到心理中心寻求心理老师的帮助。他说完基本情况之后有些不好意思，因为这说起来是小事情，好像是他想得太多，太敏感了。心理老师回应道：“虽然事情并不重大，但引起你的内心痛苦却是重大的。”张仁听了之后安心了许多，开始说起内心的感受。他虽然不喜欢小李熬夜打游戏的行为，但其他舍友都没有受到影响，他不好意思跟小李说，也担心会影响舍友的关系。如果说了情况反而恶化，这是他不想看到的，也不想面对这样的冲突。

心理老师听了，更加明白了张仁的内心。张仁的痛苦跟他情感型的性格特质有关，老师跟他讲解了情感型的特点，并希望他能从性格的角度加深对自己的认识，并处理好人际关系。

案例分析

人的性格是存在差异的，并且倾向于从自己的角度来认识他人，因此，差异容易导致误解和矛盾。各种性格类型各有优劣，差异本身是不存在对错的，但人却容易将差异评判为对错，加深矛盾和冲突。情感型的性格特点好的方面是能理解和照顾别人的感受，但不好的方面就是把别人的感受凌驾于自身感受之上，产生较大的内在压力。而情感型的男生只占三分之一，这种性别差异会导致情感型的男生承受更多的心理压力。因此，了解并尊重自己和他人的性格特点，可以让自身人格得到更好的发展，并协调好自我与他人的关系。

个案成长

张仁逐渐认识到自己的情感型特点，明白自己为何会做出这样的反应。他的痛苦在客观层面是因为小李的游戏声响干扰了他的入睡，在心理层面是因为他担心会产生矛盾和冲突，他不想面对这些，所以，他选择在内心承受这些矛盾和冲突，而不表现出来。他不希望因为自己的睡眠情况去影响小李，希望大家都是开心的、和睦的。他会体贴照顾别人的感受，甚至为此牺牲自己的感受。他也意识到情感型的性格特质会误解或放大别人的感受，例如，你不喜欢矛盾和冲突，就认为别人很容易因为你说的不同意见而生气。但实际上，小李的性格跟他不一样，他从自己的角度来想象小李的反应是不妥当的，他担心的并不一定真的会发生，他可以试着跟小李讨论一下。

后来，张仁在宿舍吃宵夜的时候，跟小李说了自己的睡眠困扰，和对舍友关系的珍惜和担忧。小李听了有点惊讶，没想到戴着耳机还是忍不住发出了一些声音，他说以后会多注意，表达了自己的歉意。虽然之后小李的改变并不明显，但张仁心里舒服多了，他知道小李并不想打扰他休息，他也知道他们的关系并没有受到影响。张仁内心的矛盾和冲突化解了，心安了就容易入睡了。

张仁根据自己的性格特点进行相应的调整，一方面将心中的情感表达出来，与舍友建立人际联结；另一方面，可以通过发展思维功能，来平衡情感的强度，从而达到人际的和谐与内心的平和。

思考与讨论

1. 从心理类型的角度，你如何认识自己的人格特点？
2. 你认为自己的性格存在哪些不足，该如何塑造更好的自己？

经典导读

《请理解我：凯尔西人格类型分析》

本书是大卫·凯尔西的经典之作，是心理类型领域继《心理类型》《天资差异》之后里程碑式的著作。大卫·凯尔西一生致力于与人格相关的研究，并开发了使用广泛的凯尔西气质类型调查量表。

本书将 MBTI 的 16 种心理类型划分为技艺者、护卫者、理想主义者、理性者四种气质类型，并从兴趣、定位、自我形象、价值观、社会角色等多个维度阐述了四种气质类型，以及相应的 16 种心理类型的具体表现。本书通俗易懂，使读者在阅读的过程中，可以轻松地联想到每种性格类型在生活中的表现，更好地掌握心理类型理论。

《安静：内向性格的竞争力》

本书是苏珊·凯恩写的关于内向者的发展之书，在本书中，她从戴尔·卡内基的出生地到哈佛商学院，从托尼·罗宾斯的研习班到福音派大教堂，追溯 20 世纪外向理想型的崛起之路，并探索其久远的影响。她还采访了那些张扬、热情的美国学校里格格不入的亚裔学生，她质疑美国商业文化的主流价值观，认为在这样的价值体系中，创造力会因强制性合作而被抹杀，内向者的领导潜质也容易遭受忽略。她还向我们介绍了那些“外向行业”里的内向成功者——从一个演说之后需要沉浸在孤独中为自己充电的大学教授，到沉静地构思有效问题、打破销售纪录的推销员。她把最新的心理学研究和这些真人真事结合在一起，为我们阐述了内向者的力量所在。她的书出版之后便广受好评，得到了心理学专业人士的赞赏。

05 第五章 大学生情绪管理

【名人名言】

成功的秘诀在于懂得怎么控制痛苦与快乐这股力量，而不为这股力量所反控。如果你能做到这点，就能掌握自己的人生，反之，你的人生将无法掌握。

——安东尼·罗宾斯

真正的快乐，是对生活乐观，对工作愉快，对事业兴奋。

——爱因斯坦

开篇故事　**苦恼与欢乐**

古时候，一位国王做了个奇怪的梦——梦见山倒了，水枯了，花也谢了。于是叫王后给他解梦，王后大惊失色地说："大势不好了！山是指江山，山倒了是指江山要倒；君是船，民是水，水枯了指民众离心；花谢了指好景也不长了。"国王听后惊出一身冷汗，从此患病且久治不愈。

一位大臣来参见国王，国王在病榻中说出自己的心事。大臣一听，顿时大笑起来。大臣说："太好了！山倒了就是从此天下太平了！水枯了就是真龙要现身了，国王，您就是真龙天子啊！花谢了，就要结果子啊！"国王听后全身轻松，很快就痊愈了。

这个故事告诉我们，情绪对身心健康有很大的影响，我们需要对自己的情绪负责，学习有效调适情绪的方法。

第一节　情绪概述

情绪是一个既古老又时新的话题。传统的中医有"怒伤肝、喜伤心、忧伤肺、思伤脾、恐伤肾"的观点，反映了中医学对情绪影响身心健康的朴素认知。在西方文化中有"保持头脑冷静的人才能成功""让你的情绪做你的向导"这样古老的谚语，凸显了情绪对个人成长的重要意义。大学生正处于成年早期，情绪波动性大，情感体验复杂而丰富，经常会面临各种各样的情绪困扰。对情绪进行正确认知与疏导，对其学习与生活将很有裨益。

一、情绪的含义

（一）认识情绪

我国古代汉语最初形容“情绪”只用一个“情”字，到了南北朝之后才出现“情绪”两字的表述。荀子曾说“性之好、恶、喜、怒、哀、乐谓之情”，而“绪”则是私端的意思。“情”“绪”连用便表示感情复杂之多，如丝如绪。在西方历史上，早在公元前 4 世纪，亚里士多德就已经开始研究情绪。到了 17 世纪，著名学者笛卡尔认为，情绪是控制人类活动的重要因素。

心理学家曾给情绪下过许多定义。美国心理学家阿洛德认为“情绪是对趋向知觉为有益的，离开知觉为有害的东西的一种体验倾向，这种体验倾向为一种相应的接近或退避的生理变化模式所伴随”。利珀则认为“情绪是一种具有动机和知觉的积极力量，它组织维持和指导行为”。苏联心理学家提出“情绪是对事物的关系或主观态度的体验”。一般认为，情绪是人对客观事物的态度体验及相应的行为反映。

（二）情绪的成分

情绪成分的复杂性非言语所能完整表述，心理学家通过深入地分析和探讨，认为完整地理解情绪应从三个部分进行，即主观体验、生理唤起和表情行为。

1. 情绪是一种主观体验

情绪是个体基于对外在的环境和现实的认知而产生的一种内在感受。情绪的主观体验是人脑对客观环境和客观现实的重要反映形式之一，这种反映形式不同于认知活动，它不是对客观事物本身的反映，而是带有主观色彩的反映。例如，在与亲朋好友聚会时，会感觉到发自内心的快乐；在受到伤害时，会感觉到强烈的痛苦。

2. 情绪包括生理唤起

情绪的生理唤起是指在不同的情绪状态下，人的身体各系统器官会产生相应的生理状态，如人的心率、血压、呼吸、汗腺、内分泌、消化系统等都会发生相应的变化。例如，当个体处于焦虑的状态下，会感到呼吸急促，心跳加快；在恐惧状态时，则会出现身体颤抖，瞳孔放大等生理特征。情绪可以引起生理唤起，而内在的生理变化也有可能引发情绪的主观体验。如激素分泌及其改变、疾病等都可能影响情绪，女性月经前易怒，就是由雌性激素分泌变化引发的情绪失常。

3. 情绪的表现形式是表情行为

情绪不仅体现为主观体验和生理唤起，而且也会直接反映到人的行为中，主要是表情行为，可分为面部表情、姿态表情和语调表情。面部表情最能直接反映人的情绪状态，例如，开心时喜笑颜开，烦恼时眉头紧蹙。姿态表情是指面部表情以外的身体其他部分的表情动作，包括手势、身体姿势等，如人在愤怒时摩拳擦掌，痛苦时捶胸顿足等。语调表情是指人们在与他人交流时，言语的音调高低、强弱和节奏的快慢等方面的变化。例如，悲伤时语调低沉，语速缓慢；兴奋时则语调高昂，抑扬顿挫。

二、情绪的分类

人类的情绪复杂多样，其类别划分各有不同，一般可以划分为以下几类。

（一）基本情绪和复合情绪

基于情绪形成与发展的角度，可以将情绪分为基本情绪与复合情绪。基本情绪也叫原始情绪，包括快乐、痛苦、愤怒和恐惧四种基本情绪。它是人和动物共有的，是在进化过程中为适应个体的生存演化而来的，每种基本情绪都有不同的适应功能。这些基本情绪来自先天遗传，在婴儿或某些动物身上也能发现类似的情绪表现。

复合情绪是在基本情绪的基础上，在社会情境中经过自我认知评价而派生的情绪，每种复合情绪均以个体的认知评价为中介，由构成自我的文化结构渗透而形成。比方说，当你感到信任和害怕时，会产生服从的情绪，服从就是一种复合情绪；或者你现在感觉自己很乐观，那把它拆分开，其实是你体验到了喜悦和盼望的情绪。大学阶段，是大学生群体形成和丰富复合情绪的体验时期。

（二）积极情绪与消极情绪

根据情绪对个体造成的影响不同，把情绪分为积极情绪和消极情绪。凡是对人的行为起到促进和增力作用的情绪就是积极情绪，而对人的行为具有削弱和减力作用的情绪就是消极情绪。在一般情况下，兴奋、愉快、开心、欢乐、激动等情绪属于积极情绪，而紧张、慌乱、伤感、痛苦、生气、心悸等情绪属于消极情绪。无论是积极情绪还是消极情绪都是人类具有的正常情绪，而且积极情绪与消极情绪是可以并存的。例如，面对即将到来的期末考试，你可能会感到紧张焦虑，因为你注重这场考试；但也可能会感到兴奋，甚至开心，因为考完试就可以放假了。

（三）心境、激情、应激

按照情绪强弱、持续时间长短等因素将情绪状态划分为心境、激情与应激。

1. 心境

心境是具有弥漫性的、微弱且较为持久的情绪状态。当心情愉悦时，喜笑颜开，精神抖擞，看什么都是美好的；当心情不佳时，神色沮丧，感知与思维麻木，看什么都心烦。例如，一位学生被心仪的大学录取，会觉得身边的一切都是美好的，微风习习，阳光灿烂，可能一段时间都会处于愉悦的心境中；诗人杜甫处于沉重哀伤的心境状态下，写出了“感时花溅泪，恨别鸟惊心”的诗句。

2. 激情

激情是一种短促、剧烈、具有爆发性的情绪状态。重大的成功后的狂喜、惨遭失败后的绝望、亲人突然离世的极度悲哀等，都是激情状态。激情爆发时大都有鲜明的生理反应和外部表现。例如，狂喜时手舞足蹈，大怒时暴跳如雷，悲痛时哭得死去活来，恐怖时四肢颤抖、面色苍白等。积极的激情能增强人的敢为性和魄力，激励人们克服困难；消极的激情则会使人丧失理智，甚至出现行为失控。

3. 应激

应激是由出乎意料的紧急事件引起的极度紧张的情绪状态。在应激状态下，机体会产生一系列生理反应，如肌肉紧张，心率、呼吸及腺体活动都会发生明显的变化。这些变化有助于提升身体的应变能力，维护机体功能的完整性。例如，在发生地震或车祸时，有的人急中生智，当机立断，集中全部精力应付突变；但在紧急情境中的应激状态下，人往往会产生知觉狭窄、行动刻板、注意力受限等情绪，强烈的应激情绪可能引起临时休克甚至死亡。

三、情绪的功能

（一）适应功能

情绪是个体在进化过程中对来自环境的各种挑战和机遇的适应，是个体适应环境的一种重要方式。例如，动物在遇到危险时产生害怕情绪，同时发出呼救，就是动物求生的一种手段。另外，面部表情在动物和人类进化过程中有重要的适应性功能。由于婴儿不具备言语沟通能力，他们主要是通过情绪表情来传递信息的，成人也同样是通过婴儿的情绪反应来获知和满足他们的需求的。随着人类社会生活的丰富与发展，许多具有适应意义的表情获得了新的社会性功能，成了一种交际手段。

（二）动机功能

情绪是动机系统的一个基本成分，能够激发和维持个体的行为，并影响行为的效率。一方面，情绪具有重要的学习动机功能。所谓：“知之者不如好之者，好之者不如乐之者。”兴趣和好奇心等强烈的学业情绪能够激励大学生的积极学习行为，从而获得最优秀的学业成就。另一方面，情绪更是一种重要的道德动机。人们在对自己或他人进行道德评价时产生的、影响道德行为产生或改变的复合情绪，被称为道德情绪。道德情绪能够提供道德行为的动机力量，真正的自豪、移情和感激能够激发个体的亲社会行为；内疚和羞耻与青少年犯罪以及酗酒等不良行为等存在显著负相关，更易激发个体的补偿行为。

（三）信号功能

情绪在人际交往中具有传递信息、沟通思想的功能，这一功能主要通过表情进行。通过表情进行信息传递，我们可以知道他人正在进行的行为及其原因，也可以知道我们在相同情境下如何进行反应。表情是思想的信号，如用微笑表示赞赏，用点头表示默许等。表情也是言语交流的重要补充，如手势、语调等能使言语信息表达得更加明显或确定。表情作为情感交流的一种方式，被视为人际关系的纽带。

（四）组织功能

情绪具有组织作用，会对注意、记忆和决策等其他心理过程产生重要影响。一般来说，积极情绪起协调组织的作用，而消极情绪起破坏、瓦解或阻断的作用。研究发现，不管是情绪性刺激还是个体的情绪性状态都会对注意产生一定影响；情绪不仅会影响记忆的准确性，而且会影响记忆的内容，如积极情绪可以提高言语工作记忆任务的成绩、但会降低空间工作记忆任务的成绩；决策者的预期后悔或预期失望等预期情绪，以及决策时体验到的预支情绪和偶然情绪都会直接或间接影响个体的认知评估和决策行为。

（五）健康功能

情绪对人的身心健康具有直接的影响，积极的情绪有助于身心健康，增强机体活力，进而提高免疫力和康复能力。过度的情绪反应和持久性的消极情绪常常会成为众多疾病的根源。狂喜、暴怒、悲痛欲绝等，会让人的整个心理活动失去平衡，对心理健康产生极大危害，而且会造成生理机制紊乱，导致各种躯体疾病；许多心因性疾病与人的情绪失调有关，例如溃疡、偏头痛、高血压、哮喘、月经失调等；有些人患癌症也与长期心情压抑有关。一项长达 30 年的追踪研究显示，年轻时情绪压抑、焦虑和愤怒的个体患有结核病、心脏病和癌症的概率是情绪稳定性个体的 4 倍。

四、大学生的情绪特点

成年早期是指处于 18 ～ 35 岁这个年龄阶段的个体发展期，是个体从“疾风怒涛”逐步走向相对平静、相对成熟的发展时期。而大学生群体正处于成年早期的最开始。进入成年早期，个体就面临新的发展任务，包括学习深造、就业、择偶、建立家庭等。面对如此众多而又重要的发展任务，大学生的心理素质开始受到严峻的挑战，而且会经历各种复杂的情绪体验。大学生的情绪具有鲜明的特点，主要表现在以下三个方面。

（一）稳定性与波动性

大学生普遍具有较高的智力水平和文化知识素养，加之社会、家庭以及自我的高要求与高期望，因而在日常学习与生活中具有一定的情绪自我控制能力，一般能用理智约束行动，对不良情绪进行合理调适。从总体上看，大学生的情绪状态是较为稳定的，然而，大学生的情绪状态也存在一些不稳定因素，突出表现在情绪经常在两极之间起伏动荡，平静与激动，肯定与否定，积极与消极，外显与内隐交替出现，呈现波动性的特征。在苦闷时受到鼓舞则为之振奋、欢欣雀跃；在热情澎湃时受到挫折，则灰心丧气、意志消沉；常常因为一点小事而动感情，或兴奋激动，或悲观失望，情绪来得快，去得也快。

（二）外显性与内隐性

大学生对外界刺激反应迅速敏感，喜怒哀乐常常写在脸上，开心时喜盈于色，一言不合就翻脸，情绪不好就使小性子，被批评就哭鼻子或恼羞成怒等，很多情绪是一眼就能看出来的，具有外显性特点。这也是大学生为人比较真诚，情绪表达直率的表现，但是随着自制力的增强、自尊的提高以及思维的成熟，其逐渐能够根据特有条件、规范或目标来表达自己的情绪，隐藏或抑制自己的真实情感，使自己的外部表情与内部体验不一致，表现出内隐、含蓄的特点。例如对学习、交友、恋爱和就业等具体问题，有些大学生会深藏不露，具有很大的内隐性。内隐性正是大学生适应环境能力增强的表现，这一含蓄的成分对大学生以后的工作是有利的，因为以后的高压工作需要他们具有一定的自我调节和克制情绪的能力。

（三）阶段性和层次性

大学生情绪发展呈现明显的阶段性和层次性的特点。一方面，随着年龄的增长、知识的积累和阅历的增加，不同年级的大学生各有特点：刚刚跨入大学校园的新生，自豪感与自卑感混杂，轻松感与压力感并存，新鲜感与念旧感交错，情绪不稳定；二、三年级的学生经过了一年级的适应过程，能够融入校园生活，情绪自控能力有所增强，情绪较为稳定；四年级又要面临走向社会的重要转折，情绪状态再次呈现矛盾与复杂性。另一方面，同一年级的大学生由于成绩、能力等方面的差异，又表现出不同层次的情绪特点，二者交织共存。优秀生的独立感、自尊心和自信心较强，情绪大多积极、愉快、乐观；后进生的内心充满了矛盾、苦恼、痛苦、自责。他们既有强烈的自卑感，又有一定的自尊心，最忌别人揭短，怕人瞧不起。

第二节　大学生常见的情绪困扰及调适

大学生的情绪困扰，一般是指持续的消极情绪，通常是因生活事件或学习等方面的问题引起的悲伤、痛苦、焦虑等不良情绪，这些情绪不仅长时间持续，而且难以消除。

一、大学生常见情绪困扰

（一）焦虑情绪

焦虑情绪是大学生常见的情绪困扰之一，是一种类似担忧的反应或自尊心受到潜在威胁时产生担忧的反应倾向，是个体主观上预料将会有某种不良后果而产生的不安感，是紧张、害怕、担忧等几种情绪混合而成的消极情绪体验。

1. 焦虑情绪的表现

被焦虑情绪困扰的大学生内心感到紧张、着急、惶恐不安、心烦意乱，注意力难以集中，记忆力减弱，同时常常伴有头痛、心律不齐、失眠、食欲不振及胃肠不适等躯体反应。大学生常见的焦虑有自我形象焦虑、学习焦虑与情感焦虑。自我形象焦虑是由于担心自己长得不够漂亮、缺乏吸引力等影响自我形象而引起的焦虑；学习焦虑在学生的情绪反应中最为强烈，需要引起大学生的高度重视；情感焦虑多数是情感受挫引发的自我否定，认为自己不具备爱人与被爱的能力，因而过度担心，引起焦虑。

2. 焦虑情绪产生的原因

（1）人格特质

研究表明，具有谨小慎微、依赖性强，对困难过分估计、常自怨自艾等个性特征的大学生更易产生焦虑情绪。过度追求完美型的人格也被称为“焦虑型人格”，与焦虑的发生高度相关。

（2）社会因素

生活节奏的不断加快、竞争的日趋激烈，使人们的思想、观念、心理和行为受到巨大冲击。现代社会正处在变革期，大学生人生观尚未稳固成形、心理发展尚未完全成熟、前途未定，因而更容易产生困惑、迷惘、紧张、焦虑和无所适从的感觉。

（二）抑郁情绪

抑郁一词其实有许多不同的意义，可以指一种情绪状态，也可以代表症状、症候群或一种临床疾病。抑郁是每个人一生中或多或少都会有的，是最常体验到的情绪困扰之一。抑郁来自于人们面对困难或挫折时所产生的孤独、悲哀、虚无、远离人群的感觉，却难以借助行动或思考获得排解与自然复原。许多研究指出，抑郁情绪和抑郁症似乎是在一个连续向量的不同位置，前者是一种情绪反应，后者是心理障碍的一种，两者仅有程度上的差异，在本质上并无不同。

1. 抑郁情绪的表现

在生理方面，抑郁者常常乏力，入睡困难或早醒，饮食紊乱，吃得过多或过少，体重骤增或骤减等；在认知方面，抑郁者注意力不集中、记忆力衰退或者很难做出决定，消极地看待自我、世界和未来，认为自己没有价值、不如他人、做得不对、缺乏能力，对事情持悲观看法，对未来充满绝望；在情绪方面，抑郁情绪表现为悲伤、沮丧、低落的感受；在行为方面，抑郁情绪表现为哭泣、动作缓慢、社交退缩、对日常活动失去兴趣，甚至出现自我伤害、自杀的行为。

2. 抑郁情绪产生的原因

（1）社会因素

抑郁程度与生活压力、社会支持密切相关。当面临生活中的种种变动与挫折时，若能有人给予一些安慰和鼓励，或只是默默陪伴，也能给予我们莫大的勇气。这些支持可能来自家人、朋友、师长或辅导人员。除了情绪上的支持外，有时也可能是一些信息与建议，或是一起讨论与分享应对离开家庭、人际冲突、恋爱受挫、考试失利等挫折的经验。个体感受到的压力越大，越容易产生情绪困扰。而社会支持，则在生活压力和个人的身心健康层面中扮演缓冲和保护的角色，能缓解个体受到的生活压力的负面影响。个人拥有的社会支持越多，抑郁程度就越低。

（2）心理因素

抑郁程度与个人的人格特质、思维模式和归因倾向等有关，如有过高的自我要求、强烈的人际需求、内向或神经质的性格倾向等的人抑郁的程度通常较高。许多研究指出，抑郁者对自我、环境和未来皆持负面看法。他们认为自己没有价值、没有能力，习惯于自我贬低、自责；同时倾向于以消极、负面的方式解释外在环境和经验，过度强调自己与身边事件的关联性，将冲突归因于自己，对事情的后果和未来也持有无望、悲观的想法。此外，研究也指出，抑郁者常有一些非理性的观念。

（3）生物因素

抑郁情绪还与基因影响、神经化学传导物质不平衡、肾上腺素过低有关。有些抑郁情绪会与生理周期或者季节有关，如女性在月经来临前感到抑郁的概率会略为增加；一些人在冬季时特别容易感到抑郁，这可能与接受日照时间短有关。

整体而言，个体体验到的抑郁情绪，往往不是由单一因素引发的，而是多种因素互动之后的结果。

（三）愤怒情绪

愤怒情绪是由于客观事物与主观愿望相违背，或愿望一再受阻，无法实现时产生的激烈情绪反应，程度可以从不满、生气、愠怒、激愤到暴怒，特别是当个体认为其所遭受的挫折不公正、不合理时，或被恶意中伤时，最易产生愤怒情绪。

1. 愤怒情绪的表现

愤怒情绪极大地影响大学生的身体健康，当愤怒情绪产生时，可能导致心跳加快、心律失常、血压升高等躯体疾病；同时还会使其自制力减弱以至丧失，思维受阻、行为冲动，不能正确评价自己行为的意义和后果，甚至做出一些后悔不已的蠢事或造成不可挽回的损失，例如打架斗殴、损坏物品等。

2. 愤怒情绪产生的原因

（1）人格特质

先天气质类型是一些大学生激动易怒的重要原因。例如，气质类型为胆汁质的大学生更具有激动、易怒的情绪特征；自我评价偏高、鲁莽、冲动、强壮的大学生也容易发怒。

（2）年龄阶段性

大学生正处在身心急剧发展、情感丰富强烈、情绪波动起伏大的成年早期，精力充沛、血气方刚。与其他年龄阶段相比，显得更为敏感和争强好胜，容易在外界刺激下产生愤怒情绪。

（3）认知偏差

有些大学生容易愤怒是因为存在错误的认识。例如，认为发怒可以威慑别人，使别人尊重自己；或认为发怒是男子汉气概的体现、发怒可以维护自己的利益等。

（4）家庭环境

生活在终日争吵不休甚至充满暴力的不良家庭环境中，在棍棒教育下成长，以及成长过程中忽视或缺失个性修养教育，都是造成大学生易怒性格的原因。

（四）嫉妒情绪

嫉妒情绪是指因他人在某些方面胜过自己所引起的不快甚至是痛苦的情绪体验。它是自尊心的一种异常表现，在大学生中普遍存在。嫉妒情绪是人本质上的瑕疵，它扭曲人的心灵，妨碍人与人之间正常真诚的交往。

1. 嫉妒情绪的表现

嫉妒情绪的表现大致可以分为三种：一是内心痛苦，自己折磨自己，如当看到他人能力、获奖、消费层次超过自己时内心产生的痛苦、愤怒等感觉；二是极欲发泄，言语伤害他人，如当别人身陷困境、失利时幸灾乐祸，甚至恶语中伤；三是行为表现，对他人构成伤害，如美国高校发生的枪击案，北京、上海高校出现的投毒案等。

2. 嫉妒情绪产生的原因

嫉妒情绪是由个人强烈的欲望和攀比心理导致的。人都有追求美好的强烈欲望。当这种欲望未能实现而别人比自己先实现时，便会产生一种憎恨别人的激烈情感；由于大部分时间学习生活在相同的环境中，大学生之间极其容易出现攀比心理，从而易产生嫉妒情绪。更有一小部分人因为品德低下，采取“我不行，你也休想”的处世态度，自己无所为，也不让别人有所为，或看到别人的进步总有点不舒服，甚至制造谣言，有意中伤他人，更甚至采取不正当的手段去伤害别人。法国文豪巴尔扎克曾经说过：“嫉妒者比任何不幸的人更为痛苦，因为别人的幸福和他自己的不幸，都将使他痛苦万分。”

二、大学生情绪的调适

大学生有着丰富的情绪体验，情绪波动性大。不良情绪会影响他们的个性发展，影响他们对自我的认识和自我评价，还会影响他们的认知思维水平，降低大学生的学习效率，严重的情绪困扰甚至影响大学生的身心健康。因此，管理、调节好自己的情绪，做情绪的主人，不仅是维护身心健康的需要，而且也是自我成长和人格成熟的必要条件。

（一）健康的情绪标准

什么样的情绪状态是健康的呢？不生气、不悲伤就是健康吗？其实不一定。在生活中，任何一种情绪都会不可避免地产生，都存在着积极和消极的意义。大多数心理学家认同的情绪健康标准主要包括以下五点：

1. 保持积极乐观

善于发现和关注生活、学习中积极美好的事物，保持好奇心，并能够充分地享受；主动地创造能使自己感到快乐的生活和事业。快乐不是等待和被赐予，而是一种发现和创造。

2. 接纳情绪变化

喜怒哀乐人皆有之，不能也不必过分压抑。接纳自己的情绪，使情绪获得适当的表现，不放纵自己，也不过于苛求自己，以平常心来面对自己情绪上的波动，尤其当负面情绪出现时，要学会坦然面对，及时调整。

3. 情绪自我调适

能够保持正确、客观的理性认知，善于采用多种方式及时疏导和宣泄自己的情绪，成为情绪的主人。愤怒时，能将愤怒情绪控制在使他人可接受的程度内；兴奋时，也能将兴奋情绪控制在自己不失态的状态下；忧虑时，能尽可能地将其保持在不影响自己正常的学习和生活的范围内。能把消极的情绪转化为积极的情绪，也能把激情转化为平静。

4. 增加愉快体验

保持良好的人际沟通与人际交往，并能够理解和宽容别人，尤其在对方有过失时，不去抱怨和憎恨别人，更不拿别人的错误来惩罚自己；怨恨是一把双刃剑，既会伤人，更会伤己，宽容别人首先是为了让自己释然。

5. 掌握有效的情绪调适方法

能够运用幽默的方法、认知调整的方法、行为调适的方法、自我积极暗示的方法、转移升华的方法和自我宣泄的方法来合理地调适情绪。

（二）情绪调适的方法

情绪是我们诚实的朋友，我们能体验到的快乐和痛苦是确确实实存在的，它们本身并不是问题，真正的问题是情绪的表达方式，如果能以恰当的方式表达自己适度的情绪，使之符合社会规范，掌控自己的情绪不伤及自己和他人，就是健康的情绪调适。

1. 行为类自我调适技巧

（1）注意力转移法

注意力转移法就是把注意力从引起不良情绪反应的刺激情境转移到其他事物上，或从事其他活动。保持一些个人的兴趣爱好，当出现不良情绪时，把注意力转移到使自己感兴趣和自己爱好的事上去，例如看书、听歌、唱歌、看电影、做运动等，都可以把消极情绪产生的能量释放出去，从而使情绪平静下来。

（2）合理宣泄法

把压力表达出来比压抑或回避压力更有益于心理健康。过分压抑情绪会使我们犹如牢笼里的困兽，而适当的宣泄可以把不良情绪释放出来，从而使得情绪得以舒缓和放松。因此，遭遇不良情绪时，最简单、有效的方法就是"宣泄"。宣泄一般是向知己良朋尽情倾诉自己的委屈、不满与不平等，一旦发泄完毕，心情也随之平静下来；又或是通过体育运动、哭泣、唱歌、大声喊叫、写日记等方式来尽情发泄。

（3）放松训练

放松训练是指使机体从紧张状态松弛下来的一种练习过程。放松可以产生与焦虑等不良情绪反应相反的生理效应，如心率减慢、外周血流增加、呼吸平缓以及神经肌肉松弛。许多方法和技术可以产生深度的肌肉放松，如我国的气功、太极拳，印度的瑜伽，日本的坐禅等都是有效的放松方法，以通过调整姿势、呼吸、意念而达到松、静、自然的放松状态，有助于调整机体功能，提高心理功能。

2. 认知类自我调适技巧

转移法和宣泄法能在一定程度上缓解情绪困扰，但那些其实是"治标"的方法，而真正"治本"的方法是改变造成困扰的看法和态度，也就是改变认知。

（1）理性情绪疗法

美国心理学家阿尔伯特·埃利斯指出，情绪并不是由某一诱发事件本身直接引起的，而是由经历这一事件的个体对这一事件的解释和评价引起的。这就是著名的情绪 ABC 理论。其中 A 指诱发事件；B 指个体在遇到诱发性事件后产生的相应信念；C 指在特定情景下，个体的情绪及行为的结果。例如一位大学男生失恋，变得消沉抑郁。虽然失恋本身给他带来痛苦，但这种不良情绪的根源可能是他的完全自我否定的态度。在他看来，女友离开自己和别人好，表明自己不如别人，注定自己在这个方面是个失败者，因此才会变得消沉抑郁。

在此基础上，埃利斯提出了理性情绪疗法（简称 RET）。他认为人的情绪是由主观的不合理信念引起的，这些信念往往使人陷入情绪困扰中。韦斯勒等人对埃利斯提出的 11 种不合理信念加以概括和简化，并归纳出不合理信念往往具有三个特征：绝对化要求、过分概括化和糟糕至极。

① 绝对化要求

绝对化要求是指人们常常以自己的意愿为出发点，认为某事物必定发生或必定不发生的想法。它通常与"必须""绝对"这样的字眼联系在一起。例如，"这门考试对我非常重要，我必须通过""我绝对需要获得他人的喜爱和赞许"等。

② 过分概括化

过分概括化是一种以偏概全的不合理思维方式的表现，它常把"有时""某些"过分概括化为"总是""所有"等。它具体体现在人们对自己或他人的不合理评价上，典型特征是以某一件或几件事来评价自身或他人的整体价值。一方面，表现为对自身的不合理评价。自己做错了件事就认为自己一无是处，从而导致自责自罪、自卑自弃，产生焦虑和抑郁等情绪。另一方面，表现为对他人的不合理评价。别人稍有一点错误或是偏差，就完全否定他人，求全责备，从而产生敌意和愤怒等情绪。

③ 糟糕至极

糟糕至极是指认为如果一件不好的事情发生，将是非常可怕和非常糟糕的，甚至是一场灾难的想法。这将导致个体陷入极端不良的情绪体验，如自责、自罪、焦虑、悲观、抑郁、耻辱的恶性循环之中而难以自拔。

现实生活中有许多情绪困扰，从非理性的角度去认识某件事情，会使人感到愤怒、沮丧，但换个角度去思考去认识，便会减弱或消除不良的情绪。《禅海珍言》中有一则"哭婆变笑婆"的故事。传说京都南禅寺住着一位老太太，她下雨天哭，晴天也哭，成年累月面容愁苦，心情低落。南禅寺的和尚问她："你怎么总是哭呢？"她回答道："我有两个女儿，大女儿嫁给了卖鞋的，小女儿嫁给了卖伞的。天晴的日子，我想到小女儿的伞一定卖不出去；下雨的时候，我又想到大女儿的鞋一定没有人去买。怎么能不伤心落泪呢？”和尚劝她：“天晴时，你应去想大女儿一定生意兴隆；下雨时，你该想到小女儿的伞一定卖得很多。”老太太当即“顿悟”，破涕为笑。此后，她的生活内容没变，但由于观察生活的角度变了，便由“哭婆”变成了“笑婆”。

（2）乐观面对法

乐观面对生活的人通常热爱生活，即使遭遇挫折、失败，他们依然能够保持积极向上的情绪。大仲马说过，人生是一串无数的小烦恼组成的念珠，乐观的人总是笑着数完这串念珠。古希腊哲学家苏格拉底和几个朋友住在面积只有七八平方米的房子里，友人认为他居住的条件太差了，他说：“和朋友们住在一起，随时可以和他们交流感情，是值得高兴的事啊！”几年后，他一个人住，又有人说他太寂寞了，他又说：“我有很多书啊，一本书就是一个老师，我和那么多老师住在一起，怎么不高兴呢？”之后，他住楼房的一楼，友人认为一楼的环境差，他却说：“你不知道啊，一楼方便，进门就到家，朋友来方便，还可以在空地上种花、种菜。”后来，他又搬到顶楼，友人说住顶楼没好处，他说：“好处多啊，可以每天爬楼锻炼身体，顶楼光线也好。头顶上没干扰，白天晚上都安静。”因此，当遇到情绪问题时，经常用“胜败乃兵家常事”“塞翁失马，焉知非福”等乐观态度面对，可以摆脱烦恼，缓解矛盾冲突，消除焦虑、抑郁和失望，达到自我激励、总结经验、吸取教训的目的，有助于保持情绪的安宁和稳定。

（3）自我暗示法

自我暗示法主要是个人通过言语、形象、想象等方式，对自身施加影响的心理过程。自我暗示分为积极自我暗示和消极自我暗示。积极自我暗示令我们保持好的心情、乐观的情绪和自信心，从而调动人的内在因素，发挥主观能动性。心理学上的期望效应，就是讲积极的自我暗示产生的作用。而消极自我暗示会增强个性中的弱点，唤醒潜藏在心灵深处的自卑、嫉妒，从而影响身心健康。

此外，我们还可以发挥语言的引导和暗示作用，来调适焦虑紧张的状态，使不良情绪得以缓解。心理学实验表明，当个人静坐并默念“勃然大怒”“大发雷霆”等语句时，心跳会加剧，呼吸也会加快，仿佛真的进入发怒状态；相反，如果默念“笑逐颜开”“喜上眉梢”之类的语句，心里也会产生一种愉悦的情绪体验。因此，当生活中遇到情绪问题时，大学生应当充分利用语言的作用，用心理语言或书面语言对自身进行暗示，从而缓解不良情绪，保持内心的平衡。

第三节 积极情绪及养成

积极的情绪犹如清新的空气，让人心旷神怡、精神振奋。消极的情绪就像一片乌云笼罩着我们的心扉，让人精疲力竭，无精打采。对大学生来说，培养积极的情绪，提高自己的情绪管理能力，是通向幸福之路的必要技能。

一、积极情绪的提出

积极情绪指的是与人类所需的满足相联系的，伴随愉悦的主观感受的情绪。在广泛研究的基础上，情绪心理学家巴巴拉·弗雷德里克森将积极情绪分为喜悦、感激、宁静、兴趣、希望、自豪、逗趣、激励、敬佩和爱 10 种形式，并提出了积极情绪的拓展—建构理论。她认为，积极情绪可以拓展个体即时的思维和行动范畴，包括拓展个体注意、认知、行动等的范围，促使个体尝试新方法解决问题。研究发现，积极情绪可以提高身体对疾病的免疫能力。美国卡耐基梅隆大学的科恩博士招募了 334 名身体健康的志愿者参加一项研究，结果显示积极情绪可以提高人们对普通感冒的抵抗力。研究需要志愿者在 3 周之内随机接受 7 次电话访谈，研究者了解志愿者一整天的感受，重点描述对 3 类积极情绪（欢欣、舒适和平静）及 3 类不良情绪（抑郁、焦虑和敌意）的感受程度，并用“0 ～ 4”的量表进行评定（如 0 表示完全没有感受，4 表示充分感受）。结果发现，在积极情绪上得分低的人患感冒的可能性是得分高的人的 3 倍，而在不良情绪上得分的高低对是否患感冒没有影响。

二、积极情绪的培养

积极情绪促进个体的生活质量，改善个体的身心健康，提高个体的生活质量。那么，如何才能培养积极情绪呢？下面的建议可以帮助你提高自己的积极情绪。

（一）寻找生命的意义

巴巴拉·弗雷德里克森的研究指出，提升积极情绪的一个关键途径就是在日常生活情景中更加频繁地找到积极的意义。意义来源于解释，无论你承认与否，每天你都在进行意义的建构。说到大家极为熟悉的“太极图”，一个圆圈里面两条“阴阳鱼”，这个图案被称为世界上最完美的图案。它像是在告诉我们，人生是上下起伏，周而复始的。每个人都要经历人生的困境和顺境，要勇于接受命运的改变，要善于以积极的方式重新定义消极的境遇，这样你就提升了自己的积极情绪。心理学家在对丧亲人士的研究中发现，体验到交织在悲伤中的某些由衷的积极情绪的个体，更容易从哀伤中得到恢复。例如，通过回顾亡故亲人的积极品质、照顾健在的亲人、恢复自己的日常生活或帮助他人等方式提升自己的积极情绪。关于探寻更大的意义，即生命本身的意义，它可以作为我们人生的试金石和指南针。探索和阐释我们生命的最大意义，可以为我们每时每刻构建较少的意义提供一幅蓝图，当我们被摇荡偏离人生航线时，可以帮助我们重新回到正确的航道上来。

（二）建立良好的人际关系

研究显示，良好的人际关系能使个体产生安全感与归属感，使人情绪稳定、心情愉悦。个体在良好的人际关系中获得理解、尊重、温暖等精神层次上的支持，可以减轻和消除紧张、焦虑、痛苦、抑郁等不良情绪；无论你的性格外向与否，每天都可以积极主动地与他人建立联系。大学生活的复杂多变会带给我们各种不同的体验，与朋友分享自己的心情，不管快乐或悲伤都会在一定程度上带给我们心灵的慰藉。与朋友建立稳固的情感联系在很大程度上满足了人的归属需要，因此更容易使大学生感到幸福和满意。另外，培养自己对他人的关爱，培养自己温和的个性及对他人的同情心，也会从中获得更多的积极情绪体验。

（三）与大自然保持亲密接触

当大学生忙于学习的时候，有计划地给自己留出时间享受大自然是调理自己情绪的好方法。大自然的阳光不仅为人类带来明亮，也带来温暖，阳光明媚的户外更使人情绪愉悦，而光线阴暗会使人沮丧；宁静而低彩度的自然色彩，让我们产生放松的感受；蓝色和绿色是大自然赋予人类最佳的心理镇静剂。自然界的声音和花卉等，对人的心灵也具有疗愈作用，可以帮助人们获得心灵的平静与愉悦。马特·凯勒的研究发现，在好天气时户外活动 20 分钟以上的被试者明显表现出更多的积极情绪。大自然为我们提供了丰富而美好的环境信息，与大自然的亲密接触让我们身心健康，情绪愉悦。

（四）坚持体育锻炼

体育锻炼能有效改善大学生的身体健康状况，缓解焦虑、抑郁等不良情绪，促进积极情绪产生。它促进人类心血管的健康，大大提升人们的免疫力。有规律的锻炼会降低心脏病或癌症的发生概率，使人们长寿。长期锻炼可以使大学生减少焦虑和抑郁，提高学习效率。研究发现，具有积极情绪体验的个体比具有消极情绪体验的个体在实际生活策略上做得更好，而身体锻炼有助于个体产生流畅、活力、愉悦等美妙的情绪体验，而且不易诱发焦虑和疲劳，同时辅以音乐欣赏的身体锻炼不仅能产生积极情绪效益，而且能弱化对消极情绪的诱发。因此大学生保持身体健康，有规律的锻炼是提升积极情绪的重要途径。

（五）探索心流体验

心流概念是美国积极心理学家米哈里·契克森米哈赖于1990年提出的，指的是一种独特的高峰体验，指人们在从事自己喜爱的工作时，往往不计回报地全身心投入活动中，忘记时间及对周围环境的感知，在活动过程中能体验到诸多乐趣和意义，有强烈的幸福感。心流作为一种积极的情绪，它能激励个体追求更具挑战性的目标，从而不断提高自己的专业技能，最终获得个人技能的成长与进步。对于大学生来说，如何实现心流呢？可以做好以下五点：①明确目标，努力让自己进入心无旁骛的做事状态；②充分利用闲暇时间专注自己，做富有创造力的工作；③觉察自己当下内在的每个念头，好的进行强化练习，不好的戒除舍弃；④全身心地投入喜爱的事情，把喜欢变为热爱，全力以赴，做到极致；⑤内在要学会独处，品味独处带来的乐趣和丰盈；外在要建立好的人际互动，享受和谐人际关系带来的愉悦。

总之，培养积极情绪的方法很多，除上述提到的以外，还可以通过做自己感兴趣的事情、听听美妙的音乐、学会感恩和珍惜等让自己培养积极的情绪，体验幸福的感觉。

第四节　大学生成长训练营

心理测试

这是一项关于情绪稳定性的测试量表，一共有15项，请你根据自己的实际情况对表5-1中的项目做出“是”或“否”的回答。为保证测验的准确性，请你认真作答。

表5-1　情绪稳定性测试

项目	是	否
1. 尽管发生了不愉快的事情，仍能毫不在乎地思考别的事情		
2. 不计小隙，经常保持坦率诚恳的态度		
3. 习惯于把担心的事情写在纸上并进行整理		
4. 在做事情时，往往具体规定有可能实现的目标		
5. 失败时仔细思考，反省其原因但不会愁眉不展，整天闷闷不乐		
6. 具有悠闲自娱的爱好		
7. 常常倾听别人的意见		
8. 做事有计划地积极进行，遇到挫折也不气馁		
9. 无路可走时，能够改变生活方式和节奏，以适应生活		
10. 在学业上，尽管别人比自己强，但仍坚持“我走我的路”		
11. 对自己的进步，哪怕只是一点点都会高兴地表示出来		
12. 乐于一点一滴地积聚有益的东西		
13. 很少感情用事		
14. 尽管很想做某一件事，但自己觉得不可能实现时也会打消念头		
15. 往往理智、周密地思考和判断问题，不拘泥于小节		

评分与解释

每题选择“是”记1分，选择“否”记0分。将各项得分相加即为总分。

总分为0～6分，说明你的情绪不是很稳定，经常患得患失，不能很好地生活。常拘泥于一些小事情，无论做什么事情都过分认真，总是忙忙碌碌、费尽心思。难以做出重大的决策，小心翼翼反而使自己感觉迟钝。

总分为7～9分，说明你的情绪比较稳定。

总分为10～15分，说明你的情绪很稳定，擅长思考、判断及应对等，不拘泥于细微小节，能积极大胆地处理突发事件，在各种困难面前毫不动摇。

自我成长训练

训练1：绘出心情曲线图

1. 请你以画曲线的方式将最近一周的心情表现出来（见图5–1）。

图5–1 心情曲线图

2. 参照心情曲线图分析一周内心情维持上述状态时，引发情绪产生的原因。请将分析内容写在上面，并分享。

训练2：情绪管理

学习理性情绪疗法的ABC理论，就以下事件，尽可能多地写出你的想法，并注明每一种想法下的情绪。

事件：你的好友说周末会找你去逛街，但整个周末他都没有跟你联系。

想法1：________________________；情绪1：________________________。

想法 2：________________________；情绪 2：________________________。
想法 3：________________________；情绪 3：________________________。
想法 4：________________________；情绪 4：________________________。

小结：情绪其实操控在自己手中，记住“换个想法，快乐自然来”。

团体拓展训练

活动主题：我的情绪我做主。

活动目标：帮助大学生认识自身情绪特点，理解情绪管理的重要性，学习情绪管理的技巧。

活动时间：90 ～ 120 分钟。

活动人数：每组 8 ～ 10 人。

活动原则：注意保密原则，在活动中涉及的自我暴露及探讨的相关信息不可以在其他场合讨论，保护小组成员的隐私，遵守小组制定的“团体契约”，推动小组安全运行。

热身活动：拍拍操（时间：15 分钟）

1. 目的

通过身体活动调动组员的积极情绪，提高其参与的积极性。

2. 活动步骤

全体成员观看带领者的示范活动，然后，跟随音乐节奏开始做操。拍拍操分为 3 个节拍。

第一节拍：头头拍拍，肩肩拍拍，头拍肩拍，头肩拍拍。

第二节拍：大拇指大拇指拍拍，小拇指小拇指拍拍，大拇指拍，小拇指拍，大拇指小拇指拍拍。

第三节拍：左边扭扭拍拍，右边扭扭拍拍，左扭拍右扭拍，左扭右扭拍拍。

活动 1：梳理情绪（时间：25 分钟）

1. 目标

提高成员的情绪自我觉察能力。

2. 准备材料

准备情绪梳理卡片，放轻松的音乐。

3. 活动步骤

（1）冥想状态：伴随舒缓的音乐，选择舒适的姿势，放松肌肉，回想近期生活中发生的事件，并觉察自己情绪上的变化。

（2）每人填写一张卡片，并完成下列句子。

最近让我感觉高兴的事情是____________________。当时我的心情是____________，现在想起这件事，我的心情是________。

最近让我感觉不高兴的事情是____________________。当时我的心情是____________，现在想起这件事，我的心情是________。

每当心情好的时候，我会觉得____________________。

每当心情糟糕的时候，我会觉得____________________。

我的心情总是____________________。

（3）小组内交流、分享。

4. 活动点评

提升自我对情绪的觉察能力，感受不同情绪对生活、行为、健康的影响，认识到积极情绪的重要性。

活动 2：情绪管理（时间：35 分钟）

1. 目的

了解负性情绪对个体身心的影响，掌握控制负性情绪的有效策略。

2. 活动步骤

（1）情景表演

由两位成员分角色扮演进教学楼电梯时不小心相撞，但互不相让，发生争吵，双方情绪越来越激动，以至于发生肢体冲突。

（2）个人情绪梳理

请成员回忆最近发生的令自己出现负性情绪的事件，试着把自己的情绪引发出来，按要求用笔写在纸上。要求描写自己处于负性情绪的表情和动作；描述自己处于负性情绪时的生理感觉，如脸热、眼睛圆睁、头皮发紧、流泪、心跳加速、呼吸急促等；表达自己处于负性情绪时的内心感受，如“我被愚弄了！”“他（她）太过分！”“这简直是厚颜无耻的做法！”等；写下自己处于负性情绪时的行为反应，如摔东西、骂人、打人、痛哭、咬紧牙关硬忍、强迫冷静等；写下自己做出负性情绪反应后自己和对方的感受，最后小组进行分享。

（3）控制负性情绪的法宝

成员逐一发言，提出自己控制负性情绪等不良情绪的策略，带领者带领成员对各种方法的可行性进行鉴别，归纳、整理控制情绪的有效策略。

（4）总结与分享

引导成员分享本次团体活动的收获和体会。带领者总结，向成员提出控制和管理负性情绪的意见和建议。

3. 活动点评

通过对成员不良情绪的觉察、分析、分享和交流，帮助成员学习更多有效的情绪管理策略，提升成员的情绪管理能力。

活动 3：“潘多拉”魔盒（时间：45 分钟）

1. 目的

提高成员利用理性情绪疗法管理情绪的能力。

2. 准备材料

纸盒、便签纸、签字笔。

3. 活动步骤

（1）全体成员围坐成一圈，回忆一段时间以来哪些生活事件最令自己烦恼，按下面的格式写在答纸上。

事件：我________________。

遇到这件事的想法：我想________________。

遇到这件事的情绪：我感觉________________。

（2）写完后将便签纸投进“潘多拉”魔盒中，转动后让每位成员随机抽取一张，扮演便签纸的主人，将纸上的事件读出来。这位成员左手边 3 位成员扮演天使，必须给这个事件积极的评价，右手边 3 位成员则扮演恶魔，必须给这个事件消极的评价。

（3）其他成员依次抽取并完成上述过程。

（4）讨论与分享。

4. 活动点评

通过多位成员的评价，使全部成员逐渐认可情绪往往来自于人对事件的解释与想法。通过有意识塑造积极的观念，可以提升积极情绪。

案例导读

走出失恋的阴霾

案例介绍

小杰是广州某大学的大三学生，人帅、成绩好、人缘好、爱好篮球、睿智幽默。女友是小两个年级的师妹，在迎新社团招聘中认识，后来一起参加了两次活动，相处比较愉快，很快确立恋爱关系。女友容貌秀美，性格开朗，有很多男生追求。经过一段时间的交往，小杰发现女友同时跟另外一个男生关系比较密切，自己曾经询问过，女友说是同班同学，一起参加学校组织的某项竞赛活动。一个月前，女友突然提出分手，小杰感到非常意外。分手的头两天，小杰的情绪状态还比较稳定，后来了解到女友新交了男朋友后，情绪异常低落，每天茶饭不思，做什么都感觉魂不守舍，夜晚也是辗转反侧难以入睡，上课难以集中注意力，记忆力也有所减退。宿舍的同学对小杰很友好，时常约小杰去打篮球，但是小杰连最喜欢的篮球也感到没有兴趣了，经常躲在床上黯然神伤，眼看着就要期末考试了，也无心准备。这样的状态持续了近一个月，他仍然笼罩在深深的哀伤中。

昨天晚上，小杰情绪特别低落，于是带了几瓶啤酒到阳台借酒消愁，期间有强烈的自杀冲动，自己被吓了一跳。他觉察到自己的状态很不对劲，于是，通过心理中心公众号平台预约了心理咨询。

“我也谈过两个女友，后来觉得没有什么意思，就主动提出分手了。”小杰来到咨询室，神情疲惫，眉头紧锁，坐姿僵硬，淡漠而忧伤地述说，“我跟她认识也没有几个月，她是我大一的师妹，入学后才认识的，在一起只有两三个月的时间，我感觉自己也没有爱得有多深，但就是走不出来……”“自己是独子，如果自己走了，母亲一定会非常痛苦的。我不想让母亲担心，想要自己好起来。”

小杰父母在其小学高年级时离异，他跟随母亲长大。母亲是一家企业的职员，离异后未再婚。父亲离异后再婚，再婚后没有生育。

案例分析

认识小杰的抑郁情绪。失恋必然会经历痛苦，小杰因失恋出现过度的忧愁伤感，心情沮丧；注意力难以集中，兴趣减退；而且还有生理症状，食欲不振，不想动，入睡困难；行为上回避交往，社会功能暂时退缩。这时候，小杰需要专业的心理咨询介入。正如小杰所说，需要去剖析他抑郁情绪的成因，调适抑郁情绪，并在咨询师的帮助下，逐步完成个人性格的重塑，达到自我升华。失恋，带来的不仅是苦楚，更应该是小杰自我成长的契机。

情绪带给我们的意义。积极的情绪，让我们体验美好，调动积极性，增加创造力。消极的情绪让我们感知风险，避免创伤，通过调整认知和行为，也可以发挥消极情绪的积极作用。面对情绪的困扰，关键在于如何认识和管理情绪。小杰深陷抑郁情绪当中，此时的他有两种选择，一是继续任由抑郁情绪控制自身，孤独哀鸣，这可能会进一步发展成为抑郁症；另一个选择是认识到自己的情绪状态，接纳自己的情绪，并积极管理和调整情绪。

通过理性情绪疗法进行调适。心理老师通过分析，让小杰理解女友提出分手（A）是引发小杰抑郁情绪（C）的间接原因，小杰存在不合理的“我应该得到别人的认可和接纳”等信念（B）是导致其产生不良情绪的主要原因。心理老师帮助小杰逐步摆脱原有的不合理信念及思维方式，建立并强化新的合理的认知方式，并内化为其自身信念。通过与自己不合理的信念进行辩驳“我们没有办法做到别人要求我们必须做到的事情，我们也没有权利要求别人做些什么（D1）”“一个人不可能被所有人认可和接纳，在亲密关系中也是一样的。但这不说明我是没用的，不值得爱的（D2）”“同学和朋友并不会因为失恋，就认为我一无是处，没有价值或者否定我（D3）”，小杰重新建立合理信念“恋爱是一个相互选择的过程，你觉得她挺好的，你对她很好，这是你自己的选择；在恋爱的过程中，或许她觉得这段感情对她来说，可能不合适，这也是她的选择（E1）”“我希望得到别人的认可和接纳，但事实上不可能每个人都会认可和接纳我（E2）”“我在不断努力进步中，一时的挫折是不可避免的。身边的朋友也不会因为我失恋而认为我是没用的，没有价值的（E3）”。

个案成长

通过六次咨询，小杰从一开始的眉头紧锁到咨询结束时的轻松坦然，抑郁情绪得到有效缓解，内心平静了许多，食欲增加，睡眠好转。身体和精神状态已逐步恢复到以前的水平，学习效率也有一定程度的提高，能够识别不合理信念并能建立合理认知方式，主动应对各种压力和挫折。小杰的成长，让我们深深体会到做情绪真正的主人的重要性，我们要学习正确认识情绪、准确识别情绪、合理表达情绪、有效管理情绪，真正做到“我的情绪我做主！”

思考与讨论

1. 分析自己的情绪特征及其对自身心理健康的影响。
2. 谈谈如何培养自己的积极情绪。

经典导读

《积极情绪的力量》

作者芭芭拉·弗雷德里克森（Barbara Fredrickson）是斯坦福大学心理学博士、北卡罗来纳大学教授，曾任国际积极心理协会（IPPA）主席。本书被积极心理学之父塞利格曼推荐为当代积极心理学的巅峰之作。作者认为，积极情绪会扩展个体的思维和视野，建构帮助个体成功的各项资源，为个体带来健康，使个体变得更加坚韧，并抑制无端的消极情绪。本书还颠覆性地提出，人们都可以通过努力来提高自身的积极情绪。积极情绪不是越多越好，消极情绪也不是越少越好。积极情绪与消极情绪的最佳配比为 3:1，并提出可以通过 7 种方法来缓解消极情绪，10 种方法来提升积极情绪。

《理性情绪》

作者阿尔伯特·埃利斯创立了对咨询和治疗领域影响极大的理性情绪疗法，为现代认知行为疗法的发展奠定了基础。该疗法适用范围广、实用性强、见效快，是中国心理咨询师常用的方法之一。埃利斯认为人不是被事物本身所困扰，而是被其对事物的看法所困扰。如何减轻这些情绪对我们造成的伤害，缓解情绪带来的痛苦，才是我们真正需要思考的问题。阿尔伯特·埃利斯博士告诉我们需要做到三点：一是无条件地自我接纳；二是无条件地接纳他人；三是无条件地接纳生活。本书还引导读者认识自己的不合理信念，把注意力集中到生活的积极方面。

06 第六章 大学生的人际交往

【名人名言】

一个人事业上的成功，只有15%是由于他的专业技术，而85%要靠人际关系、处世技巧。

——戴尔·卡耐基

如果你把快乐告诉一个朋友，你将得到两份快乐；如果你把忧愁向一个朋友倾诉，你将分去一半忧愁。

——弗兰西斯·培根

开篇故事

智者的四句箴言

一位青年人拜访年长的智者。青年人问："我怎样才能成为一个自己愉快并且能使别人快乐的人呢?

智者说："我送你四句话。第一句是把自己当成别人。即当你感到痛苦、忧伤的时候，就把自己当作别人，这样痛苦自然就减轻了；当你欣喜若狂时，把自己当作别人，那些狂喜也会变得平和些。

"第二句话是把别人当作自己。这样就可以真正同情别人的不幸，理解别人的需要，在别人需要帮助的时候给予恰当的帮助。

"第三句话是把别人当成别人。要充分尊重每个人的独立性，在任何情形下都不能侵犯他人的核心领地。

"第四句话是把自己当作自己。"

青年人问道："如何理解把自己当作自己？如何将四句话统一起来？"

智者说："用一生的时间，用心去理解。"

和谐愉快的人际关系需要花时间、用心思建立和经营。大学期间理想的人际关系并不是必然就有。人际交往能力需要在不断学习和实践中培养和提高。因此，大学生应重视人际交往能力的提高，努力学习人际交往的艺术和技能。

第一节　人际交往概述

大学校园是产生友谊的沃土，大学时光是沉淀友情的最好年华，大学阶段也正是一个人自我同一性发展的关键期，人际交往对于个人的发展发挥着举足轻重的作用。人际交往是大学生人生成长的一个重要组成部分，也是大学生心理成长和发展的必要途径。因此，大学生需要了解人际交往的概念，理解人际交往的发生发展过程和常用的心理效应，为建立良好的人际关系做准备。

一、人际交往的含义与理论

（一）人际交往的含义

人际交往是指人们运用语言符号系统或非语言符号系统交流信息、沟通感情、相互作用和相互知觉的过程。人际交往表现为人与人之间的心理距离，也反映了人们寻求满足需要的心理状态。人际交往是人类社会中不可缺少的组成部分，人的许多需要都是在人际交往中得到满足的。

人际交往涉及认知、情感和行为 3 个心理成分。人际认知是建立人际关系的前提，通过彼此相互感知、识别、理解而建立心理联系，使自己了解他人，也使他人了解自己；人际情感，是建立人际关系的核心，它是人际交往中各自的需要是否得到满足而产生的情绪情感体验；人际行为是人际关系的调节杠杆，是双方在互相交往过程中外在行为的综合体现。三者间相互作用和相互影响，促成信息交流、协同合作，进而保健身心，促进自我发展。

（二）人际交往的理论

长期以来，众多学者对人际交往进行了专门的研究，提出了一系列理论，推动了人际交往研究的发展。这里重点介绍社会交换理论、相互依赖理论和交往分析理论。

1. 社会交换理论

在心理学的学习理论基础上，美国社会学家乔治·霍曼斯（George C. Homans）提出了社会交换理论。该理论认为，人际交往是社会交换的过程，人与人之间所有的活动都是交换，是一种准经济交易：当你与他人互动时，你希望获得一定的利益；作为回报，你也准备给予他人某种东西，他人也是如此。这里交换的东西可以是物质的，如金钱；也可以是非物质的，如情感。一般来说，一段关系能提供给我们的收益（如情感的愉悦）越高，我们对交往对象的喜欢程度也会越高，这段关系也越巩固；反之，如果我们的付出（时间、精力）远超出收益（过度付出），那么我们对交往对象的热情也会降低，这段关系也会不稳定。

2. 相互依赖理论

相互依赖理论是哈罗德·凯利（Harold Harding Kelley）和约翰·蒂伯特（John Tiebout）在 1978 年提出的。他们认为，人际互动行为受到关系双方所处的情景结构影响。当面临几种可供选择的互动行为时，个体必须考虑自己选择的行为在当时情境下是可被对方接受的，还要考虑由此引发的对方行为可能对自己的结果收益产生的影响。例如，男女朋友约会这件事对男生来说，如果可以看球赛或玩游戏绝对是奖励行为；但是他应该也能够预料，如果他选择看球赛或玩游戏，他的女朋友就会玩手机或故意找他说这说那。当然双方也可以共同选择一个都能接受的折中活动，例如他们可以选择一起看电影。

3. 交往分析理论

交往分析理论又称 PAC 理论，是美国心理学家艾瑞克·伯恩（Eric Berne）创立的一种用于心理治疗的理论。该理论认为，人际交往是人与人之间发生相互作用并产生相互影响的过程，人际交往的过程必然受到个体人格特征的影响。交互分析理论认为每个人的人格都是由父母自我状态、成人自我状态和儿童自我状态这 3 种自我状态构成的。这 3 种状态的具体表现如表 6-1 所示。随着人际交往内容、对象和环境的改变，自我状态也会发生变化。

表 6-1 3 种状态的表现

状态类型	行为表现	语言特征
父母自我状态（P）	凭主观印象办事，独断专行，高高在上，滥用权威	训斥、严厉、爱抚（应该、必须）
成人自我状态（A）	待人接物冷静，处事理性，慎思明断，尊重他人	商量、道歉（对不起、我可以）
儿童自我状态（C）	感情用事，以自我为中心，遇事无主见，逃避退缩	自然、顺从（我要、就不）

二、人际交往的产生与发展

人与人之间交往的产生和发展，要经过一系列错综复杂的变化过程，包括正向的人际关系优化的发展过程，也包括负向的人际关系退化的发展过程。

（一）人际关系的正向发展过程

人际交往的建立一般需要经过定向、情感探索、情感交流和稳定交往 4 个由浅入深的阶段。大学生要建立良好的人际交往，必须把握好这 4 个阶段。

1. 定向阶段

在这个阶段，人们主要产生对交往对象的注意、选择和初步沟通等多方面的心理活动和行为。在生活中，与自己有相同兴趣爱好和行为方式的人，很容易进入我们想初步沟通的人选范围。人们常常会利用各种途径，甚至创造机会去初步沟通，进而试探是否与对方进一步交往。

新生进入大学，接触较多的是舍友、同学、师兄师姐等。大学新生特别关注这些人群中在某些方面自己感兴趣的人，并找机会交谈，同时有意无意地判断着哪位同学可以有更深入的交往。

2. 情感探索阶段

随着相处次数的增加和沟通内容的延伸，双方会有一定的情感卷入，会在沟通中融入个人的爱好，但还处于尽量避免涉及对方私密的阶段。在此阶段，双方都在进行情感探索，探索是否有共性或彼此相互吸引的特质，探索是否能够发展更进一步的关系。

入学后，大学新生一般会通过宿舍卧谈会、同学结伴上课吃饭、平时相处等，互相交流，互相了解，探索在某些方面与同学建立真实的情感联系。此阶段的沟通内容及自我表露将在很大程度上决定是否进入情感交流阶段。

3. 情感交流阶段

处于此阶段的双方关系已经有了实质性的改变。双方的情感投入更多，谈论的内容将会涉及自己的成长经历、家庭、老师、恋爱关系等，自我表露程度也越来越深，越来越信任对方。在交往过程中，双方也开始有了互相赞赏或直接批评。

对大学生来说，舍友、社团学生会的同事、平时接触较多的朋友有很大机会进入此阶段。然而，由于相处频率、距离或价值观等因素的影响，交往关系还有可能会退回上一阶段。

4. 稳定交往阶段

在此阶段，双方已经可以进入对方高度私密的领域，言语上分享自己的方方面面，物质上甚至允许对方使用自己的生活空间或财产。双方自我暴露更加深刻，情感更加依赖，心理高度相容，行为更加默契。

莫逆之交或爱情很容易在此阶段出现。对大学生来说，能进入此阶段关系的朋友，就是可以结伴、可以谈心的朋友，是有事可以随时倾诉的对象。

（二）人际关系的负向发展过程

日常生活中，有一见如故成知己者，也有瞬间反目成仇人者。人际交往的发展过程也包含负向发展即人际冲突或人际关系恶化过程。心理学家研究发现：认清人际冲突或人际关系退化的本质，特别是建设性地处理退化和冲突，可以有效地减少人际关系的瓦解和恶化，有时甚至可以将人际关系推进到更好的状态。

1. 人际冲突的发展过程

冲突不是一蹴而就的，而是逐渐发展的。关于人际冲突的发展过程，美国学者潘迪提出了冲突的 4 个阶段模式。

（1）潜伏阶段

潜伏阶段是人际冲突的萌芽期，潜伏的冲突可能会消失，也可能被激化。此阶段，应加强侦测，以便预知或控制冲突的方向及程度；同时，可采用温和坚定与诚恳的态度来处理事件，谈话中多用“我”字开头，少用“你”字开头。如小红经常晚睡，煲电话粥或开灯娱乐等，影响了小丽作息，小丽说：“时间已经很晚了，我睡不着，明天还有事需要早起，可以小声一点吗？”

（2）爆发阶段

爆发阶段可能有口头或肢体的冲突，情绪上可能由于不公的待遇而感到气愤，也可能对需要进行的选择感到困惑。如经常性被打扰无法较好入睡，此阶段的小丽非常气恼，实在无法忍受，直接跟小红摊牌，甚至争吵起来。此阶段不如暂时不去处理，学习接受无法接受的事情，不代表永远无法解决问题。

（3）扩散阶段

人际冲突爆发之后，会引发一些扩散影响。也许双方都有悔意，也许后面还有余震不断。如小丽和小红争吵爆发后，两人见面尴尬或不知所措，甚至会再次争吵。不要责备或否认冲突，静观其变，留一些时间和空间，让彼此得以缓冲；甚至可以慢慢释放出诚意，看看对方的反应。

（4）解决阶段

解决阶段将会出现“你好我也好”的双赢、不解决、结束关系 3 种情况。理想的方式是寻求双赢的解决之道。然而一般人难以放下身段，因此选择的是不解决，慢慢地接受无法接受的事情。如此阶段的小丽可能无法继续忍受两人相处尴尬的处境，在相处时给对方找台阶，两人又能正常地交流相处了。

2. 人际关系的恶化过程

人际关系从融洽走向恶化和破裂，通常会经历冷漠、疏远和终止 3 个阶段。

（1）冷漠阶段

人际关系的恶化始于冷漠。双方开始视交往为一种负担，形成心理压力，并伴随痛苦情绪体验。

勉强维持必要的交往，但人际气氛非常冷淡，会放弃增进沟通的努力，不太愿意直接对话，甚至表现为一种否定性的评价和行为。如此阶段的小丽和小红可能见面很少说话，必要时才对话，甚至较少回宿舍以免遇见。

（2）疏远阶段

人际关系的恶化是从冷漠开始的，以疏远的形式具体表现出来，并渗透到人际交往的各个方面。双方不得已接触时，会出现言语上嘲弄挖苦、面部表情不自然、身体姿势僵硬、物理距离扩大等情况。如此阶段小丽和小红的相处可能已经非常不自然。

（3）终止阶段

在这个阶段，相互间的接触已经成为一种强加的额外负担，双方感到烦恼、焦虑和痛苦，并且出现终止人际关系的动机和行为，双方基本上处于失去联系的状态。如此阶段小丽或小红可能选择搬离宿舍，互相之间不再联系。

3. 人际关系退化的原因

研究表明，导致人际关系亲密程度退化或疏远的原因主要有以下 3 个。

（1）物理距离的影响。比如：空间上的分离；新朋友代替了老朋友等。

（2）交往技能缺乏。比如：对方需要时不主动帮忙；没有表现出信任、积极肯定、情感支持等行为；妒忌或批评等。

（3）个体发生变化。比如：“喜好标准”发生了改变；对对方与第三方的关系不能容忍；逐渐不喜欢对方行为或人格上的某些特点等。

在人际交往中，种种原因的影响让人际关系退化是常见现象。然而我们可以针对原因采取相应的对策。首先，在网络越来越发达的时代，大学生要尽量主动多联系一些亲朋好友。其次，大学生要学会处理人际交往中的困惑。人无完人，交往中自然会有这样那样的不快。最后，大学生要注重学习人际交往的艺术和技能，将关系导向正向方向发展。

三、人际交往的心理效应

社会心理学研究表明，在人际交往中，对交往对象的认知、印象、态度以及情感等，都会直接影响到交往的正常进行。然而，由于种种原因，交往过程中的人际认知往往会出现这样或那样的偏差，它具有积极与消极两方面的意义。心理效应运用得好，可以促进人际交往；运用得不好，则会阻碍人际交往活动的进行。因此，正确地认识、了解、掌握并利用心理效应，对大学生的日常生活和学习具有非常重要的作用与意义。

（一）首因效应

首因效应也叫首次效应、优先效应或第一印象效应，指的是最初接触的信息形成的印象对人们以后的行为活动和评价的影响。首因效应主要是人的知觉因素与情感因素相结合产生的综合效应。心理学研究发现，人们与他人初次会面时，45 秒内就会对对方产生第一印象。同时，与其他次序得到的信息相比，交往双方形成的第一次印象对双方今后交往关系的影响更强，且持续时间更长。

仪表堂堂、风度翩翩的应聘者容易赢得主考官的好感；口若悬河、对答如流者往往给人留下好印象。为此，我们初次与人见面时，千万要注重自己的衣着打扮，穿着要整洁，打扮应适度，言谈举止要得体，尽可能给别人留下一个美好的印象。有的人不谙此道，不太注重首因效应，因此而吃亏。

信息窗

首因效应实验

有一位心理学家曾做过这样一个实验：他让两名学生都做对30题中的一半，但是让学生A做对的题目尽量出现在前15题，而让学生B做对的题目尽量出现在后15题，然后让一些被试对两名学生进行评价：两相比较，谁更聪明一些？结果发现，多数被试都认为学生A更聪明。这就是首因效应的作用。

（二）近因效应

近因效应也叫新颖效应，指的是当人们识记一系列事物时对末尾部分项目的记忆效果优于中间部分项目的现象。即交往过程中，我们对他人最近、最新的认识占了主体地位，掩盖了以往形成的对他人的评价。在现实生活中，近因效应的心理现象很普遍，如某人一贯表现平平，但最近突然有所建树，人们对他刮目相看，视其为功臣；或某人一向表现很好，但最近犯了错误，就可能改变周围人对他的看法，以最新判断否定以前对他的判断。

一般来说，在对陌生人的认知中，首因效应比较明显；而对熟识的人的认知中，近因效应比较明显。这就告诉我们，在与他人进行交往时，既要注意平时给对方留下的印象，也要注意给对方留下的第一印象和最后印象。需要注意的是，在与别人的交往过程中，我们可以把别人近期的异常表现视为以往的任何一件事，甚至是非常重要的一件事，这时近因效应不会影响我们的判断。

（三）刻板印象

刻板印象又称定型效应，指的是人们用刻印在自己头脑中的关于某人、某一事物的固定印象作为判断和评价人的依据的心理现象。刻板印象在生活中随处可见，比如，女生往往认为男生心粗、胆大、傲气，而男生往往认为女生心细、胆小、娇气；还有像坐在咖啡店里喝咖啡比坐在茶馆里面喝茶显得更有文艺气息、更有格调等等。

刻板印象是一种认知偏见。在日常的学习和交往中，大学生应注意发挥刻板效应的积极作用，而对于消极作用大学生应该本着一种客观态度，努力扩大知识面，了解更多的文化，才能在这个多元、复杂的世界中更加理智、不被影响。

（四）投射效应

投射效应指以己度人，认为自己具有某种特性，他人也一定会有与自己相同或相似的特性，从而经常把自己的感情、意志投射到他人身上，并认为对方也应该有同样的感受和认知。所谓“以己度人”就是对这种现象的描述。一般说来，投射可分为两种类型：一种是指个人没有意识到自己具有某些特性，而把这些特性加到了他人身上，例如，一个对他人有敌意的同学，总感觉到对方对自己怀有仇恨，似乎对方的一举一动都有挑衅的色彩；另一种是指个人意识到自己的某些不称心的特性，而把这些特性加到他人身上，例如，在考场上，想作弊的同学总感觉到别的同学也在作弊。

投射效应在人际交往过程中是一把双刃剑，它有时也能发挥正向作用。正如“己所不欲，勿施于人”，就是投射效应的有效运用，它能帮助我们换位考虑他人的感受和需要。但人们的所思所想存在很大差异，因此，在人际交往过程中我们应该秉承客观、公正的原则，辩证地、一分为二地去对待别人和自己，准确投射。

（五）光环效应

扫码看资料

人际交往的光环效应

光环效应又称“晕轮效应”，指在人际知觉中，人们常把对方的某个特征泛化到其他一系列的特征上，也就是从知觉到的信息推及未知觉到的特征，根据局部的信息形成一个完整的印象。一个人的某种品质，或一个物品的某种特性给人非常好的印象，在这种印象的影响下，人们对这个人的其他品质，或这个物品的其他特性也会给予较好的评价；反之亦然。“一白遮百丑”“情人眼里出西施”就是典型的光环效应。

在人际交往中，我们要避免光环效应以偏概全的影响，利用光环效应的积极因素。在日常生活中，大学生要敢于展示自己，让更多人知道自己的优势和长处，可以利用自己的优势制造光环效应，增加自己的人际吸引力。

第二节　大学生人际交往的特点与困扰

大学阶段是每个大学生社会化的一个重要节点，也是他们认识人生、了解社会、掌握知识的重要阶段。大学生心理上趋于成熟但尚未完全成熟，这个特殊的群体在交往中也有突出的特点、标准和困扰。因此，掌握大学生人际交往的特点、大学生亲近人际关系的特征和大学生人际交往的困扰，有助于大学生更好地理解和避免人际交往的困扰。

一、大学生人际交往的特点

大学生作为正在接受高等教育的特殊群体，他们的人际交往具有以下特点。

（一）交往动机迫切，交往技能缺乏

大学生自我意识逐渐成熟，社会参与意识增强，急于了解社会和他人，也急于让他人了解自己。同时，大学生希望通过交往获得友谊，摆脱孤独感，获取知识。一项高校新生调查显示，对于“你现在最迫切的需要是什么？”这个问题，83% 的新生选择友谊。然而，中科院心理素质调查报告显示，大学生中不善交往者占 80% 以上。大学生大部分精力和时间倾注于学习，交往经验缺乏，交往方式被动，交往技能贫乏，面对各种各样的实际交往则容易受挫。

（二）社交范围扩大，交往内容丰富

由于电子信息产品飞速发展，当代大学生的人际交往范围不再仅仅局限于班级、院系，不再受时间、地域、距离的影响，他们有更多的机会走出校园，走向社会，甚至直接走出国门与国际友人进行人际交往。大学生生活交际圈的对象也不仅仅是舍友和同学，还有任课教师、辅导员老师、师兄（姐）师弟（妹）、社团同事、恋爱对象等。同时，大学生思想活跃、兴趣广泛，涉猎领域宽，交往内容涉及学习、娱乐、政治、经济、文学、个人情感等。交往形式除了线上的文字、语音、视频，还有线下面对面的眼神、表情、手势、声调、姿态等。

（三）强化平等意识，注重民主观念

随着心理的日渐成熟，青年大学生更加要求交际中平等、民主。大学生的人际交往过程越来越能凸显其独立自主的人格和平等的观念。“我是自己的主人”，大学生会渴望亲朋好友尊重自己的决定，倾听自己的意见；在人际交往过程中大学生也倾向于认为，无论贫富、无论何事，人人平等，每个人都应该公平竞争。在大学的集体生活、团队学习中，民主的观念、民主的做法，也容易受到同伴的喜爱。大学生对交际所持有的平等、民主的观念，使交际双方冲破等级观念的羁绊和心理障碍，使交际方式的单向“辐射”转变为双向“交流”，那种“我是老师你是学生”“我是领导我说

话你得听”的交际方式正逐渐为大学生所摒弃。

（四）注重交往效率，重视异性交往

大学生进入大学后远离了原来的亲近关系，更急于收获友谊，对于主动付出的交往，更急于得到交往者相应的回馈，更注重交往的效率。在异性交往方面，随着性生理的成熟，大学生对异性会产生强烈的兴趣。青春期特有的生理、心理特点，也使得异性同学之间更容易产生思想、感情上的沟通。由于中学阶段，学习占用了绝大部分精力和时间，加上家长和老师对异性交往的重重阻碍，使得大学生到了大学校园，对这方面的交往尤其渴望和期待。

（五）情感型社交与功利型社交并存

大学生活日益丰富，大学生也有机会在各式各样的社交活动中结识新的朋友，共同探索大学生活的真谛，社交成了每个大学生的生活必备品。大学生社交需求有情感型和功利型两种：以情感为定向的人际交往，重视情感的沟通和志同道合；以功利为定向的人际交往，则重视与自身社会利益的相关联系。现实生活中，大学生时常会自觉或不自觉地将两种类型交织在一起，有时候情感定向的交往，也会为彼此带来物质利益上的互相帮助和支持；而有时候即使是功利定向的交往，也会使大学生彼此产生情感定向的沟通和反应。

二、大学生亲近人际关系的特征

“人生得一知己足矣”，亲近和亲密的人际关系能给予人们安全感和归属感。了解亲近人际关系的特点，对大学生朝人际交往正向发展具有重要意义。一般地，亲近和亲密的人际关系具有分享性、互惠性、公平性和利他性的特征。

（一）分享性

所谓分享性指双方彼此分享私密的想法和感受。通常分享的信息越多越私密，吐露的心声越多，双方的关系越亲近。例如，两人共同讨厌某件事，这就会成为彼此之间的“小秘密”。

（二）互惠性

相互依赖理论认为，人际交往是一种社会交换。互惠性是指双方从彼此的交往中各有所得。人们彼此交换喜爱、金钱、信息、物品和服务等。例如，朋友之间互相帮忙，如果一方总是付出，而另一方总是得到，这样双方的关系难以长久维持。

（三）公平性

通常情况下，人们的公平感是天生的，不喜欢利用别人，也不喜欢被别人利用。例如，宿舍打扫卫生采用轮流制度，但某位舍友经常没按期值日，这就容易引起其他舍友感到不公，进而对其有意见，容易导致宿舍内部矛盾。

（四）利他性

利他性是指关心对方不求回报，从对方的角度思考问题，理解对方的感受，不断进行换位。在人际交往中，对方从利他行为中感受到被重视、被理解，则会被吸引，双方的心理距离会变得更近。如宿舍同学之间主动帮忙打饭或取快递等。

三、大学生人际交往困扰

人际交往涉及每个人的个性特点、自我认识、对他人的了解及沟通等，是个很复杂的心理活动

过程。由于大学生对人际交往的理论和方法认识不够，缺乏社会经验，因此常常在人际交往中感到困扰。大学生的主要人际交往困扰表现在以下 3 个方面。

（一）缺乏交往的勇气

大学生出高中校门后直接来到大学校门，缺乏人际交往经验，部分学生缺乏在公众场合表达自己思想的能力与勇气，面对校园中各种各样的活动，他们充满了兴趣，却又担心失败，只是羡慕，能积极参与的不多。久而久之，就会开始回避，感叹“外面的世界很精彩，外面的世界很无奈”。

缺乏主动交往的勇气，还跟如何看待人际交往中的失败和拒绝有关。人际交往是两个人甚至多人之间的互动活动，能否互动下去取决于双方或多方，并不是个人一厢情愿就能达成的事。由于这种交互性特点，人际交往中明显或隐晦的拒绝现象比比皆是，这是非常正常的事。然而不少大学生害怕被他人拒绝和不喜欢，并将这种拒绝当作是对自己的否定。这种想法很容易让自己感到无力和沮丧，容易让自己失去信心，从而逃避交往和限制交往，甚至对交往产生恐惧心理。

（二）缺少交往的动力

刚步入高校的大学生大多一心以学业为主，对人际交往没有兴趣，甚至担心人际交往会花费自己很多时间精力进而影响自己的学习。所谓“知识改变命运”，绝不单单指的是书本知识，还包括生存知识、发展知识。如果一门心思将时间花在提升学业成绩和应对升学考试上，片面认为有个好成绩，考个好学校就可能改变命运，而不重视生活技能、人际交往、困境处理等关乎个人生存的基本知识的学习和训练，从长远来说得不偿失。

一项高校调查表明，在社交方面，45% 的学生更希望自己成为交流的对象而不是交流的直接发起者，23% 的学生感到“孤独、寂寞”。如此低的交往主动率，体现的不仅是大学生对人际交往重视程度的缺乏，还体现了当代大学生容易孤僻的个性。有些大学生容易以自我为中心，对周围的人和事从不关心，或觉得与人交往比较麻烦而选择独来独往。

缺乏交往的动力和排斥人际交往，可能会导致严重的心理问题。大学生通常远离家人，容易感到孤独，且当代大学生学业就业压力大。而消除孤独、缓解压力的有效方法就是寻找朋友。如果忽视与同学的交往，那就不得不独自面对孤独和高压的痛苦。

（三）缺乏交往的技能

人际交往是一门学问，也是一门技术。大学生渴望与人交往，希望收获友谊。但当代大学生多数为独生子女家庭，没有兄弟姐妹，家庭内部缺乏横向交流，缺少与他人交往的机会与体验，缺乏人际交往能力的锻炼。

缺乏建立和维持良好关系的技巧与方法会有以下几个表现：有些大学生似乎与任何人都能谈得来，但都很平淡，缺少知心朋友；有些大学生与多数人交往很好，但与个别人交往不良，如舍友、同学或父母；有些大学生对团体交往有莫名的压力，他们不知道如何应对，他们特别害怕，极力回避多人聚会，不得不交往时则表现出紧张、焦虑，害怕自己成为别人关注的中心，害怕被观察或出丑。

第三节　大学生人际交往问题的应对

在人际交往中，大学生容易遇到一些心理困惑，以及需要面对现实成长中遇到的人际冲突和合作问题。因此掌握人际困扰的心理调适、人际冲突的管理方式和人际合作的方法，能够对大学生应对人际交往问题、顺利成长成才起到重要作用。

一、困扰调适

良好的人际关系，对于一个人的工作、生活和学习是有益的；相反，不和谐、紧张、消极、敌对的人际关系则是不良的人际关系，对一个人的工作、生活和学习是有害的。大学生应从以下 4 个方面对人际交往困扰进行有效的自我调适。

（一）做真实的自己

当感到不是顺从自己本意的交往时，人的内心自然会感到不适。同时，人们的人际交往特点与自身的性格特征密不可分。有人内向，有人外向，其实内外向性格特点在交往中各有优缺点。比如，外向的人喜欢表达、广交朋友；内向的人喜欢倾听，容易交高质量的朋友。大学生只有用对自己的性格优势，做真实的自己，方能在人际交往中得心应手。

（二）做自己情绪的主人

觉察自己的情绪，看到最真的自己，表达真实的自己，接纳自己的情绪，进一步分析自己相应的认知，多角度思考可能存在的对事件不同的看法，找到事件的不同真相，进而体验不同的情绪。

（三）聚焦成功交往

回忆自身以往成功交往的经验，学习他人在人际交往中的优秀表现，主动寻求朋友的指点和鼓励，保持积极的情绪状态。

（四）积极行动

大学生应该多参加班级、学校活动，扩展自己的人际交往范围。在与朋友交往过程中真诚地表露自己，同时对他人真诚的表露给予回应。学习交往知识，增强交往技能，加强交往。

二、掌握人际冲突管理方式

人与人之间成长经历及价值观不同，总会对某些事物有分歧，甚至会发生冲突。冲突有建设性冲突和破坏性冲突，因此，冲突是需要管理的，如此才能发挥冲突的建设性作用，同时避免冲突的破坏性。冲突的解决涉及各方，要在各方的利益之间做出权衡和调节，同时采取的方式也因人而异。一般来说，人际冲突的管理方式大致有 5 种类型（见图 6-1）。

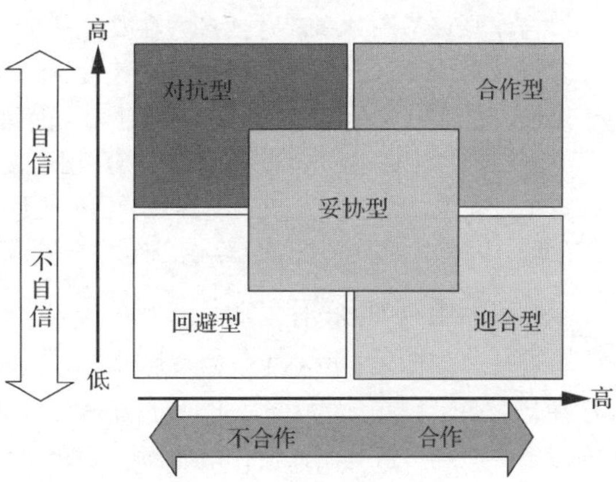

图 6-1　人际冲突管理方式

（一）合作型

双方都希望满足对方的意愿和需求，合作寻求对双方都有利的解决方法，求同存异。适应时机：为改善人际关系时；两人无法妥协必须找出一种解决方法时；为包容他人不同的观点时。

（二）对抗型

可解决当前问题，但可能导致后续的报复和今后的关系难处。使用时机：紧急事故发生时；推动重要但不受欢迎的政策时；保护自己不受他人欺负时。

（三）妥协型

双方的意愿和需求不完全相同，保持相互关系，以相对合理、相互可以接受的方案共事。使用时机：在时间压力下，需有权宜性的解决方法时；面对复杂的问题而想要有权宜性的解决办法时；目标还算重要，但不值得破坏两人的关系时；双方势力相当时。

（四）回避型

漠不关心或逃避争执，双方的愿望、需求同等重要，双方相互容忍，让时间创造命运、机遇来解决问题。使用时机：面对不重要且不紧急的事情时；为降低双方紧张气氛时；面对冲突的伤害超过解决问题的好处时；当身处于自己无法改变的环境中时。

（五）迎合型

以对方的方式解决问题，认为人际关系更重要，在愿望和需求没受侵害时，就采取让步策略。使用时机：为建立良好关系，以为未来铺路时；当发现自己的看法错误时；对方处于优势，而竞争对自己的伤害已超过对方时；为培养部属能力时。

各种方式之间没有好坏之分，它们只是不同的人际冲突管理方式而已。在某些情况下，适时、适当引入中立的第三方，或帮对方找个台阶下，或优先道歉，也能起到调节、解决冲突的效果。

三、建立团队合作

进入大学后，不难发现，很多科目的作业或考核需要组队来完成，这对大学生的人际合作提出了现实要求。这也是社会的发展要求，《教育——财富蕴藏其中》中指出了 21 世纪教育的四大支柱，即学会认知、学会做事、学会共存、学会做人。其中的“学会共存”也就是“学会和睦共处”。合作意识和合作能力的改进是大学生面临的重要问题之一。大学生需要从以下 4 个方面来提高自己的团队合作能力。

（一）树立合作共赢理念

合作共赢是指共事双方或多方在共担一项任务的过程中，团结协作、共担责任、互惠互利，能够实现双方或多方的共同收益。在高速发展的时代，合作共赢更是时代的选择，很多事情的成功在于合作，合作共赢是 1+1，但它不等于 2，而是大于 2。

虽然大学生目前所处的并不是一个真正意义上的团队，但是大学生活也是一个大学生共处的过程。在这个过程中，也许要完成某一实验项目，也许要经历某个科技大赛，许许多多需要大学生共同完成的活动，只有大家共同参与、互相合作才能使活动得以顺利进行。没有参与，这些活动也就无从谈起。

（二）重视加深拓宽知识

现代科学技术高度分工又高度整合，无论是生产还是研究，人们面临的问题都日益复杂，而且往往包含多学科意义的内容，因此，需要多专业技术人才合作才能完成。一个人要能与他人合作，前提条件是要具备与别人合作的本领，要有真才实学。自身含金量的提高，不仅是竞争的本钱，也是与人合作的基础。

大学生不仅要深挖本专业的基础知识，还要拓宽自己的知识面。理工科的学生要多学习人文科学知识，增强自己的文学修养，提高自己的审美情趣；文科专业的学生应该学好数理统计、计算机技术等学科，提高自己的逻辑思维能力和推理判断能力。有了完善的知识结构，无论是工作中，还是与人合作过程中，也就有了能够胜任的资本。

（三）提高合作技能

合作技能包括以下诸项：能够与人进行良好的沟通；能够充分表达自己的观点；一定的组织管

理能力；对突发事件能够冷静处理、积极应对；面对挫折能够以坚强的意志渡过难关；碰到困难相互支持；通过不断学习努力寻找解决的办法；等等。这些都是合作技能。

当代大学生可能对于合作技能没有一个明确的概念，但是他们在学习中，在实践中，都在与人相处，时刻与人交流，在潜移默化中慢慢地养成各种技能，这些技能因为每个人的条件不同而各有强弱，在不同的场合和情境中发挥不同的作用。合作活动能否顺利进行，这些合作技能正是其中的关键。

（四）提升合作品质

现代社会，分工越来越细，合作能力日益成为促进社会发展与个人进步的重要能力之一。对社会来讲，社会成员之间精诚合作、和衷共济，有助于实现又好又快发展；对个人来说，与他人的合作可以为个人发展创造必要条件和更大空间。

大学生在合作中要相互信任、尊重他人。合作中难免要遇到困难，产生意见分歧，这时需要各方相互理解、相互宽容，耐心地解决问题。一个具有良好合作品质的人还应有强烈的责任感，这种责任感表现为对自己在学习中或工作中所扮演的角色有明确的认识，尽心尽力做好每一件自己应该做的事情。

第四节 人际交往技能的提升

常言道：“人贵有自知之明。”正确认识自我是一个不断完善、发展的过程，必须要掌握一定的方法和策略。人际交往是大学生生活中的一个重要组成部分，它影响大学生的心理健康发展。人际交往是人与人之间的心理互动。大学生只要注意观察和体验，形成积极的人际交往观念，掌握一定的人际交往的原则，就能提高自己的交往素质，拥有良好的人际关系。

一、把握人际交往的基本原则

大学生在进行人际交往的过程中要把握以下 5 个原则。

（一）尊重原则

尊重是建立良好人际关系的前提。每个人都有自己的人格尊严，并期望在各种场合得到尊重。尊重包括自尊和尊重他人。自尊就是在各种场合自尊自爱，维护自己的人格；尊重他人就是重视他人的人格、爱好、风俗和习惯，承认人际交往中双方的平等地位。现代大学生个性要强，好胜心重，说话做事雷厉风行，容易忽略对方的感受，以证明自己的正确或胜利，这样就容易伤害朋友、同学的自尊。要做到自尊和尊重他人，就应当平等待人，树立良好的人际形象，懂得欣赏别人，把别人当作有价值的人来对待，尊重他人的劳动，乐于与别人相处，有责任感。

（二）互惠原则

人际关系以满足交往双方的需求为基础，只有交往双方的心理需求都能得到满足，彼此的关系才能继续发展。大学生之间帮忙拿快递、打饭、打水等互相帮忙的小事对良好关系的建立及维持具有重要意义。不难发现，“我不给别人添麻烦，但我也不希望别人麻烦我”的舍友往往跟其他舍友会有一些距离；一味地付出的舍友长期得不到相应的回报，心里也会不好受。因此大学生的交往，应重视互惠互利原则，你对我好，我对你好。人与人之间的交往也需要互惠，这样的你来我往，才会使感情越来越浓。

（三）真诚原则

真诚是舒适交往的基础，也是人际交往得以延续和深化的保证。真诚，就是真实、诚恳。用真诚的态度与人交往，做真实的自己，这样的相处也是舒服的相处；以真诚、公平的心去评价和判断事物，也有助于自己的发展和完善。然而，人常常被各种利害关系和感情左右，这是人性的弱点之一，克服起来非常困难。要培养真诚，就要从小事做起，检查自己是否感情用事，是否理性，反省自己的言行，不断培养和提高。真诚不等于头脑简单、轻率从事、盲目冲动，真诚本身就是要求我们细致、谨慎和理智地去进行人际交往。

（四）适度原则

所谓度就是保持事物质与量的界限，是事物质与量的统一。人际交往的距离要适度，良好人际关系的建立是一个循序渐进的过程，需要根据双方所认为的心理距离开展相应的交往内容和形式。双方交往的频度要适度：有的同学之间交往，关系好时，形影不离；一朝不和，即互相攻击，再也不往来。这对双方的心理健康和人际关系发展都不利。因此人际交往应该远近疏密有度。

（五）宽容原则

人际交往中往往会有误解和矛盾。大学生个性要强，彼此间接触密切，难免会产生矛盾。宽容是人际交往的关键。但宽容并不是丧失自我，而是在坚持原则和自爱的基础上，以博大的胸怀接纳别人，让他人和自己幸福快乐。宽容要求大学生在交往中不斤斤计较，而是谦让大度，不计较对方的言辞，做到“他吵你不吵，他凶你不凶，他闹你不闹”。只要我们心胸宽广，发火的一方也会自觉无趣。宽容并不是懦弱的表现，相反，它是有度量表现，是建立良好关系的润滑剂。

拓展阅读

影响人际关系的主要人格品质

美国心理学家安德森（N. Anderson）在大学生群体中进行了一项关于影响人际关系的人际品质调查，他将555个描绘个性品质的形容词列成表格，让被试大学生按照喜欢程度将这些品质由高到低排成序列。在这些序列中，有代表性的个性品质有2类：排在整个序列最前面的是高度受人喜欢的品质；排在序列末尾的是高度令人讨厌、不受欢迎的品质，如表6-2、表6-3所示。结果显示：排在序列最前面、受喜爱程度最高的6个人格品质是真诚、诚实、理解、忠诚、真实、可信，它们或多或少、或直接或间接与真诚有关；排在序列最后、受喜爱程度最低的几个品质如不真诚、不可信等也都与真诚有关。安德森认为，真诚受人欢迎，不真诚则令人厌恶。

表6-2 积极的品质

次序	人格品质
1	真诚
2	诚实
3	理解
4	忠诚
5	真实
6	可信
7	智慧
8	可信赖
9	有思想
10	体贴

表6-3 消极的品质

次序	人格品质
1	古怪
2	不友好
3	敌意
4	饶舌
5	自私
6	粗鲁
7	自负
8	贪婪
9	不真诚
10	不可信

二、学习人际交往的艺术

人际交往艺术包含语言艺术和非语言艺术，运用得当有助于改善人际关系，增加人际吸引力。

（一）语言艺术

“一言之辩强于九鼎，三寸之舌胜于百万雄师”“一言可以兴邦，一言亦可以误国”，从以上描述中足以窥见语言的力量。任何一种语言，除了表情达意的功能之外，还能消除误会、拉近距离、增进相互了解。语言不仅是一种交流工具，更是相处艺术。在人际交往中，注意到语言的艺术往往会起到事半功倍的效果。

在大学生人际交往中，我们要注意运用语言的艺术。若语言艺术运用得当，就能优化人际关系；否则，往往事与愿违，产生矛盾。所谓语言艺术，主要是说和听的艺术：首先要清楚说的时机，说话要分清场合，注意礼貌，如见面时问候、失礼时道歉、请教时回复等；其次要学会说的方式，说话音量适宜，说话内容言简意赅，赞扬或批评都要讲究方式方法和措辞；最后，要学会倾听，理解对方，恰当反馈，注重共情，表现耐心，这样会使语言沟通更加顺畅。

（二）非语言艺术

非语言交际与语言交际都是人际交往过程中不可缺少的部分。非语言艺术指的是人在交往中肢体语言的应用，包括动作、眼神、面部表情、姿态、距离等，良好的肢体语言能起到“无声胜有声”的效果。我们在人际交往中需注意自己的言行举止，善于运用肢体语言或态势，让肢体、言语行为得当，真正发挥肢体语言的有效作用。

信息窗

非语言交流的 SOFTEN 六原则

关于人际交往的艺术，沃斯梅尔（Daniel Vosmaer）提出了“非语言交流的 SOFTEN 六原则”，用来帮助人们使用自己的身体语言，协助人际交流。“SOFTEN”是根据这些原则的英文缩写组成的，具体内容如下。

S—Smile（微笑）：微笑表明你对这样的交流感兴趣，它传递了你的真诚、专注和友好。即使在与人争吵时，微笑也能使气氛变得轻松、自然和愉悦，使人在交往中自然放松，不知不觉地缩短了彼此之间的心理距离，有利于解决问题。

O—Open Posture（开放的姿态）：一个开放的姿态表明你愿意和他人交往，暗示他人你已经准备好了听他讲话，并且关注他的每一个观点和看法。交叉双臂抱在身前，可能表示希望和他人保持距离。

F—Forward Lean（身体前倾）：当与他人交谈时，身体轻微前倾表明你正在听对方讲话，并对其很感兴趣，这对他人来说通常是一种恭维，他将愿意继续与你交谈。

T—Touch（接触）：与他人适度的身体接触是我们表达的重要途径。热情而有力的握手表示你对见到的人持一种热情而友好的态度；与伤心好友拥抱则能传递你的理解与支持。

E—Eye Contact（目光接触）：眼睛是心灵的窗户，眼神的交流可以让谈话变得愉快，让对方感到有兴趣，且更愿意听你讲话。眼神交流时，目光接触要适度，切记不要一直盯着他人，这样反而会让人感到不适。

N—Nod（点头）：偶尔向对方点头，不仅说明你正认真地听他讲话，还表示你的赞同，进而强化说话者的行为。

三、掌握人际交往的技巧

掌握一定的人际交往技巧，能帮助大学生建立和谐、真诚的人际关系。下面主要介绍赞赏、共情、慧言 3 种基本技巧。

（一）赞赏

人性中最深切的渴望是被人肯定和赞赏。真诚的赞赏是人际关系的润滑剂。俗话说："尺有所短，寸有所长。"每个人都有优缺点。要能赞赏别人，最主要的是把别人放在心上，多观察，多留心，久而久之总能找到别人身上的闪光点。赞赏的方法同样重要。具体化的赞扬尤其能打动人。例如，"你好漂亮"的效果不如"今天这条裙子很配你的肤色，白里透红"。

（二）共情

共情能力指的是能够理解别人的想法、感受，并将这种理解和体会反馈给对方的能力。研究发现，共情能力强的人，他们的人际关系质量更高，对人际关系更满意，更能体验到亲密感和信任感，他们的幸福感更高。可以通过倾听、关注对方的情绪、换位思考、将理解和体会反馈给对方等方法来提高个人的共情能力。

（三）慧言

有一人到闺蜜家做客，正好遇到闺蜜的儿子带女友回家，然后她说了一句："这孩子和他爸一样，会挑！"一句话夸了 4 个人！智慧说话可以在各种情况下促进人际交往，并且可以解决一些棘手的问题。

1. 将 No 变成 Yes

在不直接说出自己的想法情况下，揣摩对方的心理，考虑符合对方利益的措辞，示例如下。

（1）投其所好："抱歉，这种衬衫只剩这一件了。"——"这种衬衫卖得特别快，这是最后一件了。"

（2）儆其所恶："请勿触碰展品。"——"涂有药品，请勿触碰。"

（3）选择的自由："碰头会的饭盒是可选的。烤肉饭和鸡排饭，要哪个？"

（4）被认可欲："你把窗户擦擦！我忙不过来。"——"你能够到高的地方，能把窗户擦得更亮。拜托了！"

（5）非你不可："宿舍是我们共同的家，缺了你就不齐了。"

2. 会批评

直接的批评很容易伤到别人的自尊心，一般人恐怕难以接受，因此，当涉及批评时需要采用一些技巧。

（1）采用间接提醒的方式。例如，舍友经常用自己的生活用品，可以说："我知道你平时忙，没时间。我空闲时间多，如果你需要的话，我可以帮你跑跑腿，买点生活用品回来。"

（2）也可以采用先赞扬后批评的方式。例如，舍友打电话到深夜，可以说："平时大家对你评价挺高的，但是你打电话这件事情确实影响了大家休息，破坏了你在大家心里的好印象。"

3. 会拒绝

很多人害怕被别人拒绝，更害怕拒绝别人。拒绝是一门学问，如果处理得当，就能获得对方的理解，两人的关系反倒会更加亲近。真诚地说明原因和难处，注意方式和方法，拒绝别人并没有那么难。例如，舍友经常让自己帮忙带饭，可以说"最近手头太多事了，实在顾不过来了，你自己多走动走动，就当活动筋骨锻炼身体了。"如果沟通之后对方欣然接受，那就皆大欢喜；如果对方仍不满意，就需要他好好消化。

小贴士　**拒绝妙招**

无言法：运用摆手、摇头、耸肩、皱眉、转身等身体语言和否定的表情来表示自己拒绝的态度。

幽默法："啊！对不起，今天我还有事，只好当逃兵了。"

婉拒法："哦，是这样，可是我还没有想好，考虑一下再说吧。"

不卑不亢法："哦，我明白了，可是你最好找对这件事更感兴趣的人吧。"

谢绝法："对不起，谢谢，这样做可能不合适。"

自护法："你为我想想，我怎么能去做没把握的事情？你让我出洋相呀！"

补偿法："真对不起，这件事我爱莫能助了，不过我可以帮你做另外一件事情！"

缓存法："哦，我再和朋友商量一下，晚点再决定好吗？"

四、提升人际魅力

提升人际魅力，建立良好协调的人际关系，能给人带来积极的情绪体验，使人生活充满快乐。大学生可以从以下 4 个方面提升个人人际魅力。

（一）修炼自身气质

扫码看资料

微笑一分钟活动

个人气质不仅体现在外貌上，还体现在体态、身形、谈吐等方面。一个满头头屑、指甲里都是泥垢的大学生，即使他的相貌不错，他的魅力值也不会很高。因此，个人的身材和印象管理尤其重要。大学生还应注意个人体态、礼仪，发挥微笑的魔力，做耐心的听者，谈对方感兴趣的话题，学会幽默。心理学研究证明，初次交往中，良好的社交形象会给对方留下深刻的印象。但随着交往的深入，学识更占主导地位，所谓"腹有诗书气自华"，因此，大学生还要多阅读，提升自己的内在。

（二）提升个人实力

一个自信的人是有魅力的，才华就是自信的底气。我们要学会看到自己的优势，培养个人特长，展现自己的特色。假设你唱歌动听，即使中学阶段你不出众，但在大学某次文艺活动上一鸣惊人，那自然而然就能引起同学的注意。真正有魅力的人，他们自身的才华和实力就像一道光，自然会吸引其他人的主动交往，并不需要刻意去讨好任何人。

（三）培养良好的性格特征

良好的性格特征能促进良好关系的建立和维持，不良的性格特征会阻碍良好的人际关系的形成。个性的形成和发展是在个体社会化的过程中实现的，在婴儿期、幼儿期、少年期、青年期、中年期、老年期的阶段中不断走向成熟。童年是个性形成的关键时期，青年期是个性的再造和定型期。良好的个性表现为：乐观向上的生活态度、客观全面的自我评价、稳定积极的情绪特征、和谐的人际关系、主动灵活的适应能力等。大学生应不断培养良好的个性特征，注意克服性格上的弱点。

（四）加强交往

当代大学生大多数是独生子女，缺乏横向沟通，因此应加强与家人、朋友之间的交往，提高交往频率，改善交往方式，在交往过程中展现自身魅力。同时加强交往也能促进人际吸引，心理学研究表明，人与人空间距离上的接近，是促进人际关系密切的重要因素，因为人与人之间空间位置越接近，交往的频率就越高，越有助于相互了解、沟通情感、密切关系。

小贴士 **心理学教授谈如何与人交往**

美国斯坦福大学心理学教授罗亚博士认为，人人生而平等，每个人都有足够的条件成为领导，但必须要懂得一些待人处事的技巧，以下是他的 6 点建议。

（1）无论你多么能干，具有自信，也要避免孤芳自赏，更不要让自己成为一座孤岛。在同事中，你需要找一两个知心朋友，平时大家凡事有个商量，互通声气。

（2）想成为众人之首，获得别人的敬重，你要小心保持自己的形象，不管遇到什么问题，无须惊慌失措，凡事都有解决的办法，要学会处变不惊，从容应对。

（3）若发现你同事总跟你唱反调，不必为此耿耿于怀。这可能是你“人微言轻”的关系，对方以“老资格”自居，认为你年轻而工作经验不足，你应该想办法获得一些前辈的支持，让人对你不可小觑。

（4）若要得到上司的赏识与信任，首先你要对自己有信心，自我欣赏，不要随便对自己说“不”字。尽管你缺乏工作经验，也无须感到沮丧，只要你下定决心把事情做好，必有出色的表现。

（5）凡事尽力而为，也要量力而行，尤其是你身处的环境中，可能有些人随时准备指出你的错误，你需要提高警惕，按部就班地把工作完成，配合实际行动，这是成为一位成功人士的必备条件。

（6）利用午饭时间与其他同事多沟通，增进感情，消除彼此间的隔阂，这有助于事业的发展。

第五节　大学生成长训练营

心理测试

人际交往能力诊断量表（见表6-4）是由林迪奇、王春龙编制的，由25个题目构成。表6-4中每个题目的备选答案有5个，回答时请在问题右侧的方框内选择1～5数字中的您认为适当的一个，然后在对应方框内打勾。接下来请逐条仔细阅读每道题目的描述，选出符合你自身情况的一个答案。

"1"代表你"做不到，感觉没有把握且尽量逃避开"。

"2"代表你"可以这么做，但感觉非常不安，并且处理起来有许多困难"。

"3"代表你"能做，不过感觉稍有不安，并且处理起来有些困难"。

"4"代表你"擅长这么做，感觉轻松，并且能够处理这类问题"。

"5"代表你"非常擅长这么做，感觉非常轻松，并且能够处理得非常出色"。

表6-4　人际交往能力诊断量表

项目	1	2	3	4	5
1. 我会参加陌生人的集会以发展新的人际关系					
2. 我能与我想认识的同学主动谈话					
3. 当一般熟人赠送我贵重的礼品自己觉得不能接受时，我能明确地拒绝（委婉或直接）					
4. 在与异性朋友交谈时，我愿意谈及自己的隐私					
5. 当关系密切的同学或朋友令我生气时，我仍能接受这样的看法：他（她）的观点有合理之处，哪怕我并不同意这个观点					
6. 当与关系密切的同学和朋友之间发生争吵时，我能够撇开愤怒或怨恨的情绪					
7. 当与好朋友意见不合时，我会真实地告诉他（她）自己的想法					
8. 当关系密切的同学或朋友情绪低落时，我是一个投入的倾听者					
9. 我能够耐心而充满感情地倾听关系密切的同学或朋友发泄有关他（她）经受的外在困扰情绪					
10. 与不认识的人交往时我是一个有趣的、愿意分享的人					
11. 我是一个能够给予别人恰当安慰的人					
12. 告诉异性或好朋友他（她）做的某件事情伤害了自己					
13. 关系亲密的同学或朋友做让我难堪（或厌恶）的事情时我会提出不满甚至拒绝去做					
14. 在争吵中我能接受关系密切的同学或朋友的意见，并真正理解他（她）的观点					

续表

项目	1	2	3	4	5
15. 当关系密切的同学或朋友需要诉说时（话题可能是我不感兴趣的），我能够给予真诚的情感关注					
16. 异性亲密朋友对我提出超出我们关系的请求时我会拒绝（委婉或直接）					
17. 别人发生矛盾冲突的时候，我能够化解双方的矛盾					
18. 我能够向好朋友呈现自己性格上的缺点或比较脆弱敏感的一面					
19. 我愿意告诉你的新朋友一些与你有关的、令你感到羞耻的事情					
20. 别人心情不好的时候我能够令他高兴起来					
21. 某个关系亲密的同学或朋友把他们力所能及的事情推给你去做时，你会拒绝					
22. 当新认识的同伴处于困境时我能够鼓励并以实际行动支持他					
23. 当与关系密切的同学或朋友有矛盾时，我能真诚地倾听他（她）的抱怨					
24. 关系亲密的同学或朋友想知道你的一些私人秘密的时候我会回绝他的请求					
25. 我知道如何推进与别人的谈话，真正促进相互了解					

评分与解释

将25道题的分数加起来，求出个人总分；每个维度的得分为对应题目的累加总分。总分是25～125分；各维度得分可能是1～25分，得分越高，说明交往能力越强。如果出现总分低于50分或某维度得分低于10分的情况，建议针对该维度提升相应的能力。下面是各维度名称及所包含的项目。

（1）人际关系建立能力：包含1、2、10、22、25题。该维度主要反映和一个不认识的人建立初步人际关系的能力。

（2）适度拒绝能力：包含3、13、16、21、24题。该维度主要反映对于别人提出的一些不合理要求做出拒绝或表现不满的能力。

（3）自我表露能力：包含8、9、11、15、20题。该维度主要反映向别人袒露自己心中秘密或一些不太情愿让人知道的事情的能力。

（4）冲突控制能力：包含4、7、12、18、19题。该维度主要反映利用合理的方式处理人际矛盾，使事情不变得更糟糕的能力。

（5）情感支持能力：包含5、6、14、17、23题。该维度主要反映给予需要感情支持的人一定感情支持的能力。

自我成长训练

训练 1：我的人际财富

请你准备好一张白纸，一支黑色铅笔。首先，在白纸的中央画一个实心圆代表自己；然后以这个实心圆为中心，画 3 个半径不等的同心圆（见图 6–2），代表 3 种人际财富和人际圈；接着请将亲朋好友的名字写在图上，名字越靠近中心圆点，表明你与他的关系越亲密。

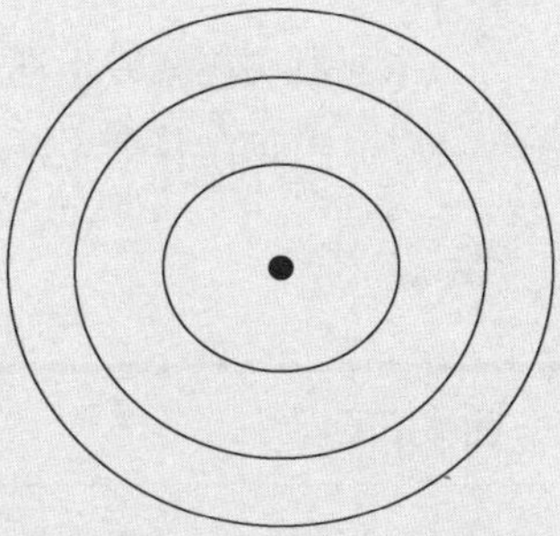

图 6–2 人际圈

（1）写在最小同心圆内的属于你的“一级人际财富”。你愿意让对方走进自己心灵的最深处，分享你内心的秘密、痛苦和快乐。这样的人际财富不多，却是你最大的心灵慰藉，也是你生命中最重要的成长力量。

（2）写在第二大同心圆内的是你的“二级人际财富”。你们彼此关心，时常聚在一起聊天玩耍，一起分享快乐，一起努力奋斗。虽然你们之间有些秘密是无法分享的，但这类朋友让你时常感到人生的温暖。

（3）写在最大一个同心圆内的属于你的“三级人际财富”。这些朋友，可以是平时见面打个招呼，但是需要帮助时也愿意尽力帮忙的朋友；可以是曾经比较亲密但渐渐疏远，却仍然在你心中占有一席之地的朋友；也可以是平时难得见面，却不会忘记在逢年过节问候一声的朋友。

（4）同心圆外的空白处代表你的“潜在人际财富”。尽量搜索你的记忆系统，把那些虽然比较疏远但仍属于你的人际财富的人的名字写下来。

一般而言，一个成年人大约需要与 120 个人维持不同程度的人际关系，其中包括 2 ～ 50 个心理关系比较密切的人。人际关系过疏或过密都容易引发心理问题，或孤独无助，或自我迷失。你的人际关系现状如何？你认为自己身上的什么性格或品质给你带来了好人缘？如果你的人缘不是太好，原因是什么？试着整理一下你的人际财富，反思自己在人际交往中的表现和特点，找出自己需要发扬和改进的地方。

训练 2：人际资源库的钥匙

每个人都希望过上幸福快乐的生活，每个大学生都希望大学之旅丰富多彩。但是我们成长过程中自然会遇到这样那样的问题或这样那样想分享的事情。当我们在某个方面出现问题或困惑的时候，该去谁那里寻找人际资源库相应的那把钥匙呢？想一想，把你想到的名字写在下面，并整理和充实自己的人际资源库。

（1）当我有喜悦想分享时，我可以联系__________、__________。

（2）当我在个人发展上遇到问题时，我可以求助于________、________。

（3）当我在学业上遇到问题时，我可以求助于__________、__________。

（4）当我在与同学或舍友的关系上出现问题时，我可以求助于______、______。

（5）当我与父母的关系出现问题时，我可以求助于______、______。

（6）当我在恋爱上遇到问题时，我可以求助于______、______。

（7）当我在其他生活方面遇到问题时，我可以求助于______、______。

团体拓展训练

活动主题：靠近你，温暖我。

活动目标：提高大学生人际交往的意识，重视人际沟通，并在沟通中锻炼大学生倾听和共情技术，促进大学生掌握赞美的技巧，从而提升大学生人际交往的技能。

活动时间：90 ～ 120 分钟。

活动人数：每组 8 ～ 10 人。

活动原则：注意保密原则，在活动中涉及的自我暴露及探讨的相关信息不可以在其他场合谈论，注意保护小组成员的隐私，遵守小组制订的“团体契约”，推动小组安全运行。

热身活动：乌龟与乌鸦（时间：15 分钟）

1. 目的

活跃气氛，创造轻松舒适的环境和安全信任的氛围，建立良好的成员关系，使成员们的注意力集中到活动中。

2. 活动步骤

（1）带领者请大家两两结队，接着选择角色，一人扮演“乌龟”，一人扮演“乌鸦”。

（2）按预备姿势站好（两人面对面保持适当距离，每个人双手掌心相对）。带领者讲一个关于乌龟与乌鸦的故事，当念到“乌龟”时，扮演乌龟的人要用双手去夹对方的左手或者右手，对方则把手甩向背后来逃避。念到“乌鸦”时则两人角色互换，即扮演乌鸦者用手拍乌龟，乌龟设法躲避。只要碰到对方的手就算赢了一次。

3. 带领者阅读材料举例

（1）片段一

森林里的池塘边住着一只乌龟，它有一双乌溜溜的眼睛。有一天，乌龟在外面玩，忽然看见一只乌黑羽毛的乌鸦在天上飞，边飞边喊：“兄弟，快跑，巫婆来了！”乌龟连忙把头缩进壳里，乌鸦则躲进池塘边的茅屋。过了一会儿，乌龟见周围没什么动静，探出头来一看，才发现刚才乌鸦看见的既不是巫婆，也不是巫师，而是乌云。这时天空乌云密布，眼看就要下大雨。好心的乌龟把乌鸦请到屋里避雨，可是乌鸦看到乌龟家满地污泥，乌漆墨黑，就喋喋不休地数落乌龟，乌龟听了很生气，就骂乌鸦无理取闹。后来，乌鸦把乌龟家里弄得乌烟瘴气，乌龟不得不把乌鸦赶到屋外，弄得乌鸦呜呜大哭。

（2）片段二

森林里有一个小小的城堡，里面住着可怕的巫婆和她的仆人乌鸦，突然有一天，天上慢慢飘来一片片乌云，转眼间就乌黑乌黑的，什么也看不见，不一会儿就下起了大雨。在狂风暴雨中，巫婆听到有人在敲门，开门一看，原来是一只乌龟，还有一只乌贼。它们要求巫婆让它们进屋。巫婆同意了，可是乌鸦不同意，它和乌龟是多年的宿敌。雨越下越大，大家也越吵越凶，乌贼指着乌云对巫婆说："雨这么大，乌鸦却不让我们进去，我和乌龟都会生病的，再不开门，我一定会让你的城堡变得乌烟瘴气。"最后，巫婆还是没有给它们开门。没多久，雨停了，太阳出来了，乌云也散了，巫婆和乌鸦这才打开门，看见乌龟已经冻得缩成一团。

（3）片段三

过了几天，空气很闷，天气阴沉，乌龟躲进乌黑的小茅屋里，这时乌龟听见了敲门声，原来是好朋友乌贼带着乌鱼来乌龟家做客。刚进到屋里，乌贼就开始讲路上遇到的故事，原来半路上撞见了巫婆与乌鸦。乌贼因为上次巫婆不给乌龟开门避雨的事情，非常气愤，就追着赶着要把乌鸦的腿打断，把巫婆打骨折，可是巫婆施展法术逃跑了，乌龟听了以后，非常开心，原来一直孤僻的它也有乌贼和乌鱼这两个好朋友。其实乌龟与乌鸦也曾经是好朋友，只是有一次，乌龟把乌鸦请到家里做客，可是乌鸦看到乌龟家满地污泥，乌漆墨黑，就喋喋不休地数落乌龟，乌龟听了很生气，就骂乌鸦无理取闹。后来，乌鸦把乌龟家弄得乌烟瘴气，乌龟不得不把乌鸦赶到屋外。乌龟打乌鸦，乌鸦打乌龟，乌龟打乌鸦，乌鸦打乌龟，它们都呜呜地大哭，然后谁也不理谁了。乌贼和乌鱼听了这个笑话后使劲地嘲笑了乌鸦和乌龟。

活动 1：折纸游戏（时间：25 分钟）

1. 目的

帮助小组成员认识人际交往模式，提升团队成员的沟通机制，促进人际沟通和增加信任感。

2. 活动步骤

（1）请每个人拿一张纸，闭上眼睛，听主持人（也可以是小组里的成员）的指令完成以下操作：把纸按顺时针方向旋转 180 度，把纸对折，再把纸按顺时针方向旋转 180 度，把纸对折，把纸按顺时针旋转 90 度，在纸的右上角撕去一个 1 厘米左右见方的正方形，再把纸顺时针方向旋转 90 度，在纸的左上角撕去一个 1 厘米左右半径的四分之一圆。

（2）请大家睁开眼睛，展开手中的纸。

（3）成员分享刚才在活动中的感受。

3. 活动点评

同样的指令，不同的人有不同的理解，也会有不同的执行结果。人际沟通也是一样的，每个人都有自己交往的想法和模式，我们需要加强沟通，换位思考，增加人际和谐度，这样才能促进人际关系正向发展。同时，如果你希望别人怎样对待你，那么你首先要这样去对待别人。

活动 2：会听、懂情（时间：30 分钟）

1. 目的

“会听”即学会倾听，“懂情”即懂得共情。学会倾听、懂得共情，掌握人际交往中倾听、共情的沟通技术。

2. 活动步骤

（1）三三分组。人物 A 为说话者，人物 B 为倾听者，人物 C 为倾听者兼反馈者。一轮结束后变换角色，直到每一个人都扮演一回其中不同的角色为止。

（2）设置一个话题（如计划生育是否全面放开、核武器是否该存在、老人摔倒扶不扶、是否将公路转变为有机菜园、自己喜欢或不喜欢的事情，如学习、家里的事情、必须参加的等）。人物 A 用 3 ～ 5 分钟谈论该话题，过程中人物 B 倾听并可以做适当的共情回应，人物 C 全程观察。

（3）当人物 A 已经说完的时候，人物 B 反馈人物 A 描述的事实、表达的情感和观点。当人物 B 反馈完人物 A 的观点后，人物 C 就人物 B 的反馈询问人物 A 是否准确，进而确认人物 B 共情的内容、想法及情绪的共情程度是否准确。

（4）3 人探讨是什么妨碍了人物 B 倾听和反馈的准确性。

这一轮结束后变换角色，直到每一个人都扮演一回其中不同的角色为止。

3. 活动点评

人际沟通的关键在于让对方感觉到你是在认真地听他说话，而且理解了他的意思，理解了他的心情。用心倾听，懂得共情，将对方所说的内容、情感适当地反馈给对方，是最简单且又十分有效的人际沟通技术。

活动 3：优势大转盘（时间：30 分钟）

1. 目的

学会欣赏他人，给他人戴高帽，掌握赞赏的语言技巧；学会接纳他人的赞美，体验被赞赏的愉悦感，提升人际交往质量。

2. 活动步骤

（1）每人发一张优势卡片。写上自己的名字，并收集小组其他成员对自己说的赞赏语完成卡片。小组成员说出赞赏语，并讲述可作为支撑的具体客观事件。本人进行甄别，如果觉得是客观的就接受，否则可以拒绝并让对方给出自己觉得客观的支撑事件。自己收到的赞赏语（优势）不可以重复。

__________的优势卡片

我们认为你还有的优势是

赞赏语（优势 1）：____。

赞赏语（优势 2）：____。

赞赏语（优势 3）：____。

赞赏语（优势 4）：____。

赞赏语（优势 5）：____。

赞赏语（优势 6）：____。

赞赏语（优势 7）：____。

（2）将所有卡片汇集在一起，随机抽取一张，被抽到的同学站到中间，接受全组同学齐声念出卡片上的赞赏语。可以根据时间情况，确定抽取卡片张数。

（3）分享感受。

3. 活动点评

有一句话说得好："知人则智，自知则明，自信则强。"学会发现别人的优点，智慧地赞赏他人，促进他人更自信，是一种智慧。渴望被人赏识是人的基本天性。同时，面对众星捧月般的赞美和盛誉之辞，我们会发现自己会拥有一个更美好的人际环境。

案例导读

"害怕回宿舍"的女生

案例介绍

小静是一名大二女生。最近一个月她很害怕回宿舍，因为待在宿舍感觉尴尬。因此早上她会尽早起床离开宿舍，直到晚上图书馆关灯无处可去才回宿舍，以减少与舍友会面的时间。她感觉自己与人相处很失败，现在连和同学交往都有些害怕。一想到回宿舍要面对舍友们，就感到焦虑、苦恼，甚至有时候胸口发闷。她本想通过专心学习减轻自己对自身人际关系较差的烦恼，然而，事与愿违，由于她休息不好、精力不足，导致学习效果不理想，后来竟出现考试不及格的现象，她感到很恐慌。最近她在复习四级英语考试，经常会想到与舍友闹矛盾的事情，就更加心烦，难以集中精神继续复习，所以前来咨询。

小静曾是高中时代学习的佼佼者，经常名列前茅。由于高考失利，入学前心情低沉过一段时间，但立志入学后发奋学习争取考上理想大学的研究生。因此，入学开始，她就天天待在图书馆学习，与宿舍同学相处时间较少。大一一开始，宿舍同学之间相处还可以。但是长期相处下来，小静慢慢发现舍友们总喜欢看剧、逛街、玩游戏、拍拖，不怎么喜欢学习，她们聊的东西小静不感兴趣，小静说的话她们一般也不怎么回应。有时候她们甚至不当她一回事，宿舍订饮水机，她们当时只是说了一下，都没问过小静的意见，却要小静分摊费用。小静略感愤怒，但又不好拒绝最后选择妥协。舍友相处过程中，小静明显觉得她们之间关系更好，比如舍友 A 看到小静回到宿舍，只会扭头看一下说"你回来了"，但她看到舍友 B 回来就会很热情地喊"你回来啦！"，有时候还会走过去一起热情地聊天。更让小静烦恼的是，舍友们经常晚睡，舍友 C 是社团部长，经常开着台灯忙到凌晨一两点；

舍友A则晚上经常与男朋友煲电话粥。这些影响了小静睡眠，她经常睡不着，很烦躁，戴着耳机也睡不着。有时候小静提出第二天还要早起，但是其他人都没回应。小静甚至感觉自己被排斥，舍友们经常聊得哈哈大笑，但自己一进门就停，她觉得她们似乎在讨论自己。小静心里特别不舒服，感觉和舍友的关系变得越来越糟糕，已经到了孤立无援的地步。

随着咨询的进行，小静继续讲述自己的故事。小静来自农村，家庭经济一般，从小父母出外打工，她跟着奶奶生活。她学习勤奋，经常名列前茅。小静遇到烦恼有跟妈妈提过。但妈妈总是让她不用理会她人，专心学习就行。从小到大，小静与父母联系的内容只是谈论学习。小静很少与同学交往，读书阶段没有能够交心的好朋友，交的朋友大都是成绩好的同学，而且也从来不谈心，都是谈论学习。随着年龄的增长，小静的性格也变得更加内向，胆小，不爱说话，也不爱主动与人交流，几乎不参与学校组织的社会活动。她除了学习没有其他的兴趣爱好，有什么想法都闷在心里，不向任何人说。进入大学后，小静和高中同学联系得更少了，上大学后也没有交到要好的朋友，总感觉许多事情容易受情绪影响，无法与寝室同学处好关系。

案例分析

大学舍友之间朝暮相处，可为大学生活添加乐趣，亦容易引发矛盾。舍友相处不尽如人意，甚至可以影响到自己的情绪、生活和学习。导致小静目前状况的原因主要有以下4点：

第一，小静只重视学习，忽视人际交流，缺乏交往技巧，也缺乏情绪管理的方法。从小交的朋友也只是成绩好的同学，不谈心；进入大学后天天去图书馆学习，与舍友见面沟通少。发生情绪困扰的时候，影响了自己的作息及学习。第二，小静没有有效解决矛盾的方法。当舍友晚睡影响到自己时，只是说几句，没能从根本上解决问题，反而让她感到更加委屈。第三，寝室同学也有问题，群体生活中作息时间不同互相影响；有关于团队的决定，如订水，并未听取小静的个人意见，而且也较少主动关心小静。第四，个体的成长成才不仅要依靠学校系统的教育，也要依靠家庭的引导和管教。父母与小静联系较少，而且唯学习论，孩子较少能和父母交流自己真实的生活。

个案成长

（1）疏解心理困扰：大学生人际交往困扰是大学校园普遍存在的问题。小静遇到难题并不是孤例。小静遭遇宿舍人际关系不和谐的体验，产生情绪困扰是正常的。学会疏导自己的情绪，可以选择写日记、听音乐、做运动、找人聊天等方式缓解自己的情绪。

（2）善用人际资源：小静的生活中有父母、老师、朋友、同学、舍友等人际资源，不仅是一种社会支持，更是人际交往的历练。小静要主动寻求社会支持，可以从信任的、有经验的人开始，例如跟心理咨询老师做咨询，向父母倾诉烦恼，跟熟悉的同学一起合作学习，向老师主动请教等，既能减低自己在认知和情绪上的困扰和压力，又能多视角帮助自己认识到自身的问题以及学会解决冲突的方法。积极应对人际交往的挑战，要相信“方法总比困难多”。

（3）**实践提升能力**：处于由学校向社会过渡阶段的大学生，更需要发展的是人际交往能力，消除人际困扰，掌握人际交往与沟通的技巧与方法。小静可以多学习一些人际交往的理论，了解人际交往的基本原则，可以尝试多和班级同学、宿舍同学交流，可以多参加一些社会活动，加入社团组织锻炼自己的人际交往能力。

思考与讨论

1. 请谈谈大学生在人际交往中的常见困惑，并提出优化途径。
2. 分析自己的人际交往能力，谈谈如何提升大学生人际交往技能。

经典导读

《非暴力沟通》

《非暴力沟通》由马歇尔·卢森堡（Marshall Rosenberg）博士撰写。全书共分 13 章，分别论述了 13 个主题，即让爱融入生活、是什么蒙蔽了爱、区分观察和评论、体会和表达感受、感受的根源、请求帮助、用全身心倾听、倾听的力量、爱自己、充分表达愤怒、运用强制力避免伤害、重获生活的热情、表达感激。《非暴力沟通》致力于疗愈内心深处的隐秘伤痛，超越个人心智和情感的局限性，突破那些引发愤怒、沮丧、焦虑等负面情绪的思维方式，用不带伤害的方式化解人际间的冲突，学会建立和谐的生命体验。

《非暴力沟通》相信，人的天性是友善的，暴力的方式是后天习得的。本书还认为，我们所有人有共同的、基本的需要，人的行为是满足一种或多种需要的策略。书中还提供了具体的技巧帮助人们建立联系，使友爱互助成为现实。

《人性的弱点》

《人性的弱点》是戴尔·卡耐基（Dale Carnegie）的经典之作。在美国经济萧条时期，民众深陷战争和贫穷的困境中，卡耐基运用社会学和心理学知识，独辟蹊径地开创了一套融演讲、推销、为人处世、智能开发于一体的教育方式，对人性进行了深刻的探讨和分析，激励大众重新找回自我，冲出困境，创造美好的人生。

全书共分 6 章，论述了 12 个主题。6 章分别是人际关系的基本技巧、赢得他人喜爱的 6 个方式、如何让他人想你之所想、成为领导者后如何改变他人、一封创造奇迹的信、幸福家庭生活的 7 个法则。《人性的弱点》致力于通过普通人的成功故事，从人性的弱点出发，使人们充分认识自己，不断改造自己；使人们学会在日常生活、商务活动与社会交往中与人打交道，并有效地影响他人；使人们学会如何击败忧虑，创造幸福美好的人生。

07 第七章 大学生恋爱心理与性心理

【名人名言】

爱情是两个亲密的灵魂在生活及忠实、善良、美丽事物方面的和谐与默契。

——别林斯基

开篇故事　《飘》（*Gone with the Wind*）

小说《飘》以美国南北战争时的佐治亚州为背景。南方农场塔拉庄园的千金斯嘉丽是个好强、任性的姑娘，她爱上了另一个农场主的儿子艾希礼。斯嘉丽向他表白却遭到了拒绝，为了报复，她嫁给了自己不爱的男人——艾希礼的妻子梅兰的弟弟查尔斯。

不久查尔斯在战争中死去，斯嘉丽成为寡妇，又失去母亲，斯佳丽挑起了生活的重担，亲自操持各种事务，管理塔拉庄园，赢得了经济上的自立。战争结束后，她又两度为人妻，最后嫁给了爱她多年的靠军火生意发财的投机商人白瑞德。但是她对艾希礼的感情始终没有改变，这毁掉了他们夫妻之间的感情。白瑞德离她而去。只是到了后来，梅兰去世，阿希礼又拒绝了她的同情的时候，斯佳丽才幡然醒悟，与她性格相似的白瑞德才是她真正所爱的男人，只是以前她都没有察觉。美好的事物总是在失去之后才愈发显出它的珍贵。奢求得不到的，而忽略原本更应该珍惜的，这是何等糊涂啊！

斯嘉丽的一生都在追求爱情。爱情究竟是什么？你期待的爱情是怎样的？你具备了爱的能力吗？你知道如何处理与恋人的矛盾吗？在这一章中，你会找到答案。

第一节　大学生恋爱心理概述

罗素说：“爱情就是生活。”伴随着生理与心理的不断发展成熟，“爱情”与“性”便成为大学生有意无意间谈论和思考的话题。“爱情”成了每个大学生的憧憬。“爱情”是什么？“性”有多神秘？不同的人对爱情有不同的诠释。而性，受传统文化观念的影响，人们羞于启齿却仍旧被它所吸引。大学生正处于青年期，对爱情和性的认识难免会有局限性。爱与性是需要学习的，因此，让我们一起来解码“爱”与“性”，等待爱情之花的盛开。

一、爱情的内涵

爱情是人类生活中至善至美的一种情感，它犹如一朵美丽的玫瑰花，引领着我们向真、向善、向美，引领着我们进入一个绚丽的人生季节。爱情是一个永恒的主题，不同的人对爱情有不同的诠释。

（一）爱情的定义

国内外心理学学者们是这样定义爱情的：爱情就是一对男女之间，基于一定的社会关系和共同生活理想，在各自内心中形成的对对方最真挚的倾慕，并渴望对方成为自己终身伴侣的最强烈的感情。哲学家黑格尔说：“爱情确实有一种高尚的品质，因为它不只停留在性欲上，而且显出一种本身丰富的高尚优秀的心灵，要求以生动活泼、勇敢和牺牲的精神和另一个人达到统一。”

马克思主义的爱情观认为，爱情是人的自然属性和社会属性的统一。爱情的自然属性指爱情是以性生理和性心理的发展成熟为基础。性欲是爱情男女两性之间产生相互倾慕、欣赏和渴望的自然前提和生物性基础，它是爱情中的重要因素。爱情的社会属性指爱情是一种社会情感，受到社会法律、道德及社会关系的制约，具有排他性。爱情关系的实质就是极致亲密的关系。

（二）爱情相关理论

长期以来，众多的心理学家对爱情进行了深入的研究，提出了多种理论。下面介绍斯腾伯格的爱情成分理论和约翰・艾伦・李的爱情类型理论。

1. 斯腾伯格的爱情成分理论

美国心理学家斯滕伯格认为，爱情包括 3 种主要成分——亲密、激情以及承诺，这就是著名的爱情三元理论（见图 7-1）。

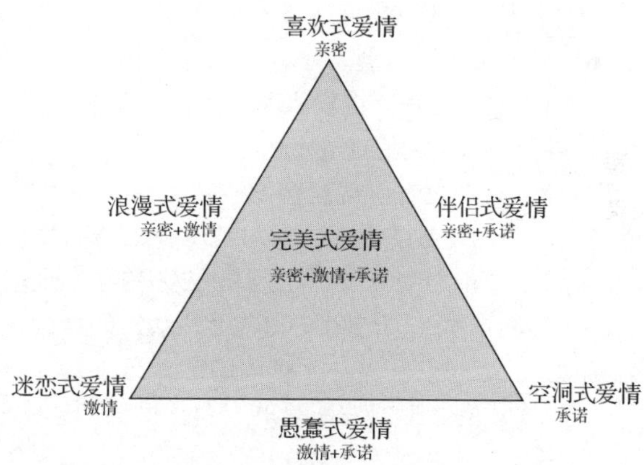

图 7-1 爱情三元理论

亲密指伴侣之间相互亲近、促进联结的情感，是爱情中的情绪成分，它能够给人带来一种温暖的感觉体验。

激情指伴侣之间产生的强烈的性冲动与性兴奋，是爱情中的动机成分。它能够给人带来一种心动和兴奋的感觉。

承诺指将自己投入一段感情中的决定及维持这段感情的努力，是爱情中的认知成分。它包括：（1）短期承诺，做出是否爱一个人的决定；（2）长期承诺，做出长期维护这一爱情关系的决定，保持对爱情的忠诚和责任心。

爱情三元理论认为各种不同的爱情都由 3 个构成成分组合而成。这 3 个成分就是爱情三角形的 3 条边，每个成分的强度都可由小到大发生变化，所以爱情的三角形形状各不相同。以下 4 种为只有某一成分而缺失另两个成分的爱情或 3 个成分都缺失的爱情。当然，生活中这 4 种纯粹的爱情比较少见。

（1）无爱（Non Love）。亲密、激情和承诺三者都缺失，爱情也就不存在。双方可能仅仅是泛泛之交而不是朋友，彼此关系随意、肤浅和没有约束力。

（2）喜欢式爱情（Liking）。伴侣之间只有亲密体验，亲密程度高而激情和承诺都非常低，这就是喜欢。两人相处融洽，对对方有亲近和温情，却少了一份对对方的激情以及相互陪伴的承诺。

（3）迷恋式爱情（Infatuated Love）。伴侣之间只有激情体验，没有亲密和承诺。认为对方有强烈的吸引力，相互渴望，充满激情，但双方并不相互了解，也不考虑未来。

（4）空洞式爱情（Empty Love）。伴侣之间只有承诺，彼此之间没有激情和亲密。如纯粹为了结婚而在一起的爱情。这种爱情也常见于激情燃尽后的爱情关系中，既没有激情也没有温情，只是在一起平淡地过日子。

以下 4 种为某一成分特别低而其他成分充足的爱情或 3 个成分都充足的爱情。

（1）浪漫式爱情（Romantic Love）。伴侣之间有强烈的亲密感和激情体验，但是没有承诺。追求轰轰烈烈的爱情过程，即使双方都知道没有结果也义无反顾。

（2）相伴式爱情（Companionate Love）。伴侣之间有亲密关系和承诺，缺乏激情。例如，当年轻时的激情褪去，双方仍然亲近、沟通、分享，维持着长久而幸福的婚姻。

（3）愚蠢式爱情（Fatuous Love）。伴侣之间有激情和承诺，没有亲密关系。“闪婚”就往往发生在不可抗拒的激情中。这种爱有承诺，却没有建立恋人之间的亲密关系。

（4）完美式爱情（Consummate Love）。伴侣之间同时拥有激情、承诺和亲密。这种爱情能给人带来高度的幸福感。伴侣之间的激情让彼此渴望，伴侣之间的亲密关系与承诺维持彼此间长久的关系。完美式爱情是对爱情最完美的诠释，也是婚姻美满的基础。

在斯腾伯格看来，一句简单的“我爱你”包含许多不同的情感体验。而且爱情的 3 个组成成分会随着时间而发生改变。因此，伴侣们会在不同时期体验到各种不同类型的爱情。从生理学的角度来看，激情是最容易发生变化、持续时间最短的。因此，要想收获一段完美的爱情，需要恋爱双方花费精力去培育、呵护，彼此之间相互磨合、相互进步，需要双方为之付出。

2. 约翰·艾伦·李的爱情类型理论

加拿大社会学家约翰·艾伦·李定义了情欲之爱、游戏之爱、友谊之爱、占有之爱、无私之爱、现实之爱 6 种爱情类型。

（1）情欲之爱。将爱情理想化，特别注重感官享受，注重对方的外在美，看中对方的外貌与身材，容易一见钟情坠入情网。

（2）游戏之爱。视爱情为游戏，只关注满足个人需求，不愿投入感情。恋爱者往往将获得异性的爱慕看作炫耀的资本，对对方没有承诺和关心，经常更换恋人。

（3）友谊之爱。友谊之爱是在友谊的基础上发展而来的，是由友谊慢慢演变成的爱情，由于长期相处而自然形成的挚友的恋爱关系，如青梅竹马、两小无猜。在这种爱情中，伴侣双方兴趣爱好相似，相互信任和关心，感情稳定。

（4）占有之爱。对所爱的人有强烈的情感依附，并希望对方以同样的方式回馈自己。

（5）无私之爱。恋爱中的一方只管付出不管回报，带着一种无私奉献的态度，倾其所有为爱人付出一切。

（6）现实之爱。考虑爱情的现实条件，讲求实际，不求理想，期望以较少的投入得到爱情的回报。

拓展阅读

精简的爱之激情量表

本问卷要求你描述在充满激情的爱情中的感受。请即刻想象你最激情澎湃地爱着的某个人。在完成问卷时要一直想着这个人。

请用 1 ～ 9 分为评分标准回答每一项，1 分为完全不对，5 分为比较正确，9 分为完全正确，程度递增。最后，计算 15 个项目的平均分。

(1)如果 ××× 离开我，我会感到深深的绝望。( )
(2)有时我会感到无法控制自己的思想，脑袋里全是 ××× 的影子。( )
(3)当我做了能令 ××× 高兴的事情时，我自己也很快乐。( )
(4)同任何人比起来，我都更愿意与 ××× 在一起。( )
(5)如果我想到 ××× 爱上别人，就会很嫉妒。( )
(6)我渴望知道 ××× 的一切。( )
(7)我在肉体上、情感上和精神上都需要 ×××。( )
(8)我对来自 ××× 的情爱的渴望没有止境。( )
(9)对我来说，××× 是最完美的恋人。( )
(10)当 ××× 爱抚我时，我的身体会起反应。( )
(11)××× 似乎一直在我心里。( )
(12)我希望 ××× 了解我，知道我的想法、恐惧和希望。( )
(13)我急于找到 ××× 喜欢我的信号。( )
(14)我被 ××× 强烈地吸引。( )
(15)我与 ××× 的关系不顺利时，我会变得非常郁闷。( )

量表得分高表明你对这个人有着强烈的激情之爱。在实践中，男性和女性本量表的项目平均分都是 7.15。如果你的平均得分是 9(最高分)，那么说明你经历的激情之爱比大部分人都强烈；如果是 5.25 或更低，那么说明你的爱情很平淡。

二、大学生的恋爱心理

歌德说过：“哪个少年不多情，哪个少女不怀春。”正值花季的少男少女必然对爱情充满了好奇和遐想，大学阶段对异性萌生好感，进而展开追求，这是一件十分自然的事情。爱情以相互吸引为基础，继而进行交往，建立友谊，萌发爱情，确定恋爱关系，这是大学生情感发展的过程。那么大学生恋爱发展会经历哪几个阶段呢？大学生恋爱关系又有哪些影响因素呢？下面逐一进行解答。

(一)大学生恋爱的发展阶段

大学校园里的爱情既有一见钟情式的，又有日久生情式的。作为爱情过程的恋爱，一般会经历以下 5 个阶段。

1. 萌芽期

青年男女双方在交往中遇到了自己欣赏的人，被另一方的言谈举止、仪表气质或人格魅力等深深吸引，互有兴趣产生好感，对彼此结识感到愉悦，于是爱情开始萌芽。这个阶段双方都会特别在意自己在对方眼中的形象，都希望给对方留下好印象，当和对方在一起时甚至会脸红心跳、手足无措。

2. 酝酿期

一旦确定了目标之后，一方会在内心产生美好的期待，将自己喜欢的人理想化，渴望进一步交往。在此阶段，一方开始想办法制造机会与对方接近，如通过看电影、散步、旅行、共同参加活动，在学习和生活中增进交往，以促进感情的发展。这一阶段也是人们反复揣摩猜测对方是否愿意与自己进一步发展的阶段。

3. 表白期

随着交往的频繁、感情的加深，一方会开始寻找机会向对方表白。这是恋爱关系的一个关键时期。对方不接受，则意味着双方关系的终止。对方接受了，则意味着双方正式确定恋爱关系。

4. 热恋期

彼此之间存在强烈的爱慕情感，“一日不见如隔三秋”“情人眼里出西施”，双方对未来充满向往和憧憬。这个阶段双方会做出彼此重要的承诺，同时也渴望有更多的肢体接触来表达爱意。

5. 稳定期

当热恋的激情逐渐平复时，双方的恋情进入平稳阶段。在此阶段，双方会理性地思考共同生活的现实因素。

（二）大学生恋爱满意度的影响因素

影响大学生恋爱满意度的因素有以下 5 个方面。

1. 价值观

价值观是指个人对客观事物（包括人、物、事）及对自己的行为结果的意义、作用、效果和重要性的总体评价，是对什么是好的、什么是应该的的总看法，是推动并指引一个人采取决定和行动的原则、标准。因此，有些行为和爱好上的差异实际上是由价值观不同引起的。价值观相似的情侣对恋爱关系更加满意。而价值观背道而驰的情侣最终很难走到一起。

2. 依恋类型

一个人早年生活经历中与重要他人形成的依恋模式对他的恋爱关系有直接的影响。人际关系专家巴塞洛缪研究认为，成人有 4 种依恋类型，分别是安全型、痴迷型、恐惧型和疏离型（见表 7–1）。他的研究显示，安全型依恋类型的人对恋爱关系更有信心，更乐观，只要伴侣需要，他们就会提供支持和帮助，他们能轻松地接纳亲密的相互依赖，因而更容易形成稳定婚恋关系。恐惧型依恋类型的人内心对自己不肯定，对他人持有太多戒心，从而难以达成亲密关系。交往时体会更多的可能是提心吊胆的忧虑，对恋爱关系感到紧张焦虑。而疏离型依恋类型的人一般沉默寡言、缺乏沟通，愿意独处。不过，如果大学生能够对自身在成长过程中形成的依恋风格有比较清楚的觉察，就可以了解自己在恋爱中可能引发的问题，通过自我调整和改善或寻求专业的心理咨询师的帮助来改变自己，以获得更加满意的恋爱关系。

表 7–1　巴塞洛缪提出的 4 种依恋类型

依恋类型	情感表现
安全型	在感情上很容易接近他人；不管是依赖他人还是被他人依赖都感觉心安；不会担忧独处和不为人接纳
痴迷型	希望在亲密关系中投入全部的感情，但经常发现他人并不乐意把关系发展到如期望的那般亲密；没有亲密关系会让自己不安，有时还担心伴侣不会像自己看重他一样看重自己
恐惧型	和他人发生亲密接触使自己不安；感情上渴望亲密关系，但很难完全相信他人或依赖他人；担心和他人变得太亲密会受到伤害
疏离型	即使没有亲密关系也安心；对自己而言，独立和自给自足更加重要；不喜欢依赖别人或让别人依赖

3. 家庭因素

原生家庭的关系被认为是在亲密关系中培养期望和行为方式的主要学习来源和情感基础。有研究显示，大学生婚恋观与父母婚姻关系相关，父母婚姻关系评分越高，大学生的婚恋观就越积极，情感体验就越正向。

4. 自尊水平

影响大学生恋爱关系的还有自尊水平。高自尊的人积极乐观，在恋爱中乐于付出，也相信恋人会给予自己回报，在亲密关系中能真实地展示自己，进行放松安全的自我表露，不担心自己是否被接纳。而低自尊的人则消极悲观，怀疑恋人对自己的感情。如果他人不喜欢自己，要让自己喜欢自己是很难的。一个低自尊、时常自我怀疑的人，因其过分敏感脆弱、会在恋爱关系中制造出堆积如山的问题，导致双方纠缠不断、疲惫不堪。因此，有意识地提高自尊水平，悦纳自己，以开放的态度与人交往，促进恋爱关系健康发展，能有效提高恋爱满意度。

5. 性别差异

“男人来自火星，女人来自金星”概括了男人和女人的性别差异。男人和女人在生理、心理、情感和体质上的区别也是影响恋爱关系发展的重要因素。研究表明，来自先天生理性的差异影响较小，而后天社会化过程中社会文化所赋予的男女性别角色差异影响较大。了解这些复杂的差异，有助于大学生有效应对恋爱关系中的冲突，建立更加和谐的两性亲密关系。

三、培养爱的能力

美国著名诗人惠特曼说：“爱不是一种单纯的行为，是我们生活中的一种气候，一种需要我们终身学习、发现和不断前进的活动。”而现实中很多的恋爱关系是人们为了摆脱孤独和空虚，追求被人爱代替了去爱人，这种爱情往往难以两情相悦、幸福和谐。爱情之花美丽而娇嫩，甘甜如蜜汁，它存在于我们的心灵深处，要想品尝到它的甘甜，我们需要具备爱的能力。爱的能力会引导一个人真正地去爱他人，也真正地爱自己。

（一）学会爱自己

如果一个人仅爱其他人，他就根本不能爱。如果一个人仅爱自己，他就无法体验到爱给人带来的快乐与幸福。因此，一个人爱他人之前，首先要学会爱自己。

1. 加速自我的心理成熟

爱自己并不是以自我为中心、自私自利，而是要相信自我的价值与能力，发现并欣赏自我的独特性，培养积极的人生观、价值观。恋爱不是一种纯粹的精神活动。它是一个人生理、心理发展的正常需求，是一种社会行为，体现了一个人的追求。具有独立人格的人能够正确认识自我、悦纳自我、发现自我、发展自我、支持自我，对自己充满信心和勇气，同时也能体贴、关怀和尊重他人。而人格未完全独立的人，则会将恋人的认可作为自己存在价值的准绳，活在恋人的期待中。这样的感情容易走入极端，一旦有矛盾则会对自己做出负性评价。大学生应促进自我的心理成熟，培养自己独立的人格，以独立的人格与恋人平等相处。

2. 懂得接受与拒绝爱

在准备开始一段恋情之前，要学会识别爱、接受爱或者拒绝爱。异性间交往的初始阶段应注意不要过分强调以恋爱为目的，注意交往的距离、时间与场合，把握交往的分寸。如果没有对某一对象萌生爱意或还在试探期间，则不要轻易一对一地单独活动，也切不可过于频繁地与某一选定对象长期交往，否则容易引起对方的误解。在没有遇到心仪的对象之前，不要急于发展一段感情，而应该提升自己、充实自己，耐心等待意中人的到来。

当自己心仪的对象向自己表白时，要及时准确地对爱的信息进行判断。首先辨认彼此之间的情感究竟是好感还是喜欢或是爱情，如果正是自己期待的爱情，就勇敢地、热情地去接受，而不应采取故意疏远、冷漠或矜持的态度来考验对方，这样的行为会使对方产生误解。

当自己心中有了爱时，在对内心的爱意进行理智的分析判断后，以恰当的方式和语言表明心迹，让对方明白自己内心的情感。表达爱需要勇气和信心，即使得不到自己期待的回应，被拒绝也并不是自己不够好，只是双方不合适而已。有研究显示，相互了解、地位背景相似、气质类型相投的情侣会拥有更加和谐的恋爱关系。

当遇上自己不愿意或不值得接受的爱时，需要有拒绝爱的能力。既不可因害怕伤害到对方的自尊而优柔寡断，也不可对爱来者不拒。要态度明确地拒绝，切不可继续保持暧昧关系，导致对方依然心存幻想，这会给双方情感上带来更大的伤害。拒绝爱在行为上要本着尊重对方的态度，对对方的情感表示感谢，然后表达自己拒绝对方的理由，拒绝的内容要多肯定对方的优点，拒绝的理由要多聚焦于双方的不合适。每个人都拥有拒绝爱的权利，拒绝需要真诚的态度，要避免伤害对方的自尊。

（二）提升经营爱的能力

如何才能获得一份美好的爱情？如何才能经营好一份爱情？这就需要我们在恋爱的过程中培养提升经营爱的能力。这种能力是一种综合的素质，是多年成长发展的积淀。

1. 解决爱的冲突的能力

在爱情中，不可避免会因为这样或那样的事情发生矛盾，甚至产生冲突。有的人会被情绪控制，大吵大闹，愤怒怨恨，有的则以躲避或冷漠来应对，这样只会使恋爱关系更加恶化。恋人之间的冲突并不可怕，关键是双方能否开诚布公，在相互尊重的前提下处理不同意见。冲突多来源于期望过高，希望对方能按自己的要求去做，或想要按自己的方式去解决问题。爱需要两个人彼此包容理解，用智慧的沟通方式来有效解决问题。应冷静清楚地表达自己的思想与感受，伤害性的争吵或冷战都不利于问题的解决。

2. 发展创造爱的能力

“相爱容易相守难”，感情十分脆弱，经得起风雨却未必经得起平凡。外在的压力可能让恋爱双方彼此更加紧靠，而平淡如水的生活却可能冲散曾经相爱的两个人。因此，保持爱情、发展爱情需要具备相应的创造爱的能力。

首先，在恋爱的关系中接纳自己和对方的需求，去体验自己的感受，但不要试图去控制对方。要学会对恋人保有欣赏和好奇，学会欣赏对方，不断发现对方的优点，善于表达对对方的情感，保持一致的步调，以达到爱情保鲜。其次，在恋爱关系中，双方都要重视学习和发展，鼓励彼此追求目标，感情自然会历久弥新。

3. 接纳真实的彼此的能力

常言道“情人眼里出西施”。在一段恋爱关系中，一方很容易理想化另一方，会把对方想象成自己理想中的伴侣形象，有时甚至会忘记了对方原本真实的样子。如果此时苛责对方，试图用自己的理想来改造对方，那么双方的关系势必会陷入僵局，会引发焦虑、抑郁或愤怒的负性情绪。如果对方并不能够或者不愿意按照你的要求改变自己，那么这段恋情就很难继续下去。如果对方也认可改变能够为他带来更积极的自我、更美好的未来，且愿意做出改变，那么这段恋情会因为有共同的目标而更加亲密。

恋爱关系中双方都是独立自主完整的人，如果能够对真实的彼此有自我觉察，接纳真实的彼此，以关爱、真诚的方式进行彼此间爱的回馈，双方则能在独立中共同成长，在关系中坦诚相待，在彼此了解的基础上越来越情投意合，收获成熟的爱情。

同样的道理，当你在恋爱关系中获得成长，成为越来越好的自己时，那么这就是一段值得的爱情。如果为了获得对方的爱，你不得不改变自己来适应对方，甚至扮演一个虚假的自我，并且自己变得越来越糟糕，那么就有必要重新审视这段感情。我们每个人都有缺点，没有人是十全十美的，我们需要自我完善，但这并不意味着要迎合和讨好对方而盲目地改变自己。

4. 承担爱的责任的能力

真正的爱情是情感与责任的统一体，不仅要有双方携手共渡爱河、共享人生的决心，还要有敢于面对未来人生挫折和困难的勇气。发展爱情既不是为了排遣寂寞，也不是为了满足生理上的需求或追求名利，我们有责任为自己负责，有能力创造和拥有美好的爱情。

恋爱虽然是个人情感，但也是一种社会活动，它受到社会规范和道德的制约。大学生一定要遵守恋爱道德规范，发展健康的恋爱行为。爱情的道德原则是奉献和利他，而不是占有和利己。热恋中的男女容易产生性冲动，这是正常的生理反应，但可以通过转移注意力的方式来克制和调节。如可以共同参加有趣的活动、共同学习、共同交流生活中的感悟等。这些都是情感升华的催化剂，可以使爱情沿着健康的轨道发展。大学生必须平衡好爱情与学业之间的关系，珍惜大学时光，努力学好专业知识，尽可能拓宽自己的事业，让爱情因为学业的丰收而更加充盈，为今后求职就业以及将来的爱情发展打下坚实的基础。

信息窗

亲密关系准则

莱斯莉·巴科斯特经研究提出亲密关系准则，具体内容如下。

自主：允许你的伴侣在亲密关系之外，结交朋友和保持兴趣，不要有太强的占有欲。

相似：你和伴侣应该具有类似的态度、价值观和兴趣，差别不要太大。

支持：提升伴侣的自我价值和自尊，不要粗心大意或不够体贴。

开放：真诚而又真实地进行自我表露，不要一言不发。

忠贞：对你的伴侣保持忠诚和贞洁，不要出轨。

共处：拥有很多在一起的时间，不要夜不归宿或者跑得很远。

公平：公正公平，不要利用和剥削你的伴侣。

魔力：保持浪漫，拒绝平庸。

第二节 大学生的性心理

性是一种自然现象，又是一种心理现象、社会现象。性心理是指在个人性生理成熟的基础上形成的与性特征、性欲、性行为有关的心理状况和心理过程，也包括与异性交往和婚恋等心理状态。了解男女两性的特点，掌握正确的性知识，拥有正确的性道德、健康的性行为，是当代大学生成长的必修课。

一、大学生性心理的发展

人类从出生到成长，再到成熟和衰老，性心理都有它自然的发展历程和发展规律。根据弗洛伊德的精神分析理论，个体性心理的发展可分为以下 6 个阶段。

（一）婴儿期（出生到满 1 周岁）

这一时期婴儿通过吸吮母亲的乳房，不仅满足对食物的需要，还因此感到性快感、满足和安全。这个阶段的性快感的来源同身体中维持生命不可缺少的进食功能密切相关。这是一种“自体享乐”，他的性目的受快感区的直接控制，婴儿通过搂抱、亲吻、自己刺激生殖器出现原始高潮。这个阶段婴儿开始建立对自己、他人和环境的信任感。如果发展顺利，个体就能建立安全的依恋关系。

（二）幼儿期（1 周岁后到满 3 周岁）

这一阶段幼儿心理发育的重要任务是获得独立性、发展自律性，接受个人训练，学习如何表达负性情绪。这个阶段是性别认同的核心期，儿童学习区别男性和女性身体的差别，建立身体差别感觉的观念。

（三）学龄前期（3 周岁后到 6 ～ 7 周岁）

这一时期的幼儿性别认同开始发展，幼儿对生殖器格外好奇，喜欢展示自己的裸体，对两性差异有浓厚兴趣，对父母异性一方产生爱恋情结。这一阶段性游戏开始出现，男女幼儿之间会相互展示、观看甚至触摸彼此的生殖器，还会询问有关生殖器及生殖的问题。这一时期幼儿的羞耻感、道德感尚未建立，如果引导教育不当可能会导致成年后的性问题。

（四）学龄期（6 ～ 7 周岁后到青春期来临前）

这个时期儿童已经上学，对性的兴趣下降，精力主要集中在学习、游戏、体育运动等新的兴趣上，具有乐于学习、富有好奇心、有坚强的毅力等特征。男孩、女孩会以各自同性父母为榜样来认同异性。如果这一时期社会化过程不顺，则会出现不同程度的不足感和自卑感等消极的自我概念，产生性别角色认同障碍，缺乏主动进取精神。

（五）少年期（12 周岁后到满 15 周岁）

这一阶段生理发育进入加速期，男子首次遗精发生，女子出现月经初潮，第二性征的巨变让他们产生许多难以言表的心理体验。男女在性心理上的差别、异性间的相互吸引已出现端倪。但此时对异性的好感并不局限于某一个人，而是对同龄异性这个整体。

（六）青年期（15 周岁后到满 20 周岁）

这一时期是充满依赖、独立的矛盾冲突时期。个体逐渐从对父母的依赖中解脱出来，对异性产生了渴望亲近、愿意交好的强烈愿望。个体成为社会化人，开始有倾向地选择配偶，对异性的钟情更注重其内在，如成绩优秀、勤奋上进、乐观开朗等。青春期迅速增加的性能量会激活此前各阶段中未能得到解决的心理冲突。一个成年人的性心理健康状况与他青少年时期性的社会化过程是否顺利有密切的关系。

二、性别角色与心理差异

我们都习惯性地认为，男女有别，正如《男人来自火星，女人来自金星》的作者所言：“男人和女人在生活的各个方面都不一样，他们不仅在交流方式上不同，而且在思考、感受、感知、应答、反应、示爱、需要以及欣赏等方方面面也全不一样，他们似乎来自不同的行星，说着不同的语言，汲取不同的营养。”那么，男女两性的差别在哪里呢？通过下面的讲解，为你找到答案。

（一）性别与性别角色

性别是指男性和女性在生理解剖学和生理学方面的差异，也称为“生理性别”。在日常生活中，我们提到性别时指的都是这种含义。

性别角色指的是两性在不同的遗传生理素质基础上，通过社会化的过程，逐步形成的心理特点和行为模式，使人成为能适应一定的社会文化、能参与社会生活并满足一定社会角色要求的社会人。在不同的社会传统文化中，男女性别角色标准不同，这体现了一种社会文化对不同性别的不同期待，反映的是社会用以区别男性和女性，以不同方式对待男性和女性的一般意义上的标准。传统观念认为，女性应该是温柔、贤淑、照顾他人、敏感、合作的，男性应该是坚定、独立、正直、有竞争性、积极主动的。

随着时代和社会的发展，男女性别角色的定位也发生了变化。一些传统上被男性垄断的领域也有越来越多的女性涉足，女性在职场更多地表现出独立、坚定、自信与果断。同样地，以往只有女性从事的职业也有更多的男性涉足，他们能更加自由地表达敏感、细腻、温暖、善解人意。随着社会的进步，男性人格中具备某些女性特征或女性人格中具备某些男性特征的个体将会更好地适应社会，拥有更广阔的发展空间。

（二）心理差异

接下来将介绍两性在成就动机、情感表达、压力应对、性格特点和情感需求等方面的差异（见表 7-2）。

表 7-2 男女两性的心理差异

	男性表现	女性表现
成就动机	喜欢做事，渴望地位、权力，注重结果，渴望被崇拜，喜欢掌控事物	喜欢人际交往，注重沟通、合作、协调和分享，期望他人喜欢自己
情感表达	很少表达或直接表达，冷静	含蓄、非直接表达，情绪化
压力应对	以沉默应对压力，会思考解决问题的方法	多与他人倾诉以宣泄情绪
性格特点	现实、豁达、勇敢、果断、易冲动	细腻、温柔、善解人意
情感需求	需要信任、感激、认可、鼓励	需要关心、尊重、安慰、体贴

三、健康性心理的标准

按照世界卫生组织 1974 年对性健康的论述，性心理健康是指个体通过丰富和完善的人格、人际交往和爱情方式达到性行为在肉体、情感、理智和社会诸方面的圆满与协调。

鉴于我国大学生的身心发展状况和社会实际状况，大学生的性心理健康应该符合以下标准。

（1）具有正常的性需求和性欲望。这是健康性心理的基础。

（2）具备正确的性知识储备。掌握系统科学的性知识是大学生维护性心理健康的重要保证。其中包括对人类性生理知识的了解、对人类性行为的了解，以及对人类性心理、性道德、性审美等方面知识的了解。

（3）具有良好的性心理状态和性适应能力。性适应是指个体在生长发育过程中，自身的性意识、性观念、性行为与所处的社会环境之间能够形成和谐的关系。性适应能力就是个体的性活动与外界形成和谐的能力。性适应能力强意味着个体能够正确释放、控制和调节性冲动，是性心理健康的重要特征之一。

（4）具有与异性和谐沟通交往的能力。大学生性心理趋于成熟，渴望与异性接近、发展亲密关系，这是维持性心理平衡的重要途径。能与异性和谐自然地交往而没有紧张、焦虑、恐惧的不适感，是性心理健康的重要特征之一。

（5）具有良好的性道德。性道德即两性关系中所应遵循的道德标准，是指导人们性行为的最基本的原则。在不同的社会文化背景下，人们对性的总的看法和态度会有很大的不同。大学生应遵循社会规范和性道德的要求，这也是性心理健康的重要特征。

第三节　恋爱心理与性心理困扰及应对

大学生对爱情的渴望与追求，对性满足的需求，随着身心发育的日渐成熟而自然地萌发，如果没有妥善处理恋爱心理与性心理中产生的困扰，则会给双方带来极大的痛苦，甚至对人生产生极大的影响。下面我们讨论一些恋爱心理与性心理中的困扰以及应对方式。

一、常见恋爱关系困扰及应对

大学生恋爱是一个复杂的过程，一帆风顺固然令人神往，但挫折和失败也不可避免。恋爱有快乐也有痛苦，面对恋爱关系中的困扰，需要学会应对。

（一）失恋

失恋是指恋爱的一方否认或终止恋爱关系，而另一方仍情深意厚、难以忘怀，由此造成的一种严重的心理挫折。失恋是大学生较严重的挫折之一，会引起一系列的应激状态下的心理体验：失落感，因为失去所爱的人而感到悲伤与痛苦，甚至愤怒与绝望；虚无感，曾经相互理解和信任的恋人离自己而去，感受到强烈的背叛，从而引发凡事都没有意义的消极想法；耻辱感，因为被所爱的人抛弃，感觉尊严受损，会产生强烈的自我否定，有的自暴自弃、逃避现实，有的甚至通过伤害对方的方式来报复对方。

对待失恋要努力做到以下 3 点。

1. 接纳消极情绪

有些恋爱关系非常有价值，具有很高的情感联结度，这种恋爱关系的丧失会令人格外痛苦，常常伴随着各种负面的情绪，如悲伤、怨恨、愤怒、纠结、嫉妒、害怕等。出现这些情绪是正常的，要接纳它的出现和存在，不要试图去压抑或否认这些情绪。有研究表明，通常情况下，失恋两周后，随着对前伴侣的浪漫爱情的消退，痛苦也会渐渐减少。4 周后，痛苦程度更低，勇气和力量逐渐恢复。

健康的处理方法是让自己发现这些情绪并允许自己经历这些情绪。我们可以向支持我们的朋友和家人谈论失恋后的感受，或将自己的感受记录下来，要知道，分手对我们的伤害通常没有我们想象的那么大。如果分手超过 3 个月，仍然感到痛苦不堪，也可以向专业心理人员求助。

2. 关爱自我，回归常态

失恋会让你的生活失去常态，因此，恢复规律的生活是首选。坚持锻炼计划，运动能产生令个体感觉愉快的物质。做一些让自己开心的事情来减轻负性情绪。喜欢什么就去做什么，比如约上几个朋友去一家特别的餐厅聚会，跟朋友去看电影，来一场说走就走的旅行，去健身，去泡一个热水澡，去做按摩，买一些新东西，报一个瑜伽班或读一本你最喜欢的书。但不要立刻开展一段新恋情，也不要酗酒、自残、暴饮暴食等，这样只会使你更加空虚与无助。

3. 对爱抱有信心

一次失恋失败促使我们停下来，理性地去思考这段关系为什么结束。失恋除了带给我们痛苦，更需要我们从中学习和思考，得到成长。不要对恋爱失去信心，要坚信，天涯何处无芳草。一扇幸福之门关上的同时，一定有另一扇幸福之门会为你打开。恋爱并非一次就能成功，结为终身伴侣的很多人在获得一段稳定的恋情之前都经历过数段恋情。

（二）单相思

恋爱是两个人之间的情感交流，如果只是一方投入感情，而对方没有回应或毫无感觉，就形成了单相思。大学生心理尚未完全成熟，单相思现象较为常见。有的同学把同学之间的一般友谊误认为对方对自己有意而陷入臆想之中，沉浸在幻想的爱情之中不能自拔。有的同学则是暗恋对方，朝思暮想，不敢表露自己的感情，处于压抑、烦躁、茶饭不思、情绪低落的状态中。

单恋是一种臆想性的恋爱情结，是一种幼稚的行为方式。如果不及时纠正就会影响人的直觉和理性判断，影响学习、生活及身心健康，严重的甚至会造成心理问题。

当有人喜欢我们、追求我们时，会让我们感觉不错，但当有人单恋我们、锲而不舍地追求我们时，我们就会感受到对方对我们自主性的冒犯，而拒绝他们往往会让我们感到内疚。因此，我们也要避免成为别人的单恋对象。

如果发现自己处于单恋的状态，可以以下两个方面进行调整。

1. 评估与对方的感情基础，防止错觉

有时候单相思是一种人为的单方面的美化，会存在个人的认知偏差。陷入单相思中的一方最好能够与对方正面接触，去了解真实的他（她）。也许经过交往，会发现对方并不像想象中那么优秀，如果确定了是自己产生了错觉，则一定要及时止步。追求爱情是为了追求幸福，而爱上一个不爱自己的人是没有幸福可言的，是与我们的意愿背道而驰的。

2. 明确态度，拒绝暧昧

在接触过程中可以试着直接或间接表达自己的心意，向暗恋的对象表达爱慕，推进关系，如果被拒绝，则应该抛弃幻想，及时止损。将自己的注意力转移到其他人或事上，比如学习、工作、兴趣爱好，让自己变得更好。

大多数单相思者，会随着社交范围的扩大、自身条件的不断提升而重新找到恋爱对象，进入真实的恋爱关系。

二、常见性心理困扰及应对

性能够给人带来幸福和美好的体验，但如果个体不能正确对待甚至沉迷于此，出现不同程度的心理冲突，或焦虑、烦躁，或厌恶、恐惧、自责等，则会给其生活和学习带来痛苦。因此大学生有必要了解常见的性心理困扰及其应对方式，养成健康的性心理。

（一）性压抑与性自慰

由于性心理的成熟，大学生经常会出现强弱不等的性冲动。如果强烈的性需求得不到满足，甚至否认和回避自己的性需求，就可能形成性压抑。长期的性压抑会使个体处于紧张、焦虑的情绪反应状态。一般情况下，可以通过转移和升华的方式将被压抑的性能量释放到学习和社会交往中，文明适度地与异性交往，为自己长远的幸福和成功的发展打下坚实的基础。

自慰是指在没有异性参与的情况下，个体所进行的满足性欲的活动。自慰是人类正常的生理行为，男女皆有，有的个体在幼年期就出现了自慰行为。适度的自慰并不会导致早泄、阳痿等一些疾病的发生，同样也不会影响今后夫妻的性生活和生育能力。对待自慰应放下思想包袱，适当节制，不可过度沉迷。

（二）婚前性行为

当代大学生的性观念和性道德已经发生了一定的变化，一半以上的大学生对婚前性行为持一种认同和宽容的态度。因为大学生已经是成年人，有权利选择自己的行为，且性行为是生理成熟后自然的需求，是人的本能行为，可以获得满足。但是绝大多数大学生还未具备足够的能力来承担心理、情感、社会等各方面的责任。因此尊重自己、尊重他人、对自己的行为负责、对自己行为产生的后果负责是面对婚前性行为应有的态度。另外，男女双方要理解在交往中亲密接触、有性冲动和性反应是正常的，如果在性行为上一方一意孤行，另一方可以直接果断地向对方说不。要学会科学地释放性的冲动，尽量减少性的刺激。有了性冲动，可以通过运动或劳动等活动来转移注意力，释放性能量。双方多培养共同的兴趣爱好，多参与到团体活动中，在有意义的共同活动中增进感情。

第四节　大学生成长训练营

心理测试

爱情关系合适度评定量表可用于恋爱双方评定爱情关系的适合程度，从而决定是否继续保持恋爱关系。表 7-3 中共有 40 个有关爱情关系合适度的项目，每个项目都有“是”“也许”“否”3 个可选择的答案。请根据自己的感觉和真实情况选择一个适合的答案。

表 7-3　爱情关系合适度评定量表

项目	是	也许	否
1. 我真的爱这个人吗			
2. 我与他（她）在一起时是否快乐			
3. 我们一起做事（学习、工作、娱乐）时是否有乐趣			
4. 他（她）让我感到可靠吗			
5. 假如我病了、累了或感到忧虑，他（她）能关心抚慰我吗			
6. 我从心里信任他（她）吗			
7. 他（她）是否有什么性格上的东西让我常感到惶惶不安或令我不舒服			
8. 他（她）是否有我不喜欢的某些东西			
9. 他（她）是否向我隐藏了什么			
10. 我是否感到他（她）爱我			
11. 我之所以要选这个人，是因为我觉得我爱他（她）吗			
12. 我觉得双方信仰一致很重要			
13. 我们父母双方的文化水平很一致			
14. 我们父母双方婚姻结构（平等、父做主、母做主）一样			
15. 我们对赚钱和消费的看法是否一致			

续表

项目	是	也许	否
16. 我们的娱乐方式是否一致			
17. 我们对读书、学习的看法是否一致			
18. 我们的工作态度和计划是否一致			
19. 我们在抚养、教育孩子方面的看法是否相近			
20. 我们对性的态度是否相似			
21. 如果我与他（她）的价值观不一样，是否能共同生活			
22. 与其他人相比，我是否更愿意和他（她）在一起			
23. 他（她）是否最喜欢和我在一起			
24. 如果他（她）病了，我能照料他（她）吗			
25. 如果他（她）疲倦了，我能帮助他（她）吗			
26. 如果他（她）情绪不好，我能安慰他（她）吗			
27. 如果他（她）依赖性强，我能接受吗			
28. 如果他（她）行为专横，我能接纳或控制吗			
29. 父母赞同我们的结合吗			
30. 他（她）是个负责任的人吗			
31. 大多数时候我们是否和谐相处			
32. 我们能否一起相互促进			
33. 我们能否妥善处理彼此间的分歧			
34. 他（她）能否遵守协议或信守诺言			
35. 我们能否很好地交流思想和感情			
36. 我们是否都愿意为爱情承担义务			
37. 我是否感到对方接受了我			
38. 我是否接受了对方真实的自我			
39. 我是否很了解对方			
40. 对方是否很了解我			

评分与解释

第 1 ～ 11 题：“是”记 3 分，“也许”记 2 分，“否”记 1 分。如果这 11 题你的累加总分为 26 ～ 33 分，那么你在这段恋爱中感觉良好；如果你的得分为 17 ～ 25 分，那么你在这段恋爱中感觉一般；如果你的得分为 11 ～ 16 分，那么你在这段恋爱中感觉不良。

第 12 ～ 29 题：“是”记 2 分，“也许”记 1 分，“否”记 0 分。如果这 18 题你的累加总分为 27 ～ 36 分，那么你与伴侣的价值观很相近；如果你的得分为 18 ～ 26 分，那么你们的价值观存在一定差异；如果你的得分为 0 ～ 17 分，那么你们的价值观相距甚远。

第30～40题："是"记3分，"也许"记2分，"否"记1分。如果这11题你的累加总分为26～33分，那么你的恋爱理性基础可靠；如果你的得分为18～25分，那么你的恋爱在理性上比较犹豫；如果你的得分为11～17分，那么你的恋爱在理性上拒绝这一结合。

量表全部40道题的总分：80～102分，成功的爱情，应努力赢得它；65～79分，有可能成功，但须加以调整；50～64分，不合适的爱情，前途不佳；49分以下，早日结束，快刀斩乱麻，当断不断，必留后患。

自我成长训练

训练1：我的择偶观

首先认真思考自己在择偶方面较为看重的因素有哪些，然后选出最看重的5项写下来，不需要排序。

假设在这5个方面，你不能同时得到满足，必须放弃一项，请选择愿意最先放弃的一项并划掉。此时注意体会内心的感受。再继续选择愿意放弃的第二项，划掉它。此时注意体会内心的感受。再继续选择愿意放弃的第三项，划掉它。此时注意体会内心的感受。最后在余下的两项中选择你愿意留到最后的一项。看看你留下的选项，体会此时的心情。

思考：为什么你剩下的是这一项？再结合你每一次划掉的顺序想一想，你现在了解了什么对你是真正重要的吗？检查自己平时行为上是否与此对应，需要做出哪些调整来遵从自己内心的择偶观呢？

训练2：确认爱

相爱是两个人的事，真正相爱的人可以听得见彼此的心声。

（1）如何确认你是否真正爱上对方？

请观察和思考下列问题。

① 你是否想经常与他（她）在一起？

② 当你们即将见面时，你是否显得特别兴奋？

③ 如果一段时间没有相遇，你是否若有所失？

④ 你是否特别希望引起对方的注意？

⑤ 当他（她）说话或做事时，你是否会被深深地吸引过去，有时候甚至会意识不到周围还有其他人存在？

⑥ 每次相聚后，你是否都觉得心情格外舒畅，觉得生活比平时更加美好？

⑦ 你是否特别在意他（她）对你的评价？

⑧ 如果你遇到高兴的事，是否首先想到与他（她）分享？

⑨ 当他（她）与异性谈笑风生时，你是否会感到很不舒服？

⑩ 你是否觉得他（她）是你接触过的最可爱的异性？

⑪ 你是否对他（她）的一切都很关心，并在有意无意中了解他（她）的爱好、经历等？

⑫ 你是否会为他（她）做出大大小小的牺牲？

（2）如何确认对方也真正爱上自己？

其实，如果你想要知道他（她）是不是真的喜欢你，你可以对照一下自己的行为。想想看，你喜欢他（她）的时候，你有些什么表现呢？再看看他（她）是否有这样对待你。想想这些，你就容易找到答案了。

团体拓展训练

活动主题：羞答答的玫瑰静悄悄地开。

活动目标：通过活动，认识自己的爱情观，培养爱的能力。

活动时间：90 ～ 120 分钟。

活动人数：每组 8 ～ 10 人。

活动原则：注意保密原则，在活动中涉及的自我暴露及探讨的相关信息不可以在其他场合谈论，注意保护小组成员的隐私，遵守小组制订的“团体契约”，推动小组安全运行。

热身活动：有缘来相会（10 分钟）

1. 目的

帮助团体成员加深认识，激发个人对他人的兴趣。引导个人参加团体活动。

2. 活动步骤

（1）成员在场内自由走动，当带领者叫停时，两人迅速结对，相互采访，在 5 分钟内以最快的速度采访对方详细的资料，如姓名、班级、年龄、血型、星座、个性爱好等，越详细越好。

（2）结束后，每位成员将采访结果公布给小组。

活动 1：爱是什么？（25 分钟）

1. 目的

让同学们思考爱情，建立正确的爱情观念。

2. 准备材料

纸和笔。

3. 活动步骤

（1）请安静下来思考一下爱是什么，注意：你脑海中第一时间跳出的内容是什么，就将它写下来，这是你非理性思考的直觉感受。

（2）每个同学在小组里向大家汇报自己的选择及感受。

（3）在这个过程中，你如何看待其他人的爱情观？

（4）最后小组将排在前 5 位的爱情观写到黑板上，进行分享。

4. 活动点评

通过活动帮助学生澄清爱究竟是什么，从中也可以看到每个人对爱情不同的诠释。

活动 2：理想恋人（30 分钟）

1. 目的

探索自己心中理想恋人的形象。

2. 准备材料

白纸、彩笔。

3. 活动步骤

（1）先想象一下在自己心目中理想的恋人形象是怎样的，他（她）有着怎样的特质？

（2）请在白纸上将他（她）的形象描绘出来。

（3）与其他成员分享你的理想恋人画像，并说出你想对他（她）说的话。

4. 活动点评

由于每个人的成长经历和所处社会环境不同，因此每个人的理想恋人也是不同的。这个活动可以帮助我们更清楚地认识自己的追求。

活动 3：爱情故事结局构想（40 分钟）

1. 目的

通过编写故事结局，让同学们体会与思考影响恋爱的现实因素有哪些。正确认识和对待这些因素，有助于同学们更好地认识与处理恋爱中的挫折、冲突与矛盾。

2. 准备材料

阅读材料、纸和笔。

3. 活动流程

（1）带领者讲述下面的爱情故事，然后请小组成员对故事的发展展开设想。

大伟和小红彼此都是对方的初恋情人，他们体验着从未有过的浪漫爱情。但是很快大伟就被小红惹恼了，不胜其烦。因为她想知道大伟每天所有的活动：大伟每天的课程是怎么安排的，什么时候上自习。而且小红每天早中晚都要求和大伟视频通话。如果大伟不告诉她他的行踪，小红就会非常烦躁不安，会打无数个电话。大伟有时会为了自己有独立的空间有意消失半天一天并为此感到高兴。渐渐他们之间开始有了争吵。

你认为大伟和小红的未来会怎样？为什么？

（2）编写故事：给每个人发纸和笔，让小组成员将想到的故事结局写下来。

（3）在小组内分享自己的故事结局，并说明结局是这样的理由。

4. 活动点评

通过编写爱情故事的结局，促使小组成员反思：同一个开始，却可以因为伴侣双方建立亲密关系的能力不同而有不同的结局。

案例导读

爱的力量

案例介绍

小梅，大三女生。咨询师对她的第一印象是中等个子，苗条身材，五官清秀。穿着黑色的衣服，悲伤的样子，怯生生的，目光始终不敢与咨询师对视。说话的声音非常细微，很没有存在感。她说的第一句话是："老师，我要崩溃了。我太痛苦了。"原来，小梅又一次失恋了。接着，她讲述了她的三段恋爱经过。这三段恋爱经过都非常相似。一开始，都是男生被她的文静和随和的性格特点吸引，当双方关系越来越亲密后，小梅就总是担心男友会不爱自己，会离开自己，于是会特别依赖男生，时常要想出各种方法来考验男生，对男生的去向一定要完全掌控，否则就会发脾气。一开始男友都能够容忍，时间一长，男友会受不了，接着就是有意地疏远小梅，小梅敏感地察觉到了关系变远之后，则会变本加厉地想要得到男友更多的关注。最终男友都会选择分手。小梅知道自己有做得不对的地方，但就是控制不住自己。每一段感情她都觉得是自己的错，想挽回但已不可能，内心很痛苦。

三次失恋让小梅备受打击。在咨询过程中，小梅数度失声痛哭。最近的这次失恋已经过去两个月了，可是她还处于极度的痛苦抑郁之中，每天晕晕沉沉，无心向学，心情压抑，有强烈的自我否定和耻辱感，最严重的时候甚至有不想活下去的念头。随着小梅的讲述、咨询师了解到了小梅的成长经历。小梅父母从农村来到小县城开了一家小店，日夜操劳，没有时间关注她、给予她情感方面的回应。小时候的她总是不停地哭着找妈妈。三岁时她被送到外婆家。在她的记忆中，幼年就是不停地被寄养在各个亲戚家的日子。小学时她回到县城和父母住在一起，但是父母经常吵架、打架，她还有一个弟弟是从小一直跟着父母生活的，父母有明显的重男轻女思想。这让她总有一种被嫌弃、害怕被抛弃的心理。

案例分析

小梅的家庭成长环境及父母的养育方式形成了小梅因缺乏安全感而导致的情感

依恋模式，养成了小梅敏感、自卑、缺乏自信、自我评价低、害怕被抛弃的性格特征。她既渴望获得亲密关系，但又很难完全信任他人或依赖他人，总是担心自己会因此受到伤害。第三次的恋爱挫折更是使小梅确认自己是不值得被爱的，一定会被抛弃的。过分的恐惧与害怕使得小梅更加想要牢牢抓住亲密关系，每次关系破裂被分手，对小梅来说都是自我价值感的崩溃，她甚至产生不想活下去的念头。

个案成长

小梅在失恋之后，主动来到了心理咨询中心寻求帮助，这是一个非常积极的信号，说明她自己想要认识自己，想要获得成长。咨询过程中，小梅体验到了被关注、被理解和被支持的美好感受，同时也获得了被尊重、被接纳的满足感。咨询师在了解了小梅只有活不下去的想法，并没有进一步的具体实施方案的情况下，评估她仅处于一般危机状态，可以进行心理咨询进行个人成长。

在咨询的早期，咨询师帮助小梅理解失恋带给自己的伤害，理解因所爱的人离开自己而产生的强烈的背叛和愤怒情绪，接纳自己的情绪，允许自己有负面的情绪而不要去压抑或否认这些情绪。由于小梅的社会支持力量一直比较薄弱，家庭关系淡漠、经济压力大、人际关系较差，长久以来，她应对危机的模式就是自己一个人独自承受。当她在安全的咨询环境中宣泄痛苦情绪的时候，她的勇气和力量也渐渐得到了恢复。她开始能够有力量掌控自己的生活，逐步恢复往常规律的生活。

咨询中期,咨询师开始和小梅一起探讨“真实的我是怎样的？”“我值得被爱吗？”“我如何提升爱自己和爱他人的能力？” “原生家庭带给我们的影响是什么？”随着咨询的深入，这些亲密关系中的核心观念被一点点理清，小梅也开始认识到了她在自我认知上存在的偏差。原来过往的一切并不能决定未来，一路勇敢前行的小梅是值得被看见、被爱的。为了帮助小梅克服由长期自卑、敏感的性格造成的人际困境，咨询师向小梅传授了一些人际交往的技巧，鼓励她在现实生活中真诚地表达自己，学会悦纳自己。

咨询后期，小梅逐渐发展出了越来越多的积极行为，全身心地投入工作、学习和生活中，能够正确认识自己，不再习惯性贬低自我，能够悦纳自我，客观地看待自己以及他人，客观地看待自己在人际交往及亲密关系中的优势与不足。经过半年的心理咨询，小梅走出了失恋的阴影，阳光下，又多了一个爱自己、爱他人的青春少女。

思考与讨论

1. 如何理解两性性心理上的差异?
2. 分析自己的爱情观，构思你所期望的爱情状态。

经典导读

《爱的艺术》

《爱的艺术》是德裔美籍心理学家和哲学家、法兰克福学派重要成员埃里希·弗罗姆最知名的作品。首次出版于1956年。被誉为当代爱的艺术理论专著，在全世界畅销不衰。

在《爱的艺术》中，作者通过简洁的语言解释了爱这个深奥的话题。在这本书中，作者对什么是爱、为什么需要爱、如何去爱等问题做出了详细的阐述。弗罗姆认为爱情不是一种与人的成熟程度无关，只需要投入身心的感情。他提出爱是一门艺术，要求想要掌握这门艺术的人必须要有这方面的知识并付出努力。

该书是一部研究精神分析方法和阐述爱的艺术的理论专著，作者认为爱是人格整体的展现，要发展爱的能力，就需要努力发展自己的人格，并朝着理想的目标迈进。

《亲密关系》

亲密关系与泛泛之交有什么区别？“大丈夫”与“小女子”真的般配吗？吸引力的秘密是什么？男人与女人真的是不同的动物吗？什么是爱情？爱情由什么构成？爱情能持续多久？两性在选择终身伴侣上有什么差异？爱情和性欲是由不同的脑区控制的吗？亲密关系美满的秘诀是什么？有什么方法能让婚姻持续一生？米勒教授在《亲密关系》中回答了这些问题，论述了亲密关系的基础、活动形态、类型、矛盾和修复等内容。读完此书，你将对人际吸引、爱情、婚姻、承诺、友谊、激情、沟通、性爱、依恋、择偶、嫉妒、出轨、家暴等亲密关系的方方面面有全新的认识。亲密关系是人类经验的核心，处理得好能给人带来极大的快乐，处理得不好则会造成重大创伤，因此科学地认识亲密关系，攸关我们每个人的幸福。

《亲密关系》一书既适合研究亲密关系的专业人士，也适合每个想要爱情甜蜜、婚姻长久、人生幸福的普通读者。

08 第八章 大学生的学习心理

【名人名言】

学会学习的人，是非常幸福的人。

——米南德

对世界上的一切学问与知识的掌握并非难事，只要持之以恒地学习，努力掌握规律，达到熟悉的境地，就能融会贯通，运用自如。

——高士其

开篇故事

孟母断织

孟子很小的时候，父亲就去世了。为了让孟子成为一个有学问的人，母亲对他的要求很高。有一天，孟子从老师子思那里逃学回家，孟母正在织布，看见孟子逃学，非常生气，拿起一把剪刀，就把织布机上的布匹剪断了。孟子看了很恐慌，跪在地上问母亲原因。孟母责备他说："你读书就像我织布一样。织布要一线一线地连成一寸，再连成一尺，再连成一丈、一匹，织完后才是有用的东西。学问也必须靠日积月累、不分昼夜勤求而来。你如果偷懒，不好好读书，半途而废，就像这段被剪断的布匹一样成了没有用的东西。"

孟子听了母亲的教诲，深感惭愧，从此以后专心读书，发奋用功，身体力行，终于成为一代大儒，被后人称为"亚圣"。

学习不是一蹴而就的。大学生是经过一路过关斩将的考试终于进入了大学。大学是人一生中非常关键的阶段，是一次拥有较高可塑性、充实自我的成长阶段。怎样高品质地完成大学学习，已成为大学生刻不容缓的课题。本章将深入讲解大学生的学习心理。

第一节 学习概述

学习是人类生存和发展的基础。无论是孩提时期的牙牙学语，还是在小学、中学接受基础教育，又或是大学的专业知识学习，甚至是未来自我发展的学习，学习伴随我们的一生。学习是我们如此熟悉的词语，但我们是否真的知道什么是学习？学习有哪些特点？影响学习的心理因素又有哪些？下面将围绕这些问题进行详细讲解。

一、学习的含义

学习一词最早出现于《礼记・月令》中的"鹰乃学习"。古今中外的思想家、教育家高度重视学习，并对学习问题开展大量的研究，积累了丰富的研究成果。不同的领域给学习下了不同的定义。广义的学习是指学习者因经验而导致行为或行为潜能的相对持久的变化。而狭义的学习指的是学生在学校的学习，是学生在教师的指导下，有目的、有计划、有组织、有系统地掌握前人的知识、技能，开发智力和各种特殊能力，培养个性和思想品德的过程。在学习内容上以掌握前人积累的间接经验为主；在学习情境上以师生交往为主；在学习形式上以语言为载体，通过课堂教学过程中他人传递，间接获取知识经验。大学生的学习不但要把握知识经验与技能，还要发展智能，培养品德及促进健康个性的发展，形成科学的世界观。

二、大学生学习的特点

学习，是大学时代每个学生都要打的一场硬仗。要如何取得胜利？俗话说："知己知彼，百战不殆。"只有掌握当代大学生的学习特点，调整中学时代的学习方式，才可以运筹帷幄，更好地适应大学的学习生活，甚至脱颖而出。

扫码看资料

教育部严格本科教学

（一）学习的专业性

与中学阶段相比，大学生学习的一个显著特点就是专业性强，所有的学习活动都围绕着专业学习展开，所学的知识和技能与未来的职业有密切的联系。同时，大学的学习内容不仅仅是做习题，往往是老师提出一个主题，让大家自己找相关资料做 PPT 展示。要学好专业课，就需要大学生课堂认真听课，课后查阅相关参考书，并思考知识之间的联系，使用有效的学习策略。

（二）学习的自主性

自主性是大学生学习活动的核心。做自己学习的主人，主要体现在学习时间、学习目标、学习方法、学习内容等不再受家长、校方和教师的安排。在学习时间上，大学生不必从早上到晚上被排得满满的，而可以自己支配。在学习目标上，大学生可以综合考虑自身兴趣和未来就业目标，确立或调整自己短期和长期的学习计划。在学习方法上，大学生学习不再局限于课堂，而可以借助网络、师兄师姐、论坛、讲座等，随时随地钻研学习。在学习内容上，大学生还可以选修自己感兴趣的课程，开阔自己眼界。

（三）学习的探索性

爱因斯坦曾经指出，高等教育必须重视培养学生思考、探索问题的本领。探索性特点是社会对大学生能力的要求，不仅要求大学生学习前人总结的成果和经验，还要求大学生增强追求新知识的欲望和探索未知领域的勇气和能力。大学生学习的主要是思维能力和思维方法，并在此基础上形成自己能重组已有知识或从崭新角度分析和解释问题的创造能力，培养创新能力和创新精神。因此，大学生应积极参与科学研究，接触最新学术研究动态，进而培养探索精神和创新能力。

拓展阅读

尝试错误学习理论

美国心理学家桑代克的尝试错误学习理论认为，学习的基础是刺激与反应之间的联结，并认为学习常常是不断尝试错误或借助选择与联结而产生的。例如，要从一串钥匙中找到打开房门锁的那把钥匙，人们常常从第一把钥匙开始尝试，如果无法打开锁，则会试第二把，这样依次试下去，直到打开门为止；一旦找到了打开房门锁的钥匙，以后每次都能准确、快速地找到钥匙。这就是尝试错误主动学习的过程。

（四）学习的实践性

专业实践能力训练是大学生学习活动的重要组成部分。各级各类高等院校教学计划中都安排了实验、生产或教育实习、社会调查、暑期社会实践、野外考察等教学环节，高校毕业生的毕业设计或论文是毕业生在大学阶段须完成的最后一个重要教学实践环节，是对大学学习内容的总结和检验。因此，大学生除了掌握书本知识，完成课堂学习任务外，还要多参加实践活动，在此过程中检验知识、丰富经验、发展技能。

（五）评价的多样性

大学阶段，学业成绩已不再是评价的唯一标准。而且，学习成绩的高低并不完全决定一个人是否成功。学习成绩主要体现学生的逻辑思维能力和语言能力。然而，人际沟通能力、领导管理能力、艺术创作能力、动手能力等却很难在考试中体现出来，而这些能力对一个人的成功非常重要。

随着社会的要求变化，大学的考试形式也趋向多样化。有些课程要求学生完成几篇小论文，字数也不尽相同，这考查的是学生的资源搜索和整合能力、文字编辑能力和理论知识的创新能力等。有些课程每周都会有作业、测试、小组课题等不同形式的检测，每种检测都在最后成绩中占一定的比重，想要拿高分就必须平衡各个检测的得分。还有些课程的考核形式是课堂展示，展示的内容和设计也是打分的重要参考。

信息窗

第 10 名现象

杭州的一位从教近 20 年的小学老师有意识地对 1990 年前后毕业的 150 名小学生做了跟踪调查，在这些后来上大学或工作了的学生中间，发现了一个“耐人寻味”的“第 10 名现象”。前 3 名之后，第 10 名前后直至第 20 名的学生，在后来的学习和工作中“出乎意料地表现出色”，并成长为“栋梁型”人才；相反，那些当年备受老师宠爱、成绩数一数二的优秀学生，长大后却淡出优秀行列，甚至在其后的升学和就业等方面屡屡受挫。松下公司有一种很特别的择才标准，即“寻求 70 分人才”。公司创始人松下幸之助认为，人才的雇佣以适用公司的程度为好。程度过高，不见得一定有用，招募过高水准的人是不适宜的。这种选才用才方法，与第 10 名现象如出一辙。

心理学家斯腾伯格用成功智力来解释，他把学业上表现出来的智力称为"惰性智力"，而"成功智力"是达到人生中主要目标的智力，它包括创造性能力、分析性能力、实践性能力。成功智力在现实生活中不是凝固不变的，而是可以不断修正和发展的。我们在孩子的教育上要使孩子在学业智力和成功智力上保持协调、平衡，要发展孩子的人际沟通能力、管理领导能力、艺术创作能力和动手能力。

三、影响学习的心理因素

影响学习的心理因素是制约学习效果的主观条件。下面将对非智力因素的影响做简要介绍。

（一）动机

学习动机是指引发与维持个体的学习行为，并使之指向一定学业目标的一种动力倾向。学习动机是学习行为的激活和唤起，它是直接推动学生学习的一种内部动力。动机过强或过弱，不仅对学习不利，而且对学习状态保持也不利。大学生需要学会觉察自己的学习动机是否适度，自己是否积极、自觉地学习，学习状态是否轻松、充满乐趣，学习效率是否高效。

小贴士 **耶基斯—多德森定律**

心理学家耶基斯（Yerkes）和多德森（Dodson）的研究发现，动机强度与工作效率之间并不是线性关系，而是呈倒"U"形的曲线关系（见图 8-1）。具体体现在：动机处于适宜强度时，工作效率最佳；动机强度过低时，缺乏参与活动的积极性，工作效率不可能提高；动机强度超过顶峰时，工作效率会随强度增加而下降，因为过强的动机使个体处于过度焦虑和紧张的心理状态，干扰记忆、思维等心理过程的正常活动。

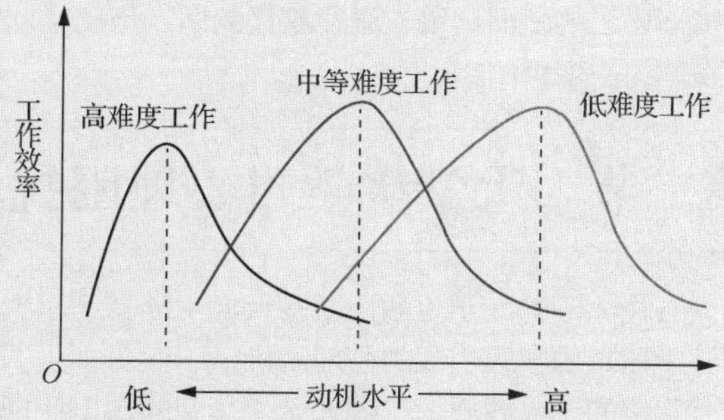

图 8-1 动机强度与工作效率的关系

上述研究还表明：在完成难度适中的任务时，中等动机强度的效率最高；在完成复杂和困难的任务时，偏低动机强度的工作效率最佳。

（二）兴趣

"知之者不如好之者，好之者不如乐之者"，兴趣有助于提高学习的积极性，也有利于增强个体的学习动机。"爱上学习"是一种对学习感兴趣的状态，具体表现为喜欢琢磨事情的道理。如果有一个问题天天逗你去思考它，引诱你去解决它，那么你会寝食难安，会挤时间、找资料、寻师问友去找到答案。

兴趣与努力是可以互相促进的，而不是两个对立面。认为只有顺从个人兴趣才能在学习上表现优秀，或是认为只要通过刻苦学习便能取得好成绩，都是片面的。在大学学习中，专业广阔的知识、丰富多样的学习方式和具有吸引力的工作规划将使大学生逐渐有了乐趣与志趣。经过刻苦学习后在专业学习上取得了一定成就，这可以在一定程度上激发大学生的专业兴趣，促使他们追求更高的目标。

（三）态度

学习态度指学习者对学习保持的较为持久的肯定或否定的行为倾向或内部反应的准备状态，学习态度会对学习者的学习行为与学习成绩产生较大影响。“没有能力”和“没有把能力运用在这件事上”是两回事。很多研究结果表明，学生的学习态度不仅直接影响其学习行为，还直接影响其学习成绩。学习态度端正的学生，上课时总是能积极思考、善于提问，学习效果也较好。

（四）意志

学习意志指学习者自觉确定学习目的，有意识地控制和及时调节学习行为，努力克服学习困难，以实现预定学习目的的心理过程。在网络信息时代，视频游戏唾手可得，校园里丰富多彩的活动比比皆是，抵制诱惑、坚定意志是大学生有效学习的重要前提。在学习活动中，当代大学生可以为自己设置一些小困难，并尝试克服它们，由此磨炼自己的意志力。

（五）情感情绪

研究表明，情感经历渗透于我们学习生活的每个方面，对我们的认知和行为决策起着重要的影响作用，例如，人更容易记住令人快乐的事情。焦虑、抑郁、恐惧、倦怠等是课堂中常见的影响学习效率的情绪。不少学生智商高而学习成绩差，主要是因情绪的困扰所致。因此，大学生需要较好地管理自己的负面情绪，激发积极情绪。自己喜欢的幽默故事、游戏以及自己关心的事情，都可以引发学习的积极情绪。

第二节　大学生学习心理困扰及调适

五花八门的大学生活让很多大学生感受到了大学生活的美好，同时也让他们迷失在活动中而忽视了学习。由学习引起的心理困扰，不仅对学生的学业成绩产生直接影响，而且对学生的身心健康产生间接的不良效应。了解大学生学习的常见心理困扰及成因，掌握自我调适的方法，对预防或应对学习困扰具有重要作用。

一、学习适应不良与调适

学习适应不良是大学新生中普遍存在的一种心理困惑，对他们造成了不同程度的影响。下面介绍学习适应不良的表现、成因及调适策略。

（一）表现及成因

学习适应不良的主要表现：不了解大学的学习特点和规律，不知道如何开展有效的学习；对学习缺乏应有的自觉和紧迫感；学习缺乏主动性，依赖教师安排自己的学习内容、学习计划和学习时间等；对本专业的知识技能要求认识不足等。

相对于中学来说，大学的教学在内容、方式和特点上发生了很大的变化。大学老师在课堂上讲授的内容多，有时会与教材内容有很大出入；教学方法不局限于教师主讲，更多地是学生积极参与。

面对新的环境、新的人际关系，由于缺乏生活阅历，且心理发展不成熟，很多大学生在入学初期无法及时调整自己，出现情绪上的波动和不安，产生适应不良问题，以致影响学习。

（二）自我调适

大学新生在步入大学校园后，面对全新的生活环境和角色转换，常常会产生各种不适应。这是一种正常的心理反应，但如果无视这种心理反应一味让它蔓延，则会影响大学生的学习、生活，甚至出现心理问题。大学新生应从以下 4 个方面进行自我调适。

1. 调整心态，转变角色

作为新生，要想尽快适应大学的学习和生活，首先要调整心态。大学生是半个社会人，需要为自己负责，负责自己的人生，负责自己的生活、学习。这就要求心理状态由依赖变为独立，生活方式要由他律转为自律。其次是了解大学学习的变化。从学习内容看，中学少而浅，大学多而深；从学习活动上看，中学依赖老师安排，大学则靠自己安排。接受这些变化，才能主动地去适应变化的环境，从而减轻心理困惑，保持心理健康，适应大学的学习生活。

2. 认识自我，悦纳自我

进入大学之后，大学生会发现“强手如云”。这些“强手”来源于不同领域，不再只是学业分数方面，他们可能是计算机高手，可能是音乐王子，可能是文学才女，有些学生会找不到自己的位置。在大学新的坐标系中，首先要学会看到自己，分析自己各方面的特点，看到自己的优势，并考虑将自己的特点转化为自己的优势，悦纳自我。

3. 探索大学的学习方法

探索适应大学的学习方法，首先要正确认识大学学习的特点，克服依赖老师的习惯，转被动为主动。其次，从个人出发，摸索与个人水平相适应的学习风格，如分析型、创新型或是实践型。最后，要注意自学能力的培养，合理支配自己的时间，学会利用各种资源。

扫码看资料

读书的社会性

4. 确定新的发展目标

进入大学后，高中时期的奋斗目标已变成现实，新的目标还未确定，不少学生处于“理想间歇期”，出现松懈情绪。尽快确立新的奋斗目标是大学生走向新生活的重要任务，而且中学的目标是通过学业成绩实现的，这与大学目标的标准完全不同。因此，大学的短期发展目标需要由高考应试转为能力培养。

二、学习动机不当与调适

你是否有“专业不好，学了也无用”的想法？是否觉得课程没意思而无法集中精力看书学习？是否会因同学选了某门课、考了某种证书而随大流？是否会不喜欢上课而经常逃课？这些都是学习动机不当的表现。影响我们面对任务或坚持，或放弃或拖延的背后，是动机，它是一种激发、引导、维持并使行为指向特定目的的力量。下面介绍学习动机不当的表现、成因及调适策略。

（一）表现及成因

学习动机不当主要体现在两方面：学习动机过弱和学习动机过强。

1. 学习动机过弱

如物理系一学生喜欢理科学习，即使很难，他也愿意动脑去琢磨、动手去实践。然而，对简单的英语单词则能拖就拖，做一天和尚撞一天钟。显而易见，他对背英语单词，用较低的动机来应对。学习动机过弱往往表现为在目的上无明确的目标；在注意力上容易受内外因素的干扰；在情绪上容易出现厌学，甚至不愿上课。

导致学习动机过弱的主要原因：一是学习动机不正确，社会责任感不强；二是对所学专业、所学课程不感兴趣，特别是在网络信息多样多式的引诱下；三是归因偏差，归因是个体利用信息对自己及他人行为的原因加以分析和推断的过程，如果考得好，就认为是自己聪明、努力的结果，这为内归因，考得不好就认为是老师教得不好，这为外归因，外归因不利于学生发现自己学习中存在的真正问题。实际上，人们对工作成功和失败的归因模式对随后的心理感受和行为反应有很大的影响，如表 8-1 所示。

表 8-1　归因模式和相应的心理感受、行为反应

行为结果 / 归因模式	成功	失败
能力、努力	满意、自豪	挫折、无助
任务难度、机遇	幸运、感激	不满、敌意
能力、任务难度	工作努力	降低努力
努力、机遇	积极性提高 / 降低	积极性可能提高

2. 学习动机过强

有些学生认为“只要我付出了努力，我就一定会成功。”成就动机过强是学习动机过强的重要表现。这些学生急于求成，并想事事超过别人，经常给自己设置高目标，给自己施加压力，当表现不佳时则经常自责。有的还表现为奖惩动机过强，以考试为中心，以分数为标准，小心翼翼学习，而不注重学习方法。

导致学习动机过强的主要原因：一是他人不适当地强化，如因刻苦努力而常常受到表扬；二是对自己能力认识不足，期望高出自己的实际水平；三是某种补偿心理，一些同学未发展自己的兴趣爱好，试图通过突出的学习成绩得到承认或认可；四是不恰当的认知模式，如认为只要努力就一定成功，事实上努力只是成功的必要条件而不是唯一条件。

（二）自我调适

学习动机是影响学生活动的重要因素，是推动大学生进行学习活动的内在原因，是激励、指引大学生学习的强大动力。它不仅影响学习的发生，而且影响学习的进程，是学生开展有效学习的必要前提。因此，大学生需要对学习动机不当进行及时的调适。

1. 学习动机过弱的自我调适

学习动机过弱可以尝试采取以下方法进行调适。

（1）强化学习动机

学习动机是推动学生学习的内在力量。强化动机可以采取以下方法：一是明确学习目的，正确认识学习的价值，结合自己的兴趣与就业目标设定学习目的；二是制订合适的学习计划来强化学习动机。

（2）培养学习兴趣

兴趣对人们来说是最基本的动力。大学生要想在学习中发挥积极性和创造性，就要培养对所学知识的浓厚兴趣。那么如何才能找到自己的兴趣所在呢？或如何重新“爱”上自己的专业？首先，兴趣需要在实践中发现。给自己多点机会去接触更多的选择，积极参加各类活动。其次，兴趣需要专注。一般在从事某项活动时，我们往往因为不够专业而体验了失败，其实如果尽可能地投入其中往往也会获得较大的成就感，也容易发现兴趣。最后，兴趣需要重新发现。如果你对某门课程不感兴趣，那么尝试将注意力放在能够激发自己兴趣的部分，就会发现它的乐趣。

（3）进行合理归因

如果我们总是将一件事情的成功或失败归因于运气，那么我们很容易失去学习的动力。如果我

们将一件事情的成功或失败归因于“我很努力”或“我不够努力”，那么我们就会越来越能感觉到掌控感，学习的成败由自己的努力程度决定。我们应多从自己的努力程度、学习方法和学习基础上找问题的症结，再针对性地改进。

（4）增强自信

要增强自信心，首先要确立自我参照目标。学习困难学生如果把自己同学习优良的学生比较，就会觉得自己样样不如别人，自信心就越低。但同自己的过去比，个人的进步则能使学生获得成功的体验。同时，从比较容易成功的学习任务开始，不断积累小成功，并逐渐增加任务难度，积少成多，强化对自己能力的肯定，增强自信。逐渐地，在学业上取得的成就会激励学生进一步学习，形成良性循环。

2. 学习动机过强的自我调适

学习动机过强可以尝试采取以下方法进行调适。

（1）合理归因

心理学家耶基斯和多德森对动机的研究发现，动机强度与工作效率之间并不是线性关系，而是倒“U”形曲线关系。动机处于适宜强度时，学习效率最佳。动机的最佳水平还随任务的难度不同而发生变化。在完成复杂和困难的任务时，保持低动机强度；在完成难度适中的任务时，保持中等动机强度；在完成简单的任务时，保持高动机强度。这样的学习效果最佳。所谓的难度也是因人而异的。

（2）建立合理信念

成功 = 努力 + 能力 + 环境，努力不一定成功，只有努力了才可能成功。学会用合理信念代替不合理信念，将学习聚焦在学习活动中，将目标聚焦在能力培养上，保持旺盛的学习热情，坚持不懈。

（3）恰当评价自己

首先要对自己的能力进行客观评估，可以参考周围同学的意见，客观公正地认识自己。然后调整不切实际的目标，或是将大目标变成可行的多个小目标，循序渐进地完成。既不好高骛远，也不操之过急，并以宽容的心态对待自己，体会学习带来的乐趣，保持情绪的稳定。

三、考试焦虑与调适

考试焦虑是在临考前或应考时预感考试失利或考试无把握而产生的焦躁不安的情绪状态。适度的焦虑是正常反应，有助于大学生调动生理能量和心理能量，保持大脑适度紧张，提高大脑活动的积极性，以达到正常甚至超常发挥。然而过度的考试焦虑会降低考试效率，使“应考能力”下降，甚至会使身心健康受损。下面介绍考试焦虑的表现、成因及调适策略。

（一）表现及成因

过度焦虑一般会伴随一系列的生理反应，如手足出汗、面色苍白、嘴巴干燥、呼吸加快，这一系列的身体反应让人感觉不舒服，产生不安全感，并试图摆脱它，从而分散注意力，扰乱正常的思维。严重的会在考前出现明显的生理、心理反应，例如，过分担忧、恐慌、失眠、食欲不振、腹泻；在应考时，手足出汗、发抖、心慌气短、频频上厕所、判断力下降、大脑一片空白；个别学生在考场上甚至出现视动障碍，如看不清题目、看错题目、出现笔误、动作僵硬等。

考试焦虑来源于内部原因和外部原因。内部原因是大学生自身的原因，主要包括以下 5 种：一是曾有过失败的考试经历，“一朝被蛇咬，十年怕井绳”，产生了失败的自我暗示，进而产生紧张和焦虑；二是夸大现实的压力，夸大现实的威胁，造成心理压力过大，自然会产生考试焦虑；三是缺乏自信心；四是对考试过于看重；五是考前准备不足。外部原因是重要压力源，如考试本身，学习成绩是学习状况和学习能力的反映，会影响大学生的切身利益、他人评价和自尊自信；

扫码看资料

考试焦虑测试

还有就是来自家人、朋友、老师的压力。

（二）自我调适

考试焦虑的自我调适，遵循以下 4 个步骤。

1. 情绪应对

面对较大的学习压力，大学生应注意放松，宣泄自己的不良情绪。例如，多与朋友、老师、长辈等自己信赖的人倾诉；积极参与文体活动，做自己感兴趣的事情等。研究表明，经常与他人接触、交流，人的抗压能力更强。如果在考场上出现“怯场”现象，也可暂停答题，闭上眼睛，做一下深呼吸，有意识地按从上到下的顺序使身体各部分的肌肉放松，逐步达到平心静气，从而将注意力和兴奋点放在应试上。对于比较严重的考试焦虑症状，可寻求心理咨询师或心理医生的帮助，在专业人员的指导下做放松训练，如系统脱敏、榜样学习训练等。

2. 认知矫正

对大多数焦虑过度的大学生来说，考试焦虑主要是对考试的焦虑而焦虑，而非考试本身。那么我们可以往前一步进行理性认知清晰化，如果考差了会是什么后果，全部用笔罗列出来，并利用各种资源想一想且写出每一种后果我可以如何应对。同时思考这个考差的概率有多高，如何降低概率，自己可以从哪些方面努力去避免考试成绩不理想。

3. 行为矫正

考试焦虑常用的行为矫正方法是系统脱敏方法，按照“建立恐怖或焦虑的等级层次—放松训练—系统脱敏”的步骤进行。首先，将考试焦虑背景分为开始复习时、复习期间、考试前一天、临进考场时、进入考场时、未做试题前、开始做题时等；其次，回想当时的周围环境和内心体验，按照紧张程度的不同，给排序的事件进行分数评定，并由低分到高分排序。由低分等级开始操作，如果感受到焦虑、紧张，请继续放松。按照“放松—想象—再放松—再想象”的程序反复练习，直到确定自己不再为这个情境焦虑为止。建议在有专业人员指导的情况下进行。

4. 应试策略

考试前做好充足的准备。内容上，认真复习老师上课讲的内容（特别是最后几次课的内容）及教材上的重点和难点，边复习边自我考查或与同学直接互相考查备考情况。信心上，增强自信心，挖掘模拟考试中自己的优势，制订合适的目标，比如，四六级英语考试中，认真分析每种题型上的优缺点，估算自己的得分，做到考前心中有数。

考试过程中保持平静。开考后，先大体看一遍试卷，对题量、题型、题目难度、考试范围做到心中有数，分配好考试时间，先易后难。对于难以确定的题目，认真审题，尽力在有限的已知条件下寻找蛛丝马迹。

考试后不必关注结果。考完一门科目后，不要过分关注答题的对错，应将其暂时抛开，全力准备后续的考试。只有这样，才能以平静的心态去面对接下来的考试。

四、学习拖延与调适

学习拖延是拖延倾向在学习情景中的表现，是学习者有意而必要地推迟开始或推迟完成学习任务的行为。中国高校传媒联盟面向全国 199 所高校的大学生展开调查，调查结果显示，97.12% 的学生认为自己有或偶尔有“拖延症”。下面介绍学习拖延的表现、成因及调适策略。

（一）表现及成因

在校园里，我们常能听到这样的声音：“糟糕！还有很多作业没做，明天就要交了”“下个月就要考四级了，可是单词一个都没背！”这些都是大学生学业拖延行为的真实写照。推迟完成学习任务及由此带来的心理不适感是学习拖延的两个关键特征。图 8-2 形象地描述了人们在拖延过程中的心理历程。

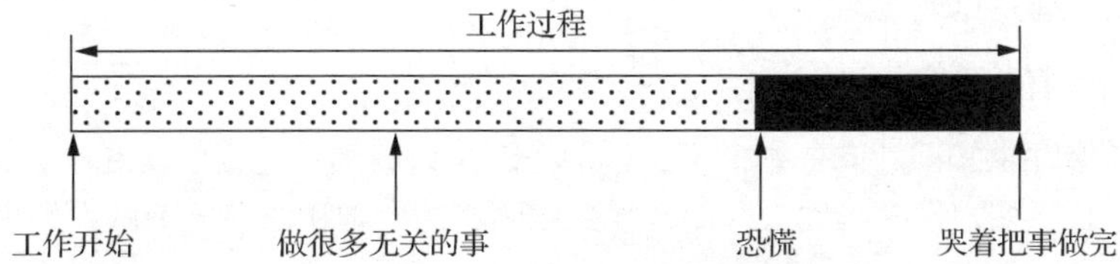

图 8-2　工作拖延时间发展示意图

部分大学生缺乏严谨的学习态度，在学习中急功近利，不能专心专注、持之以恒，从而使自己陷入拖延的困扰中。同时，非适应性完美主义（消极方面）和不善于进行时间管理的人，更多地表现出拖延。当大学生觉得完成任务过程没意思或觉得任务难度过高也会拖延学习。

（二）自我调适

在拖延已然成为一种习惯的情况下，改变起来尤其困难。你肯定有过下定决心绝不拖延却失败的经历，也许你做了很详尽的学习计划，却始终敌不过手机上网的诱惑。拖延确实给我们带来了麻烦，也让梦想变得遥遥无期。那么面对普遍存在的拖延症，到底有没有药到病除的解决之道呢？拖延是现代年轻人普遍的困扰，他们使用过很多直接避开的方法来抵御，如远离寝室、泡图书馆、切断网络、卸载游戏等；研究者也开展了大量研究及实践，结果表明运动及充足的睡眠反而能更好地提高自控力。斯坦福大学的哲学教授约翰·佩里根据自己多年的拖延经历提出了“结构化拖延法”。他认为拖延的精髓在于：因为不想干某事 A，而促成我干了某事 B。基于此，他提出了以下解除拖延的具体步骤。

（1）将拖延合理化。拖延的人并不是一事无成，在拖延期间还是完成了很多其他事情，比如看了很多视频、打扫了宿舍等。

（2）将必须完成的任务按重要性和紧急性进行排序，列一张清单，最重要、最紧急的事情排在最前面。

（3）为了避免完成最前面的任务，从完成后面的任务开始。这是此方法的关键所在。

（4）直到下一个更紧急、更重要的任务登上最上方，个人就可以拖着新任务，完成原来的重要任务。

第三节　大学生学习能力的提升

随着科学信息技术的快速发展，专业知识更新速度加快，课堂上基础性的知识已经无法满足需要；社会发展与进步需要更多复合型人才、应用型人才，这就需要我们提升学习能力以适应不断发展的环境。要提升学习能力，就要树立新的学习理念、培养大学学习能力、掌握有效的学习策略。

一、树立新的学习理念

树立新的学习理念是大学生提升学习能力的前提，大学生要树立以下新的学习理念。

（一）自主学习的理念

自主学习有别于传统被动接受学习，是学生通过主动、积极参与和管理自身的学习活动进行的学习。在这个过程中学习者自觉确定学习目标、选择学习方法、监控学习过程、评价学习结果。随着时代的发展，知识总量剧增，知识更新加速，学习内容繁多。而大学生在校学习时间有限，如何在有限时间内脱颖而出，大学 4 年后有成就地毕业？这在很大程度上取决于是否发挥了自己的主观能动性，积极主动、有主见地学习。

（二）全面学习的理念

学习不仅是掌握课堂知识、向书本学习，争取好的学科成绩；还要向实践学习、向生活学习，锻炼动手能力，学会学习，学会与他人协作，学会按照道德准则和法律规范做人处事。

（三）创新学习的理念

创新学习不仅要善于组合、加工、消化已有知识，而且要力求有所发现、有所发明、有所创造。在学习过程中，敢于突破思维定势，面对问题时，要有独特的见解，力求从不同角度看问题，用多种方法解决问题，养成科学的创造性思维的习惯。

（四）终身学习的理念

当今世界，科技发展日新月异，信息更新和增长空前快速。我们已经进入了终身学习的时代，要树立终身求知、终身学习的理念。在大学阶段，同学们要学习和掌握专业知识，同时要为今后继续学习、终身学习奠定良好基础。

二、培养大学学习能力

与中学截然不同，大学对学生的能力要求更高，因此大学生要培养与当代大学学习相匹配的学习能力。

（一）学会学习的能力

学习能力是现代人才必备的一种非常重要的能力。学会学习，就意味着受过教育的人将会知道从哪儿能很快、很准确地找到他所不知道的东西，比如互联网、任课教师、同学、相关专家、图书馆等；知道哪种方式能够获取资源，比如阅读、访问、参观、讨论、检索、实验等。学会学习强调科学的学习方式、方法、程序和步骤。在学习实践中自觉去摸索、探讨、研究，并不断借鉴和应用他人成功的学习经验、方法，应用到自己的学习过程中，最终形成自身科学有效的学习方式。

（二）竞争合作的能力

随着全球化进程的深入，合作与竞争能力成为当代大学生适应社会、立足社会不可或缺的重要能力。在大学学习中，有时候我们需要组队完成老师布置的作业，又需要学科学分在竞争中脱颖而出。当代社会是一个充满竞争的社会，要求人人都要学会竞争。同时，在现代社会，创造性成果的取得往往不是一个人单枪匹马能够实现的。作为大学生，不仅要认真学习本专业的知识技能，还要积极担任学生干部及参加竞技类活动，不仅要学会竞争，而且要学会团结合作。

（三）研究探索的能力

研究探索能力是时代发展对创新型人才的要求，是一种建立在逻辑推理、思维能力、空间想象能力基础上的分析解决问题的综合能力。大学生要培养自主思考和创新的能力，就要从学习中寻找自己感兴趣的主题，或自主查看最新文献或参加老师的课题组，独立发掘若干具有研究价值的科研问题，并完成分析解决问题的后续工作。

（四）网络学习的能力

网络的快速发展给大学教育带来了巨大变革，也对大学生的学习能力提出了更高的要求，如信息获取能力、信息评价能力、信息管理能力、信息加工处理能力和交流协作能力等。网络信息丰富多彩，要求大学生具有较强的自我管理和自我约束能力，才能抵御诱惑，专心于专业学习；再者，网络内容丰富多样，范围来源于全球各地，信息海量且高速传播，这就要求大学生掌握一定的信息获取能力，如信息检索、远程登录、信息浏览、下载、整合使用等。识别、选择、吸收和运用新知识的能力对于参与网络教育的学生来说尤为重要，比如，面对大量的经济信息，要具有捕捉商机的敏锐性，也要具有识别优劣、见微知著、举一反三的洞察力和鉴别力。

三、掌握有效学习策略

学习策略是指学习者为完成学习任务而制订的认知计划。教育心理学将学习策略分为认知策略、元认知策略和资源管理策略。掌握有效的学习策略，才能使学习事半功倍。

（一）认知策略

认知策略是指运用有关人们如何学习、记忆、思维的规则支配人的学习、记忆或认知行为，并提高人的学习、记忆或认知效率的能力。它是加工信息的一些方法和技术，其基本功能有两个方面：一是对信息进行有效的加工与整理；二是对信息进行分门别类的系统储存。大学生应掌握的重点是记忆策略和复习策略。

1. 记忆策略

一般来说，记忆策略可以分为两大类别：储存策略和提取策略。

储存策略主要包括 3 种：复述、组织、精加工。复述策略是指对学习材料的维持性的言语重复或在选择基础上的保留重复。它的获得在个体记忆发展中起着至关重要的作用。组织策略是指找出记忆材料中各项目之间的意义联系，并根据这些联系进行记忆的过程。它主要包括两种形式：归类分块和语义组织。精加工策略与组织策略相似，都是找到记忆材料中的语义联系，来帮助记忆。但是精加工策略更注重两个或更多项目间的描述性的联系，如形象方面的、句子或词汇方面的联系。常用的精加工策略有：内容形象化、联系旧知识、方位线索、首字首句提示等。

提取策略是指为了从长时记忆中提取信息而进行的一种深思性的操作。如在学习的过程中理解段落的主要意思，提取大意，然后来记住文章。主要的方法是：提取关键词、提取段落中心句、提取文章的中心句。同时记忆需要注意排除相互干扰，包括前摄抑制和后摄抑制。还有大量研究表明，注意力越集中，记忆效果越佳。

2. 复习策略

采取有效的复习方法，能取到事半功倍的效果。复习时可以采取组织策略进行复习，比如列提纲、利用思维导图或利用表格。同时心理学的遗忘规律提示我们要及时复习，如图 8-3 和图 8-4 所示。

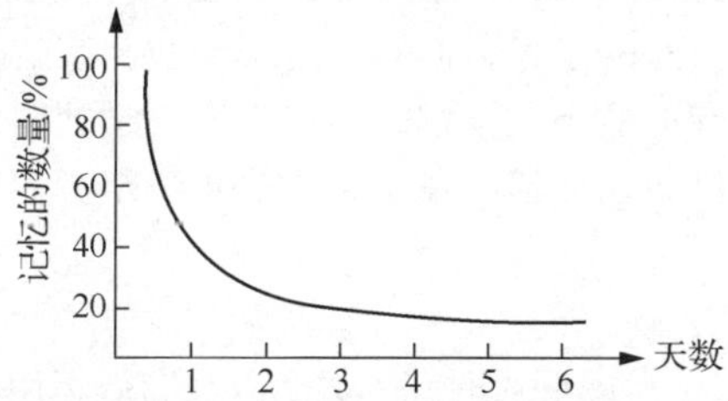

图 8-3　艾宾浩斯遗忘曲线（遗忘进程很快，先快后慢）

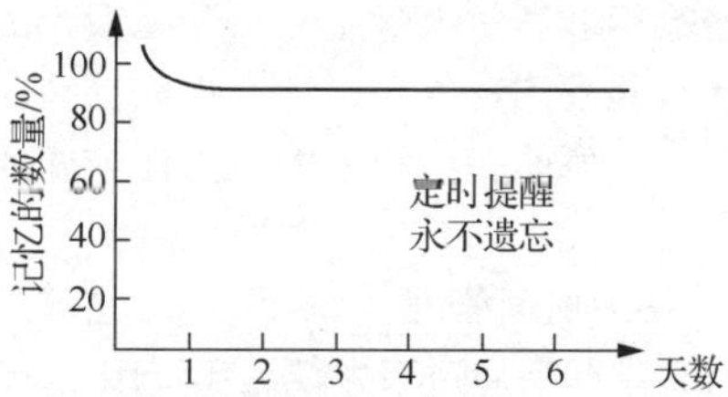

图 8-4　遵循遗忘规律及时复习变化

（二）元认知策略

元认知策略又称反省策略，指学习者对自己学习活动进行反省的策略，包括计划、监控、调整策略。人无远虑必有近忧。大学生需要设定长期和短期的学习目标，甚至需要为每门课制订小目标和相应的对策。学业成绩高的大学生往往会预测完成作业需要的时间，广泛获取相关信息，在考试前复习笔记，在必要时组织学习小组，或使用其他各种方法。在实现目标的过程中，大学生还应对学习目标、学习计划、学习环境、时间安排等进行监控，并根据学习效率和学习质量不断调整，用行得通的策略替代行不通的策略，随时变化或修改自己的行为。

（三）资源管理策略

学习资源管理包括学习环境管理、社会资源利用和学习时间管理。

1. 学习环境管理

学会管理学习环境，为自己创造良好的学习环境是非常必要的。人的工作记忆容量是有限的，同一时间只能集中处理有限的事情，并且注意力越集中，学习效率越高。在学习过程中，找榜样、同伴一起学习，互相监督，互相学习，对学习也有明显的促进作用。

小贴士

按时保质学习方法

第一，改变拖拉的习惯，不过分追求完美。

第二，适当调整进度，避免刻板地使用原计划。

第三，调整适宜的工作环境，合理规划工作空间。

第四，善于利用备忘录、网络云盘帮助记忆。

第五，养成有条理的习惯，避免因寻找东西而浪费时间。

第六，了解并掌握自己的生物钟，将重要的事情安排在精力最好的时间段完成。

第七，适时鼓励自己，肯定自己的成果，以积极的态度继续执行计划。

2. 社会资源利用

社会资源的利用，对大学生来说，这是需要特别提升并运用的策略。相较于中学，大学的资源更加丰富，如图书馆、讲座、大校园、社团等，然而大学生如果不主动去利用的话，那么这些就只是物资，而非资源。

在获取资源途径上，“三人行，必有我师焉”，周边的同学和学长，是离自己最近也是最大的资源。正所谓“闻道有先后，术业有专攻”，每个同学身上都有自己的闪光点，每个人的专长不同，每个人对问题的理解和认识也不尽相同，只有互帮互学，大家才能共同进步。再者，学长们的经验和教训对大学生的帮助是很大的，尤其是本专业的学长，他们经过了专业课程的学习和考试，对课程内容本身、学习重点都有所了解。可以向他们请教课程的重点内容、学习时要注意问题、以后哪些知识和能力在工作或研究中有用，这样可以让自己在学习中少走弯路，尽快达到目的。

3. 学习时间管理

时间管理指通过事先规划和运用一定技巧、方法与工具实现对时间的灵活以及有效运用，从而实现个人或组织的既定目标的过程。现代大学生学习时间管理存现状如下：缺乏核心目标、时间计划性差、日常管理混乱等。随着社会节奏的不断加快，时间作为无法再生与保存的稀缺资源，要求大学生对时间有更高的有效利用率，有效的时间管理显得尤为重要。

大学生要有效地管理时间可以采用以 SMART 为导向的目标管理原则，即明确性（S：Specific）、可衡量性（M：Measurable）、可行性（A：Attainable）、结果导向性（R：Result-based）和时限性（T：Time-based）。还可以采取 ABC 分析法或时间管理四象限法，清晰判断任务的重要程度，合理分配时间。另外，大学生要善于在自己学习效率最高的时间进行高效学习，要学会适时说“不”，排除干扰。

扫码看资料

时间管理四象限法

小贴士　**生物钟时段学习法**

每个人都有自己的生物钟规律，生物钟让我们的生命活动具有一定的节律性。研究指出，如果人们按照生物钟来安排一天、一周、一个月的作息，不仅学习效率与学业成绩会有效提高，甚至可以减少学习疲劳。但每个人在每天不同时段的学习效率是不同的。比如下午时分，人会处于疲劳状态，就很难学习比较复杂的内容，这个时候反而适合学一些容易的知识内容，让大脑放松一下。所以，遵循自己生物钟的节奏去学习，在自己最佳的学习时间段尽可能地投入，就能迅速提高学习成绩。因为大脑的记忆力、逻辑思维都取决于自己的状态，在不同的状态选择不同的学习内容，就能使自己高效学习。

第四节　大学生成长训练营

心理测试

表 8-2 是一份关于大学生学习动机的自我诊断量表，一共有 20 项，请你根据自己的实际情况，对每一项做“是”或“否”的判断。为了保证测验的准确性，请你认真作答。

表 8-2　学习动机自我诊断量表

项目	是	否
1. 如果别人不督促你，你极少主动地学习		
2. 你一读书就觉得疲劳与厌烦，直想睡觉		
3. 当你读书时，需要很长的时间才能提起精神		
4. 除了老师指定的作业，你不想再多看书		
5. 在学习中遇到不懂的知识，你根本不想设法弄懂它		
6. 你常想：自己不用花太多的时间，成绩也会超过别人		
7. 你迫切希望自己在短时间内就能大幅度提高自己的学习成绩		

续表

项目	是	否
8. 你常为短时间内成绩没能提高而烦恼不已		
9. 为了及时完成某项作业，你宁愿废寝忘食、通宵达旦		
10. 为把功课学好，你放弃了许多感兴趣的活动，如体育锻炼、看电影与郊游等		
11. 你觉得读书没意思，想去找个工作做		
12. 你常认为课本上的基础知识没啥好学的，只有看高深的理论、读大部头作品才带劲		
13. 你平时只在喜欢的科目上狠下功夫，对不喜欢的科目则放任自流		
14. 你花在课外读物上的时间比花在教科书上的时间要多得多		
15. 你把自己的时间平均分配在各科上		
16. 你给自己定下的学习目标，多数因做不到而不得不放弃		
17. 你几乎毫不费力就实现了你的学习目标		
18. 你总是同时为实现好几个学习目标而忙得焦头烂额		
19. 为了应付每天的学习任务，你已经感到力不从心		
20. 为了实现一个大目标，你不再给自己制订循序渐进的小目标		

评分与解释

选“是”记1分，选“否”记0分。评分标准：第1～5项测查你的学习动机是不是太弱；第6～10项测查你的学习动机是不是太强；第11～15项测查你的学习兴趣是否存在困扰；第16～20项测查你在学习目标上是否存在困扰。假如你对某组（每组5项）中大多数项目持认同的态度，则一般说明你在相应的学习欲望上存在一些不够正确的认识，或存在一定程度的困扰。

将各项得分相加即得总分。总分在0～5分，说明学习动机上有少许问题，必要时可调整。总分在6～10分，说明学习动机上有一定的问题和困扰，可调整。总分在14～20分，说明学习动机上有严重的问题和困扰，需调整。

自我成长训练

训练1：愉快的生活体验——寻找兴趣

请回顾最近一段时间生活的点滴，回想让你感到愉快的经历。请举出3件发生时或完成之后让你感受到相当程度的喜悦和满意的事件，想想这些事件的共同点。

第一件：________________

第二件：________________

第三件：________________

共同点：________________

闲暇时间，你通常会从事哪些休闲活动呢？列出 3 个你喜欢的活动，想想这些活动的共同点。

活动 1：________________

活动 2：________________

活动 3：________________

共同点：________________

你有哪些发现？对于某件事，你是否十分渴望重复它？是否能愉快地、成功地完成它？你过去是不是一直向往它？是否总能很快地学好它？它能否让你感到满足？在这个过程中，注意不要将父母的期望、社会价值观、朋友的影响融入进来。

兴趣，特别是对专业学习的兴趣，有时候并不是非常明显。请不要让“不能”“不会”“没希望”等思维定势阻碍你寻找真正兴趣的机会。需要特别提醒的是，感兴趣的事一般指的是具体的活动，而不是某一学科或工作。

训练 2：精细回忆法

我们在平时的学习和生活中，识记了很多东西，却很少去回忆。识记和回忆之间的不平衡，使我们的记忆变得十分模糊。经常回忆，回忆得尽可能精细，是锻炼记忆力的好方法。举例如下。

回忆一间你非常熟悉的房间，想一想：房间里都有什么？门窗朝哪开？家具都摆放在哪里？墙上挂有哪些装饰品？暖气片和电灯开关在什么地方？等等。要回忆得尽量完整无缺。当你再次回到房间时，检查一下你遗漏了什么。

想一想：一小时前你在做什么？你在哪里？和什么人在一起？你们在一起都说了什么？那个人长得什么样？你如何向别人描述他的长相？

回忆一下你最近看过的电影，电影里都有哪些主要人物？发生了什么事？他们都做了什么？结局如何？要尽可能回想电影中每一个镜头。

回忆一下你童年的伙伴，你们在一起都做过什么？还能记起他们的名字吗？他们住在什么地方？

团体拓展训练

活动主题：我的学习我做主。

活动目标：提高大学生的学习自主性，学会合理利用时间，并掌握有效的学习方法，提高对学习上出现的问题和困惑的应对能力。

活动时间：90 ～ 120 分钟。

活动人数：每组 8 ～ 10 人。

活动原则：注意保密原则，在活动中涉及的自我暴露及探讨的相关信息不可以在其他场合谈论，注意保护小组成员的隐私，遵守小组制订的“团体契约”，推动小组安全运行。

热身活动：逢 3 拍手（时间：10 分钟）

1. 目的

活跃气氛，使小组充满活力，让大家动起来、笑起来，促使同学们的注意力集中到活动中。

2. 活动步骤

（1）所有人围成一圈，共同完成数数任务。

（2）从某一人开始顺时针报数，当报到 3 或 3 的倍数时，此人以拍手代替说话，也就是拍手一下，不能喊出数字，下一个人继续报下一个数。

（3）待大家熟悉规则后，就增加拍手的频率，除了 3 和 3 的倍数，只要有 3 的数字就要拍手，例如 13，甚至各位数字加起来是 3 的倍数也要拍手，例如 60。

（4）数错的人应该受到惩罚或表演节目。

活动 1：时间馅饼（时间：35 分钟）

1. 目的

了解自己的时间分配，学会时间管理。

2. 准备材料

每人两张白纸、一支笔。

3. 活动步骤

（1）在纸上画一个大圆，把这个圆当成自己的一天（24 个小时），想一想自己的一天是怎么度过的，画出各个活动各自占的比例。

（2）再另外画一个圆，把它当成自己理想的一天，再画出各个活动自己所分配的时间比例。

（3）将两个圆进行对比，看看有什么发现。

（4）分享刚才在活动中的感受。

4. 活动点评

通过这个活动，大家重新思索自己在大学中的每一天是怎么度过的、有没有成效、时间分配是否合理，并和团队成员进行分享，了解同学们都是怎么度过的，以及遇到问题他们是怎么解决的。

时间管理的 4 个原则如下。

（1）设立明确的目标。时间管理的目的是让你在最短时间内实现更多你想要实现的目标。

（2）学会列清单。把自己所要做的每一件事情都写下来，列一张总清单，这样做能让你随时都明确自己手头上的任务。

（3）遵循 20 ∶ 80 定律。用你 80% 的时间来做 20% 最重要的事情。

（4）同类事情最好一次做完。假如你在做纸上作业，那这段时间都做纸上作业；假如你是在思考，用一段时间只做思考；打电话的话，最好把电话累积到某一时间一次打完。当你重复做一件事情时，你会熟能生巧，效率一定会提高。

活动 2：学习曲线（时间：25 分钟）

1. 目的

重温学习历程，提高学习技能。

2. 活动步骤

（1）每位成员在纸的中央画一个坐标，横坐标表示年龄，纵坐标表示学习的满意度。

（2）闭目养神思考，找出自己学习生涯中的一些重要转折点以及对当前的人生有影响力的重要考试，并评价自己对这些重要事件的感受。按以上事件的发生时间和对此事件的满意度在坐标上用一个点表示，并简要把事件标注在点的旁边。

（3）将不同的点连成线。请你仔细地看看这简单而有意思的学习曲线，并留心内心的反应。

（4）了解自己的学习曲线，与组员交流、分享自己满意度高的事件及相应的学习技能。

3. 活动点评

顺利进入大学后，每位同学都有自己学习的杀手锏。重温自己成功的学习经历，挖掘自己用过的学习技能，我们发现即使在大学阶段，我们依然有信心做自己大学学习生活的主人。

活动 3：我的学习我做主（时间：40 分钟）

1. 目的

提高学习效率，掌握有效的学习方法。

2. 活动步骤

（1）每个同学写出自己平日曾使用过的学习方法，并思考哪些方法有效、哪些方法没有达到好的效果。

（2）和同组的同学分享平日学习中使用的学习方法以及哪些方法有助于提高学习效率。

3. 活动点评

“我的学习我做主”是让团队成员在前两个阶段的基础上，重新思索自己的大学学习生活该如何度过才是更有效的。学习是一种复杂的心理活动过程，良好学习方法的掌握与应用对大学生的学习成绩有很大影响，也是提高学习效率的关键。

有以下 5 点是要注意的。

（1）大脑在“工作”的时候，并非所有的部分都参与工作，各部分的兴奋程度也不一样，因此，如果调换一下学习的内容，让刚才“工作”的部分休息，那么学习活动仍然可以进行下去。

（2）休息有两种形式：一种是静止性的休息，如睡觉；另一种是动态性的休息，或者叫积极性的休息，如做操、进行体育锻炼、唱歌、听音乐、跳舞等。对于大学生来说，两者应该兼顾。

（3）要吃饱、吃好，不要空腹学习。有些同学早上不愿意起床，不吃早餐就去上课，这样上午 10 点左右就开始头脑发昏了。

（4）自学是大学学习的主要特征，不仅上课所学的要靠自己的自觉性去消化吸收，即便是整个的知识体系，也要靠自己去补充完善。所以除了课内学习，大学生还可考取一些职业技能证书，以提高自己的含金量。

（5）在学习上出现困惑时，可以主动寻求朋辈及辅导员老师的帮助，如果觉得问题难以解决，不知道是学习风格的问题还是其他方面引起的问题，可以寻求心理咨询师的帮助，他们会为你提供专业的指导，要争取不让同样的问题延续到大二直至大三。

案例导读

“要怎样学才能得高分”的男生

案例介绍

小李，男，大一。他最近感到头痛、胸闷心慌和入睡困难，心里着急，怕影响学习，但越急越不行，注意力集中不了，虽还能坚持学习，但效率很差，有时觉得自己都快撑不住了，总想回家，但不甘心就这么认输，所以前来心理咨询中心寻求帮助。

随着咨询的深入，小李自述来自农村，中学阶段他是一个出色的好学生，并且是村里第一个考上本科的人。入学时，他满怀自信和喜悦之情，并立下誓言，一定要考上理想中的研究生院，从而不负父母、老师、同学的期望。然而高校的学习生活并非像想象的那样顺利。随着学习内容的扩展、难度的加深，小李感觉学起来很吃力，有几门课在第一次考试时分数不理想，他开始紧张了。他按照高中时候的学习方式，六点多起床学习，晚上十点多才休息，除了上课，一整天的时间安排得满满的。一开始在宿舍自习，但是有两位舍友和他的作息习惯不同，他们晚睡晚起，经常在宿舍玩游戏，不仅吵到自己学习，也影响了自己作息，不得已他只能去图书馆学习。他本来想发展一个一起学习的好朋友，学习上遇到不懂的可以一起讨论，但是没有如愿。宿舍另一个舍友也比较上进，但和他性格差异很大，有很多观点不一致，总是话不投机。他现在很多时候都独来独往，感到很孤单，很想有个知心朋友，只能和以前的同学打打电话或发发微信才觉得舒服一点。

小李这段时间睡不好，白天很难集中精神上课，上课时经常走神，结果课程内容不懂的越来越多。他开始讨厌这些科目，结果越落越多，想补的时候也不知道如何下手了。上学期还两门不及格，以前的自信荡然无存。加之来自各方面的压力与干扰，使得曾经是学习尖子生的他，变得不爱说话，参加集体活动不积极，记忆力下降，有时失眠，没有食欲，情绪烦躁、焦虑。

案例分析

该同学的情况是大学新生中经常遇到的心理困惑，主要表现为对大学生活不适应、学习方法调整不当、人际关系困扰等。导致小李目前状况的主要原因有以下三点：第一，来到新的学习环境，小李还未适应大学校园的生活、学习和人际关系，有建立新朋友的渴望，但缺乏方法；第二，小李还未梳理中学阶段与大学阶段学习的区别，还未找到适合大学阶段的学习方法；第三，宿舍同学也有问题，作息时间不一致，未能形成良好的学习氛围。

个案成长

（1）疏解心理困扰。适应困扰及学习困扰是大学生新生普遍存在的问题。小李同学遇到的难题，并不是孤例。小李学习刻苦，但并未得到理想的成绩，产生情绪困扰是正常的。学会疏导自己的情绪，学会劳逸结合，除了学习理论知识，还需要结合自己的兴趣爱好参加一些娱乐活动，从而缓解自己的情绪。也可以学习情绪放松的方法，如深呼吸、握拳等，来缓解自己的情绪。还可以尝试找同学谈谈心或在更大范围内如同班同学、同专业同学中结交好朋友，或找师长聊聊或找心理老师进行咨询等，让多一些人、多一些视角帮助自己认识到自身的问题以及学会解决的方式。

（2）调整学习方法。探索适应大学的学习方法，首先要正确认识大学学习的特点，克服依赖老师的习惯，转被动为主动；了解大学课程的考核要求，注重拓展思维、创新观点及实践应用。其次，从个人出发，摸索与个人水平相适应的学习风格，如分析型、创新型或实践型；了解高效学习法，如 15 分钟费曼学习法、生物钟学习法等，打造专属自己的高效学习法。最后，要注意自学能力的培养，合理支配自己的时间，学会利用各种资源，如教师、宿舍同学、同班同学或师兄师姐等。

（3）提升学习技能。随着社会的深入发展，大学对学生的能力要求越来越高。首先，学会学习，就意味着能知道从哪儿能很快、很准确地找到自己所不知道的东西，如互联网；知道哪种方式能够获取资源，如检索。其次，学会竞争合作。在大学学习中，有时候我们需要组队完成老师布置的作业，又需要学科学分在竞争中脱颖而出，因此中学阶段的学习方法已无法满足大学的学习要求。第三，大学生要培养自主思考和创新的能力，就要从学习中寻找自己感兴趣的主题，或自主查看最新文献或参加老师的课题组，独立发掘若干具有研究价值的科研问题，并完成分析、解决问题的后续工作。第四，用实践指导自己的学习，善于参加活动或实习，以此来检验自己的学习收获。

思考与讨论

1. 大学生学习的心理困惑有哪些？
2. 你会学习吗？你认为大学生应该学习什么？

经典导读

《认知天性：让学习轻而易举的心理学规律》

《认知天性：让学习轻而易举的心理学规律》是11位认知心理学家10年的科研心血。以罗迪格教授为主要负责人的团队在项目上投入了10年时间，首次提出人类认知规律和学习之间的紧密联系，透彻解读人类普遍的学习过程规律。根据脑神经科学研究成果，推导出最有利于大脑的简单学习法则。

全书共分8章，论述了8个主题，分别是走出学习误区、一切学习的本质、刻意练习的元知识、学习中的迭代、再谈心智模型、自查学习风格、如何成为终身学习者、写给大家的学习策略。他围绕这些主题，通过严谨的研究成果、生动的案例带领读者深入理解认知规律，升级学习方法。

《如何高效学习》

《如何高效学习》主要讲述了因快速学习成名的加拿大学生斯科特·扬（Scott Young），他运用自己发明的学习方法，在10天内攻克线性代数，在1年内完成麻省理工学院计算机科学的33门课程，业余时间又自学了编程，参加各种演讲，开设自己的博客，并写了几本颇有影响的电子书。本书就是对他的学习方法的全面介绍，其中包括整体性学习策略的核心思想和具体技术，详细介绍了快速阅读法、流笔记法、比喻法、内在化等七大方法，并为高效学习提供了从生活到时间管理的整体解决方案。

09 第九章 大学生职业生涯规划

【名人名言】

生涯是个人终其一生所扮演角色的整个过程。

——舒伯

职业理想就像一盏指明路灯，它不仅照亮我们的职业发展之路，也照亮了我们的人生之路。

——列夫·托尔斯泰

开篇故事　**把梳子卖给和尚**

这是一个广为流传的故事。众多应聘者接到一个任务：要在一个星期内将梳子卖给和尚。很多人望而却步。只有3个人做到了并获得了相应的职务。第一个人A历尽艰辛，各种游说和尚，感动了一位小和尚，卖出了一把梳子。第二个人B向和尚推销梳子能止痒、活络血脉，有益健康，念经累了可以梳头令头脑清醒，因此卖出了10把。第三个人C去一家寺庙，告知对积德行善之人寺庙应有回赠，建议和尚亲自题字“积善梳”送给进香者，和尚当场下订下100把。

最后公司认为，3个应考者代表3种类型的人，各有特点。A吃苦耐劳、锲而不舍、真诚感人；B具有善于观察事物和推理判断的能力，能够站在为客户服务的角度。C大胆创意，有效策划，开发了一种新的市场需求。因此分别给他们分配了不同的岗位。

在未来的职业生涯中，我们都会当应聘者。那么你是什么特点的人呢？你想做的是什么工作呢？如果你想拥有更多的选择，那么你应该了解自身和职场世界，提前做好规划，这样才能收获远大前程。

第一节　职业生涯规划概述

“罗马不是一天建成的”，理想的职业也不是一蹴而就的。在高等教育大众化的今天，职场竞争越来越强烈，大学生的成长成才和梦想的实现尤其需要科学的职业生涯规划。因此，大学生首先要理解职业生涯规划的概念，清楚它的意义，了解职业生涯规划的相关理论，为职业生涯规划做准备。

一、职业生涯规划的概念与意义

（一）职业生涯规划的含义

职业生涯规划是指个体在对影响职业选择的主客观因素进行分析和测定的基础上，确定目标，并为实现目标而做的有效安排的过程。如对自己兴趣、能力、气质、性格等个性特征的分析，对职业性质的可行性分析等。

大学生职业生涯规划，根据中国职业规划师协会的定义，指的是学生在大学期间进行系统的职业生涯规划的过程，它包括大学期间的学习规划、职业规划，主要目的在于为未来的就业和事业发展做好准备。它不仅要求规划者本人满意，还需对本人的发展及成功有潜在的帮助。

（二）职业生涯规划的意义

“凡事预则立，不预则废”。职业生涯规划的有无及好坏，直接影响到大学期间的学习生活质量，更直接影响到求职就业甚至未来职业生涯的成败，甚至对人一生的幸福和满足都具有特别的意义。职业生涯规划的意义具体体现在以下 4 个方面。

一是帮助大学生充分认知自我、发展自我。职业生涯规划首先要求个体正确认识自己的个性特质，通过科学的方法来对自己进行评估，及时调整自己、发展自己，使自己的才能匹配相应的职业。

二是帮助大学生树立科学的择业观、创业观。一份合理的职业规划，一定经过了详细、科学全面的思考和分析，不仅对自身的兴趣爱好、个性特征、能力特长以及家庭因素进行考虑，对国家的政策、职业发展趋势、人才市场需求等因素也要考虑。“金饭碗”、“铁饭碗”、盲目创业等不是合理规划则容易受挫。

三是激励大学生合理安排大学的学业。大学生的学业规划应该以职业为导向，即你选择什么样的职业，就应该有相应模式的学业规划。

四是增强大学生就业的核心竞争力。找到适合自己的就业方向，有意识地提高自己的综合素质，最终提升综合职业能力。

二、职业生涯规划理论

长期以来，众多心理学家和生涯规划专家对职业生涯规划进行了专门的研究，提出了一系列理论，推动着职业生涯规划的发展。这里重点介绍人职匹配理论、舒伯的生涯发展理论和认知信息加工理论。

（一）人职匹配理论

帕森斯（Frank Parsons）的人职匹配理论，又称特质因素理论，是最早的职业辅导理论。该理论认为，个体差异是普遍存在的，每个人都有其独特的人格特性和能力模式，每种职业对工作者也有特定的需求，进行职业决策时，需要将二者匹配。如匹配得好，则能提高个人工作效率和职业成功率；否则反之。帕森斯提出职业指导由 3 步组成。

（1）了解自己的特性。可以通过心理测量及其他测评手段认识及评价自己的能力倾向、兴趣爱好、学业成绩、实践经历、气质与性格等个人情况。

（2）分析职业因素。职业的因素包括职业待遇、晋升空间、学历要求、技能要求、就业机会等。

（3）人职匹配。在个体特性和职业指标的基础上，分析匹配一种既符合个人特点又能促使其职业成功的职业。

（二）舒伯的生涯发展理论

舒伯根据自己“生涯发展型态研究”的结果，提出了生涯彩虹图理论（见图 9-1）。他将生涯发展的过程化为 5 个阶段：成长阶段（0 ～ 14 岁）、探索阶段（15 ～ 24 岁）、建立阶段（25 ～ 44 岁）、维持阶段（45 ～ 64 岁）；退出阶段（65 岁以上）。舒伯还提出，人在一生当中还必须扮演 9 种主要的角色，依次是：儿童、学生、休闲者、公民、工作者、夫妻、家长、父母和退休者。而且角色之间是相互作用的，一个角色的成功，特别是早期的角色如果发展得比较好，将会为其他角色提供良好的关系基础。他还建议我们做自己的生涯设计师，对自身未来的各阶段进行调配，做出各种角色的计划和安排。职业生涯处于探索阶段的大学生应该吸纳更多的职业知识和信息，丰富自己的职业技能，探索合理的职业目标。

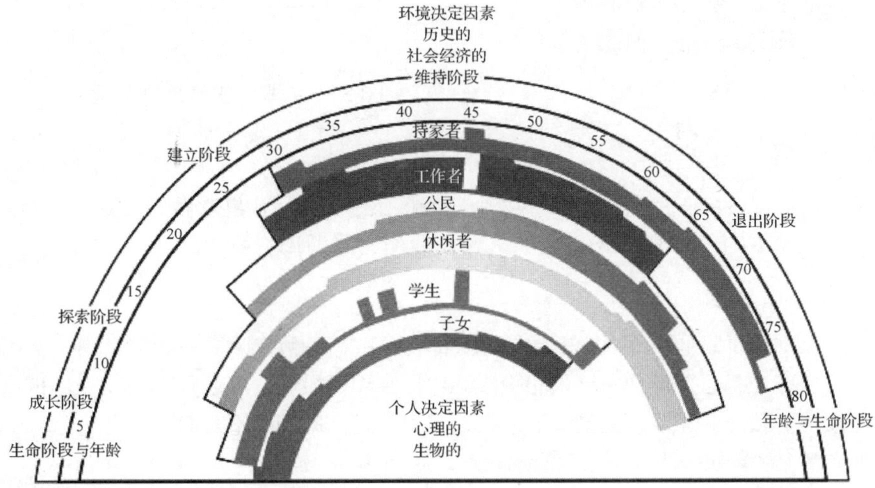

图 9-1 生涯彩虹图

（三）认知信息加工理论

盖瑞·彼得森（Gary Peterson）、詹姆斯·桑普森（James Sampson）和罗伯特·里尔登（Robert Reardon）等从信息加工取向中提出生涯问题解决的认知信息加工理论。该理论通过信息加工金字塔模型对生涯规划的步骤进行了明确的阐述（见图 9-2）。金字塔包含知识领域、决策技能领域和执行加工领域 3 层。最底部的知识领域包含了解能力、兴趣、价值观的自我知识及了解特定的职业、社会环境的职业知识。中间层是决策领域，包含沟通、分析、综合、评估和执行 5 个阶段。最上层是执行加工领域，这个领域最重要的技能是元认知技能，也就是对自己在做什么进行反思，检验并调整自己的决策。

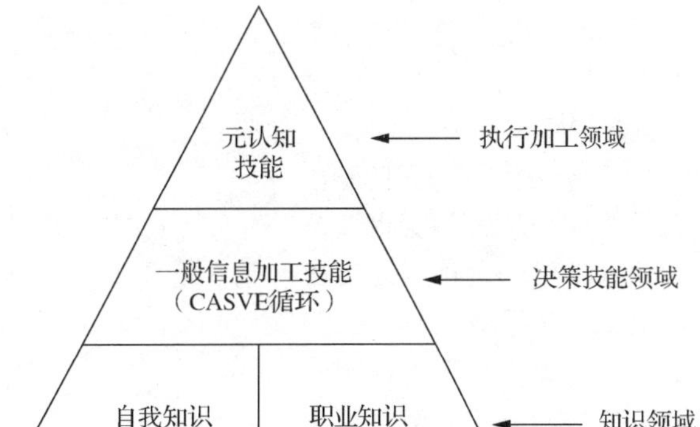

图 9-2 信息加工金字塔模型

第二节 大学生职业生涯规划与发展

职业生涯规划是一个长期的、复杂的、有逻辑的、动态的过程，因此，它需要一个系统的规划程序。一般来说，大学生职业生涯规划的流程包括 3 个部分：生涯认知、生涯选择和生涯管理。具体流程则是知己知彼—决策—行动—反馈，如图 9-3 所示。职业生涯规划最大的特点就是循环，当情况发生变化或者方案经过评估不适合自己的需求时，就要重新认知，再次启动规划。接下来主要介绍流程中知己、知彼、决策及行动的方式。

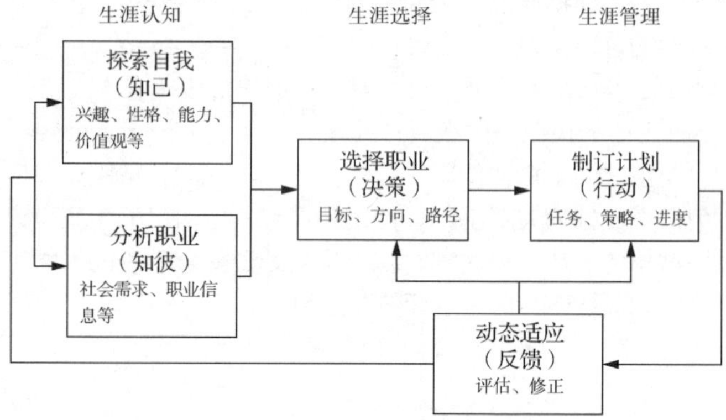

图 9-3 职业生涯规划流程

一、探索自我

在面对职业相关问题时，一般聚焦于以下 4 个自我探索的问题：我喜欢做什么？我适合做什么？我擅长做什么？我愿意做什么？即探讨自我的兴趣、性格、能力和价值观。

扫码看资料

6种兴趣类型的特点及典型职业

（一）我的职业兴趣

职业兴趣指人们对某种职业活动具有的比较稳定而持久的心理倾向。职业兴趣是兴趣在职业方面的表现，职业兴趣会提高人们工作的自觉性和积极性，反之则影响工作积极性，甚至最终导致一事无成。但是对于某些大学生来说，他们或不知道自己喜欢什么，或兴趣太多无法聚焦。因此探索自己的兴趣，对大学生生涯发展是有益的。

大学生可以通过以下途径探索自己的职业兴趣。

（1）自我澄清。找一个安静的地方，以最舒服的姿势坐着或躺着，想象一下自己无忧无虑的时候最想做什么，最享受做什么，有什么事情是只要你想做就风雨无阻，平时不开心的时候做什么可以让自己的情绪好起来。

（2）他人反馈。请亲朋好友反馈，他们印象中自己的兴趣爱好有哪些。

（3）参考心理测验。有关职业兴趣的测验很多，建议大学生通过正规途径进行测试，并听取专业人士的解释。众多量表中，较常用的是约翰·霍兰德（John Holland）的职业兴趣量表，该量表是结合六角模型理论发展出来的量表，模型类型见图 9-4。

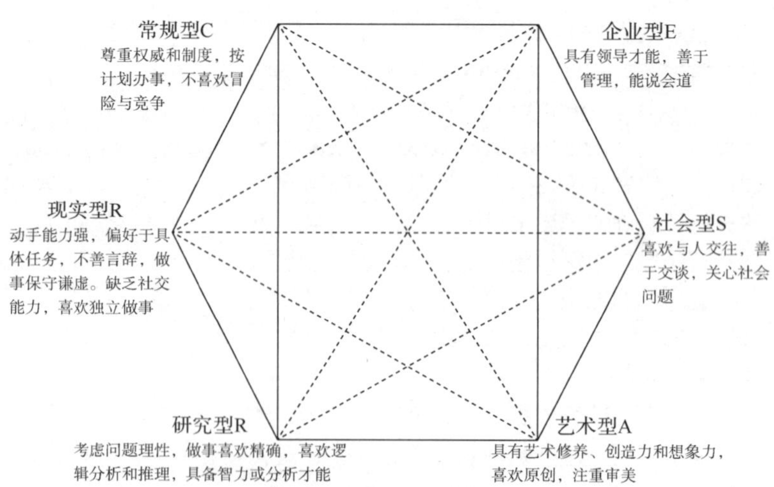

图 9-4 霍兰德六角模型

（二）我的职业性格

扫码看测试

MBTI职业性格测试

职业性格是一定的职业对从业者在性格特征上的要求。如医生要负责、严谨、仁爱等。一项研究发现，98% 的成功人士成功的关键原因在于，他们从事的职业与他们的性格匹配。因此当性格与职业相对应时，个体的职业发展将有很大可能获得最大限度的提升。关于探索职业性格，不少学者编制了相关测验。其中较为常用的是，在荣格的人格分类理论基础上，迈尔斯（Myers）和布里格斯（Briggs）提出的 MBTI 模型。该模型从能量倾向（外倾 E 或内倾 I）、接受信息方式（感觉 S 或直觉 N）、处理信息方式（思考 T 或情感 F）、行动方式（判断 J 或知觉 P）4 个维度的两极集合，形成了 16 种性格类型及 16 种职业倾向。

扫码看资料

16种性格类型特征及适用职业

MBTI 量表见右侧二维码，相应的测验结果：16 种性格类型的特点及适合的职业也在二维码中呈现。每种职业性格都是独特的，没好坏之分。

（三）我的职业能力

职业能力指人们从事某种职业活动必须具备的各种能力。一般来说，职业能力包含专业能力和通识能力。专业能力与大学生所学的专业息息相关，指对某一专业领域的活动有指向性作用的能力，是顺利完成该领域工作的必备条件，如教师的教学能力。一般各专业的学历证书、专业资格证书等是专业能力的外显体现。通识能力是从事职业活动应具备的能力，包括学习能力、语言表达能力、组织策划能力、创新能力、社会交往能力、团队合作能力等。

大学生可以通过以下方式了解自己的职业能力。

（1）澄清自己的能力。列举个人技能，包括个人优势及成功事件。例如，哪些事情自己比他人做得好做得多、学习生涯中获得的奖项、他人给自己的赞誉等。

（2）他人反馈。向同学、朋友、家人收集他们认为自己有哪些优势，需要有客观事件支撑。

（3）参考心理测验。如能力倾向量表、职业能力测试、能力相关问卷等。

（四）我的职业价值观

职业价值观指人生目标和人生态度在职业选择方面的具体表现。职业价值观反映了我们在职业选择上更重视什么，比如丰厚的待遇、提升的空间、工作的氛围、稳定的工作、职业的名望等。我国学者阚雅玲将职业价值观分为收入与财富、兴趣特长、权力地位、自由独立、自我成长、自我实现、人际关系、身心健康、环境舒适、工作稳定、社会需要和追求新意 12 类。在你心目中它们的重要程度排序是怎样的呢？理顺职业价值观，能让大学生规划的生涯更顺畅。

无论是了解自己的职业兴趣、职业性格、职业能力还是价值观，探索自己是一个终生的过程。我喜欢做什么、我适合做什么、我能做什么及我愿意做什么，是这个时期相对稳定的个人特征，它们可能会随我们的经历发生变化。因此我们需要以开放的心态看待现在的自己，悦纳自我，关注此时此地的自我。同时争取获得更多不同的生涯经历，促进自我成长。

二、分析职业

（一）了解社会需求

了解社会需求包含了解社会对行业发展的需求及社会对大学生的要求。了解社会对行业的需求，可以通过多看新闻时事、关心社会大事、注意国家政策的变化等方式。特别是对国家相关部门、行业内各级大会发布的内容要认真解读，了解行业的发展以及存在的问题。了解社会发展对大学生的要求，可以参考受用人单位欢迎特质、高校优秀毕业生的评选标准以及向优秀校友了解。了解社会需求，使大学生的生活与职业息息相关，让大学生的生涯认知与管理与时俱进。

拓展阅读

什么样的大学生最受用人单位的欢迎？

什么样的大学生最受用人单位的欢迎呢？据《中国青年报》报道，北京高校毕业生就业指导中心一项针对150多家国有大中型企事业单位、民营及高新技术企业、三资企业的人力资源部门和部分高校进行的调查中显示，以下8类特质最受用人单位青睐。

1. 在最短时间内认同企业文化

企业文化是企业生存和发展的精神支柱。员工只有认同企业文化，才能与公司共同成长。公司在招聘时，会重点考察大学生求职心态与职业定位是否与公司需求相吻合，个人的自我认识与发展空间是否与公司的企业文化与发展趋势相吻合。

大学生在求职前，要着重对所选择企业的企业文化有一些了解，并看自己是否认同该企业文化。如果想加入这个企业，就要使自己的价值观与企业倡导的价值观相吻合，以便进入企业后，自觉地把自己融入这个团队，以企业文化来约束自己的行为，为企业尽职尽责。

2. 对企业忠诚，有团队归属感

调查显示，国有企业、外资企业、民营企业的人力资源人士一致认为，宁可要一个对企业足够忠诚，哪怕能力差一点的员工，也不愿意要一个能力非凡但朝三暮四的员工。

企业在招聘员工时，除了要考察其能力水平，个人品行也是重要的评估方面。没有品行的人不能用，也不值得培养。品行中最重要的一方面是对企业的忠诚度。那种既有能力又忠诚于企业的人，才是每个企业需要的最理想的人才。

3. 综合素质好

有些公司不苛求名校和专业对口，即使是比较冷僻的专业，只要学生综合素质好，学习能力和适应能力强，遇到问题能及时看到问题的症结所在，并能及时调动自己的能力和所学的知识，迅速释放自己的潜能，制订出可操作的方案，同样会受到欢迎。

随着企业竞争的加剧，企业更加关注人才的质量。因为人才是创造产品、提供服务、为企业赢得利润的主要因素。有些企业，尤其是技术含量不高的企业，不只看重学生的学习成绩，还看重学生的综合素质，这是现代企业的用人特点。个人综合素质比学历更重要。

4. 有敬业精神和职业素质

有的大学生刚工作时竟然会因为晚上看节目较晚而迟到，在工作中遇到问题或困难，不及时与同事沟通交流，等到领导过问时才汇报，耽误工作的进展，这些都是没有敬业精神和职业素质差的表现。企业希望学校对学生加强社会生存观、价值观的教育，加强对学生职业素质、情商、适应能力和心理素质的培养。有了敬业精神，其他素质就相对容易培养了。

5. 有专业技术能力

专业技能是公司对员工的基本素质要求，IT 行业招人时更注重应聘者的技术能力。在招聘时应聘者如果是同等能力，用人单位也许会优先录取学历高的人。但是，进入公司后学历高低就不是主要的衡量标准了，公司会更看重实际操作技术，谁能做出来，谁就是有本事，谁就拿高工资。专业技能是技术含量高的企业很看重的用人标准，对专业人才的选拔可以说是精挑细选。

6. 沟通能力强，有亲和力

大学生普遍需要提高的能力是沟通能力。企业需要的是能够运用自己良好的沟通能力与企业内外有关人员接触，能够合作无间、同心同德、完成组织的使命和目的的人。

企业特别需要性格开朗、善于交流、有一个好人缘的员工。这样的人有一种亲和力，能够吸引同事与他合作，给予他人帮助，通过他的努力，能够赢得更多的客户，使企业财源滚滚。

7. 有团队精神和协作能力

公司特别欣赏有团队精神的员工，因为很多工作是大家配合完成的，如果有一名员工在一个环节上出现问题，将会影响整个项目的进程。从人才成长的角度看，一个人是属于团队的，要有团队协作精神和协作能力，只有在良好的社会关系氛围中，个人的成长才会更加顺利。

8. 带着激情去工作

公司在招聘时，特别注重人才的基本素质。除了要求求职者拥有扎实的专业基础，还要看他是否有工作激情。热情是一种强劲的激动情绪，一种对人、工作和信仰的强烈情感。一个没有工作热情的员工，不可能高质量地完成自己的工作，更别说创造业绩。

（二）探索职业信息

职业信息是关于职业的正确、有效的情报。探索职业信息，可以评估该职业岗位是否符合个人的需要，也可以了解该职业岗位是否适合个人的性格。职业信息包括知识技能的雇佣要求、工作环境、工作待遇、职位工作任务、晋升空间等。大学生可以通过多种途径寻找这些有效信息。这些途径可以通过静态获取方式和动态获取方式获取。静态获取方式有期刊杂志、行业协会报告、视听资料、与职业有关的电视节目、行业展览会、人才交流会、专业网站或企业官方网站等；动态获取方式则有专家、熟人、老师、亲朋好友的介绍，职业访谈或直接到工作现场见习或实习体验等。

三、决策——职业目标的确定

在自我认知和了解职业资源的基础上，我们需要对二者进行整合，进而确定职业目标。近年来很有影响力的 SWOT 分析法，可以帮助我们面对一个具体职位，对自己和外部环境进行整合，进而确定职业目标。“SWOT”的英文字母分别代表优势（Strengths，S）、劣势（Weaknesses，W）、机会（Opportunities，O）、威胁（Threats，T）。

优势（S）：个人的优点，如拥有的社会支持、专长技能、过去的成就表现等。

劣势（W）：个人内在、外在的不利因素，如有待加强的能力、个性的缺点、外在环境的限制等。

机会（O）：个人各方面可以拓展之处，如增进能力的培训项目或课程、得到他人帮助的方法、让自己成长的途径等。

威胁（T）：阻碍个人成功的因素，如自信心不足、竞争的压力、负面的影响等。

运用SWOT分析法可帮助我们了解自己的技能、能力，分析自己的优缺点，并对职业环境进行分析，从而帮助我们判断获得该职位的可能性，具体分析表如表9-1所示。一般来说，个人在进行SWOT分析时，首先评估自己的优点和缺点，接着找出自己的职业机会和威胁，进而提纲式列出今后3～5年的职业目标，最后提纲式列出3～5年的职业行动计划。需要提醒的是，可以根据自己的情况，列出3～5年内最想实现的三四个职业目标。

表9-1 SWOT分析表

	有利因素	不利因素
自身分析	优势 1. ________ 2. ________ 3. ________	劣势 1. ________ 2. ________ 3. ________
外部分析	机会 1. ________ 2. ________ 3. ________	威胁 1. ________ 2. ________ 3. ________

四、行动——大学生职业生涯发展任务

理想的工作不是一蹴而就的。亮眼的成绩单和简历并不会凭空而降。有价值的职业生涯规划是一个连续甚至是一个循环往复的过程。生涯规划应及早开始，从入学开始就要有生涯规划的意识，探索自己发展自己，积极寻找各种资源，帮助自己做出有效的规划。大学生的职业生涯规划一般要经历适应阶段、探索阶段、提升阶段和决策阶段，大学4年（或5年）每年都有相应的发展任务。

（一）适应阶段

大学一年级是生涯适应阶段。在这个阶段大学生要及时转变角色，并探索个人的兴趣爱好和价值观，以便尽快正确地自我定位；还要了解学校资源，做好职业探知。这个阶段注重培养生涯发展意识，发展任务侧重于“适应”。

（1）自我适应，探索个人兴趣和价值观，以尽快正确定位。

（2）了解专业发展，与师兄师姐交流，请教学院老师，了解就业方向和历年就业情况。

（3）学习使用学校资源，多利用学生手册，了解相关规定。

（4）了解学校提供的生涯咨询服务途径，预约相关老师开展生涯探索。

（5）提前尝试应聘，了解个人能力与岗位需求的差距。

（6）加入社团，或进志愿者机构工作。

（二）探索阶段

大学二年级是生涯的探索期。在这一阶段可以综合考虑初步形成的职业意向，尝试实践，以获得与自身生涯目标有关的经验，对职业进行广泛探索。这一阶段的发展任务侧重于探索以下4个方面。

（1）自我探索：我想过什么生活？我喜欢做什么职业？我能做什么样的工作？我愿意在什么环境工作？

（2）学好基础和专业知识，或辅修选修其他专业，有意识地为职业发展建立合理的知识结构；掌握现代职业者应具备的基本技能，如计算机应用能力等。

（3）职业探索：参加与专业相吻合的暑假工作或兼职。

（4）争取担任社团或机构的领导者，探索和增强沟通交流能力和组织协调能力。

（三）提升阶段

大学三年级是职业技能的提升阶段。在探知和尝试的基础上，大学生了解到了自己个人条件与理想职业之间的差距，因此，在这个阶段大学生将有针对性地提升自己的职业技能。

（1）加强专业知识学习，考取与目标职业相关的资格证书。

（2）争取加入老师的课题组或工作组，加强对本专业教学或研究的兴趣和能力，同时争取获得推荐信。

（3）通过见习、实习、兼职、实践积累经验。

（4）了解感兴趣职位的招聘信息、招聘过程和录用标准，学习制作简历，了解面试技巧、职业规范和礼仪，有针对性地训练求职技能。

（四）决策阶段

大学四年级（或五年级）是职业的决策阶段，大学生不管是工作、创业、考研还是出国，都要在这个阶段做出决策。同时理解这次生涯决策只是人生众多决策中的一次，重要但不是唯一。这个阶段也是职业的冲刺期，需要毕业生充分掌握资讯、实现就业。因此，这一阶段学生具体的发展任务包括以下 4 个方面。

（1）强化求职技能，制作简历，学习着装礼仪，面试准备等，做好求职准备。

（2）了解就业相关信息（相关的求职、考研和出国等信息），积极参加招聘活动，尝试所有可能的求职策略。

（3）权衡事业与爱情的关系，理性选择职业，并对选择负责。

（4）调节就业心理，保持良好心态，有需要可以预约相关老师咨询。

第三节 大学生职业生涯发展常见心理困惑及调适

在大学生职业生涯规划的过程中，面对复杂的社会环境、家庭环境和职业环境，大学生难免会遇到前所未有的困难、挫折和冲突，心理也会随之出现困惑。本节将介绍大学生职业生涯发展常见的心理困惑，如自卑心理、自负心理、焦虑心理和受挫心理，并给出相应的自我调适方法，以帮助大学生在遇到这类困惑时能够及时进行自我调适。

一、自卑心理

很多大学生在求职择业过程中，不可避免地会遭受各种困难、挫折和冲突，这极易引发自卑心理，进而影响就业的成功。下面介绍大学生生涯发展中自卑心理的表现、成因及调适策略。

（一）表现与成因

在大学生职业生涯发展过程中，随着应聘竞争越来越强，有些大学生缺乏信心和勇气，觉得自己不行，不敢面对竞争，尤其是有多次失败求职经验的同学。这种自卑现象多发生在一些家庭经济状况不佳、存在生理缺陷或性格内向的大学生身上。这些同学往往受困于焦虑、忧愁、颓废的消极情绪，在面试过程中谨小慎微，甚至有时紧张到语无伦次，不善于推销自己和表现自己而错失良机。

（二）自我调适

自卑心理的产生往往由于求职竞争激烈，对自我认识不足，在一些缺乏口头表达能力、欠缺人际交往能力的大学生身上表现得尤为突出。大学生可以从以下 3 个方面对生涯发展中的自卑心理进行调适。

1. 学会看到自己

每块硬币都有两面，每个人身上的特征只是特征，只有发挥这个特征的作用才能称之为优势；反之则为劣势。自卑的同学往往只看到他人的闪光点，而忽略自己的优点，甚至未很好地察觉自我。克服自卑，首先要学着看到自己，看到自己在学习中、生活中、交往中的成功实践，可以每天入睡前回顾当天自己的情绪变化，学着看到自己，并调节自己的情绪。

自我觉察是个体知道、了解、反省、思考自己在情绪、行为、想法、人际关系及个人特质等方面的状况、变化及发生原因的过程。在此过程中，个体将自我从心智中分离出来当作被观察审视的对象，以旁观者的身份客观地观察自己。此时，通过 5 种感官进入身体的图像、气味、味道、触感和声音等都是被观察、感觉的对象。练习正念，可以帮助个体了解当下的自我；改变叙事方式，可以让个体提升对过去自我的了解。需要特别注意的是，不带评判的观察更为重要，这就意味着诚实面对自己。

2. 学会接纳自己，克服恐惧

“金无足赤，人无完人”。每个人都有自己的优势和劣势。首先我们要接纳自己的不足，把它看成自己的一部分，也许这是自己区别于他人的特征。而且，知识和经验不过是一个求职砝码，缺少这个砝码，可以利用自己的其他品质来弥补，比如踏实和毅力。应聘是一个双向选择的过程。通过求职，大学生获得理想的工作，企业获得合适的人才。面试过程，是企业了解自己的过程，也是自己了解企业的过程，并不需要害怕。如果恐惧问题严重，建议寻求专业心理咨询的帮助。

3. 学会肯定自己，积极心理暗示

要在短期内变得自信，得学会肯定自己。不仅客观具体地看到自己的优势，也要学会用语言描述出来，进行积极心理暗示，如我的某科目成绩很好，我这次面试跟面试官平等地交谈等。此外，可以每天在入睡前罗列当天自己付出努力之后的收获。

二、自负心理

自负心理与自卑心理相反，自负是一种过高地估计个人的能力，失去自知之明的心理倾向。自负心理的产生往往是由于大学生不能对自己的职业能力、专业特点和就业形势做一个全面客观的分析，对自我评价过高，没有自知之明，容易应聘不适合自己的职位，进而给自己受挫创造了很多机会。

（一）表现与成因

自负的同学认为自己条件好，错误地高估了自己的能力，往往表现为盲目自大、自命不凡。一味追求“高起点、高薪水、高职位”的“三高”工作，应聘时往往表现得心高气傲、脱离实际，找不准自己的定位。由于平时对自己的职业能力评估不足，好高骛远，不注重自己能力的提升和知识的储备，往往出现眼高手低的现象，容易产生孤独、失落、烦躁、抑郁的情绪。

（二）自我调适

大学生生涯发展中的自负心理可以尝试采取以下方法进行调适。

1. 调节情绪

自负的大学生往往在屡次受挫之后，会有强烈的不适感。这个时候，学会调节自己的情绪尤为重要。细想以往个人处理自己情绪的成功做法，先自我疏导自己的情绪。

2. 合理归因

自负的大学生往往在成功事件上内归因，在失败事件上外归因，这样不利于看到自己的不足，自己的能力得不到切实提升。“当局者迷，旁观者清”，关于事件的归因，可以请周围的亲朋好友帮助自己一起分析。如此一来，可以更加客观地看到自我，提升自我。

3. 全面认识自我

也许你在某个方面是突出的，但它可能不是就业的决定因素，用人单位看中的是毕业生的专业知识、能力水平、社会适应性、思想品德、个性特征等方面的综合因素，这些才是就业成功的关键。求职择业自负心理是求职过程中的一种自我膨胀，是求职择业中自我意识的偏差。这些毕业生客观上不能全面认识自己，对自己的职业兴趣、气质、性格、择业能力并不了解，同时缺乏科学认知的方法和手段。自我评价时往往以点代面，只看到自己的优点，无法正视自己的缺点。因此，全面认识自我、正确认识自我才能更好地匹配合适的岗位。

三、焦虑心理

绝大多数大学生在择业过程中，都会或多或少地出现焦虑，都会担心自己的职业理想能否实现。有的甚至产生恐惧感，一提择业就心理紧张。因此，大学生应该了解生涯发展中焦虑心理的表现与成因，学习焦虑心理的调适方法。

（一）表现与成因

在择业过程中，大学生普遍会有不同程度的焦虑心理，如会不会通知我面试、面试有没有很好表现、用人单位是否会录用自己、屡次被拒绝怎么办、是不是我理想中的工作、到岗后我是否能胜任等。适度的焦虑可以帮助自己更好地提升技能，然而往往在一些成绩不佳、性格内向的大学生身上表现出过度的焦虑，他们往往心理紧张、忧心忡忡、烦躁不安，进而影响应聘。

（二）自我调适

在严峻的就业形势下，无论什么学校什么专业的大学生，都面临求职的考验。过度的焦虑心理让大学生感到巨大压力，影响睡眠饮食，进而会影响应聘时的正常发挥，因此，大学生要有适当的排解方法。

1. 正视情绪问题

由校园走向社会，由依赖变成独立，难免产生担忧，理想的工作是最好的解决方法。大学生重视职业生涯发展，会有焦虑情绪，这是人之常情。适度的焦虑有助于超常发挥，超出承受范围的焦虑就要看对自身的影响程度，如果已不在自己能够调节的范围内，则需要找亲朋好友一起疏导，如果程度严重，已导致睡眠障碍、食欲不振、学习效率低、社会功能受损，则需寻找心理咨询老师或心理医生的专业帮助。

2. 自我调适情绪

大学生长时间处于焦虑、抑郁情绪时，说明目前的情绪调节方式已不适用于处理现状，因此，大学生可以拓宽情绪调适的途径，比如上网或找朋友咨询还有哪些情绪调适的方法，可以挑选合适自己的方法，如合理宣泄法、向知心朋友或老师倾诉、大哭一场、户外运动等。

3. 正确看待求职

“条条大路通罗马”，人生的第一份工作只是通向自己理想生活的一种途径，还有其他途径，另一条路也许有另一种精彩。找个工作本身不是问题，因为最后没有谁没找到工作，难就难在怎么找个自己当时认为满意的好工作。同时，求职是对方挑选自己，也是自己了解企业、挑选企业的过程；我们可以通过职业规划、求职过程或面试过程，更好地了解企业。

四、受挫心理

现代生活中，每个人都可能遭遇挫折。面对困难和挫折，许多人常常痛苦、怨恨，失去希望和信心。职场受挫后，如果不善于找到成因及时自我调适，而使心理失衡，不仅影响人的工作、生活，还严重影响人的健康。

（一）表现与成因

目前高校毕业生就业形势越来越严峻。在就业难的社会大背景下，绝大部分大学生就业求职不会一次成功，都会不同程度地遭遇挫折，如投出上百份简历未有回音、面试被拒、经过层层选拔未能入围等。就业是大学生的人生重要转折点，而临近毕业求职失败，行动受到阻碍，目标未能达成，无疑会给大学生带来较大的挫败感，甚至有些同学显得不堪一击，颓废不振。

（二）自我调适

找到理想的工作从来都不是一件容易的事情。用人单位和大学生要达到像锁要找到那把与自己匹配的钥匙那样的关系，这是一个艰难的过程，大学生必定要经历很多的尝试和错误，从而产生巨大的心理压力和挫折感，而这需要及时处理。

1. 情绪合理化

大学生在择业过程中遇到困难和挫折，这是很正常的。我们要学会接受现实，接受这样的挫败感和不适情绪，进而疏导。情绪低落时，可以通过做自己感兴趣的事情，学习新知识和新技能，来调节自己的不愉快情绪。

2. 调整自我期望值

很多大学毕业生都是平生第一次求职，对未来充满希望和憧憬，期望找到一份条件好、待遇好、能充分发挥自己能力的工作。所以有些毕业生就业目标设置较高，理想与现实差距太大，导致求职受挫。在求职过程中出现的很多问题都和自身对事情的预期有关。毕业生应对就业形势深入了解，对自己进行客观自我评价，面对现实、接受现实，适当调整就业期望值。

3. 提高心理承受能力

心理承受能力是个体对逆境引起的心理压力和负性情绪的承受与调节能力。大学生要接受“挫折教育”和“耐挫教育”，学会主动承担责任，独立解决问题，这对提高自我心理承受能力非常有用。

4. 培养积极的择业心态

竞争是市场本质，是不可避免的。只有在竞争中成功或者在竞争中失败两种结果，没有逃避竞争的可能，所以在竞争面前不能一味退缩而应积极行动参与竞争。即便失败，也应认真反思，吸取经验，以重获成功。找工作不太可能一帆风顺，理想的工作无法一蹴而就，面对挫折能够越挫越勇，则将会是我们人生中让我们历练心智的经历，将是一笔贵重的人生财富。

第四节　大学生职业生涯发展能力的提升

随着社会的快速发展，科学技术飞速更新换代，职场对大学生生涯发展能力要求越来越高。大学生要想立于不败之地，令自己尽快就业，较好地适应职场，做职场中不可或缺的一分子，则需要不断提升生涯发展能力。

一、就业能力的打造

就业力，指的是个人在经过学习过程后，能够具备获得工作、保有工作以及做好工作的能力。就业力不足是社会人才供给与需求之间最深层次的内在矛盾，是大学生就业难问题的症结所在，提升大学生就业力是一项紧迫而又长期的任务。

就业力分项比较的研究结果显示，实际工作要求较高而毕业生水平相对较低的前 10 项就业力分别是谈判能力、捕捉机遇能力、压力承受能力、口头表达能力、问题解决能力、协调组织能力、主动性、时间管理能力、团队协作能力、处理人际冲突能力。而这 10 项就业力基本属于承担较高层次工作所需要的人际沟通和实际操作能力，这正是高等教育与劳动力市场需求脱节的主要方面，也是当前提升高等教育质量的关键环节。

大家可以针对上述 10 项对自己的就业力进行仔细评估，了解自己正处于什么状态，优势有哪些，有哪些项目可以进一步发展和提高。面对真正的就业市场，个人就业力高的大学生往往能脱颖而出。除了充实的专业知识和技能，企业所需要的人才是尽量不需要培养成本而直接帮助创造收益的员工。因此，大学生在校期间，需要提升个人的就业力，以及在真正职场上的工作能力，如团队协作能力。大学生积极参加社团活动，担任学生干部，组织活动，加强人际沟通和交往经验，能为提升自身核心竞争力提供实践。

二、生涯适应力的提升

在快速变化的现代社会中，应对生涯中的任务、问题、转折甚至是重大事件的心理资源，是获得生涯成功的关键能力和元能力。生涯适应力就是个人应对社会变化，保持与环境和谐的心理资源。生涯适应力是生涯心理学领域的一个热点课题，由美国生涯心理学家萨维卡斯提出。所谓生涯适应力，是指个体对于可预测的生涯任务、所参与的生涯角色与面对生涯变化或不可预测的生涯问题的准备程度与应对能力。它通过影响个体的生涯发展及工作、生活相关的变量，进而促进个体顺利实现生涯转换，能够提升个体的工作、生活、生涯满意度，以及幸福感、就业质量和工作绩效。

三、创造力的培养

创造力是指产生新思想，发现和创造新事物的能力。例如，创造新概念、新理论，更新技术，发明新设备、新方法，创作新作品这些都是创造力的表现。无疑，创造力是推动自己、企业甚至国家发展的发动机。一个人是否具有创造力，是区分人才的重要标志。

（一）培养创造力的途径

创造力是成功地完成某种创造性活动所必需的心理品质。它是知识、智力、能力及优良的个性品质等因素综合优化形成的。它不仅是职场中不可或缺的能力，也是丰富人生的永动机。可以从以下 4 个方面培养创造力。

（1）激发求知欲和好奇心，培养敏锐的观察力和丰富的想象力，特别是创造性想象。

（2）培养善于进行变革和发现新问题或新关系的能力。

（3）重视思维的流畅性、变通性和独创性。

（4）培养求异思维和求同思维。

拓展阅读

头脑风暴法

头脑风暴法是一种在锻炼创造性思维、寻找创新思想时常用的方法。头脑风暴法采用开展头脑风暴会议的形式调动成员的创造性以解决实际问题。头脑风暴会议的实施步骤如下。

（1）会前准备：确定讨论的主题、参加者与主持人。

（2）创意开发：主持人公布主题及相关情况，设定每人的发言时间，每人突破思维惯性，大胆联想，并在限定的时间内分享设想。

（3）收集与整理：尽可能多地收集各种设想，再对设想进行分类，如果是实用型设想，则再次进行论证，进一步扩大其实现范围；如果只是幻想型设想，则进一步开发，使其转变为实用型设想。所谓实用型设想，是凭借目前技能可以实现的设想；而幻想型设想则为目前还不能实现的设想。

（二）大学生创新创业实践

社会的快速发展为大学生的创造力提出了较高要求，同时也为大学校园的创新创业实践机会提供了更多便利。大学生可以通过互联网浏览论坛、参加辩论赛、参加导师的课题会、参加挑战杯比赛等，拓宽自己的视野，丰富自己的看法，产生更多的创新方法，提高问题的解决能力。

就业既包括找到固定的工作，又包括自主创业。在“大众创业、万众创新”的背景下，社会各界对大学生创业实践支持力度不断加强。大学生可以通过选修创业课程、参加创新创业大赛，开展调研项目、组建团队等，积累自己的创业知识，实践自己创新创业的想法，培养自己的创新创业能力。对创业感兴趣的大学生，甚至可以投身到创业活动中去，在创业活动中锻炼自己的创新思维，在创业活动中实现自己的人生价值。

四、择业心态的调整

近年来，随着高校不断扩大招生，每年大学毕业生人数都在大幅增加，就业竞争日趋激烈。根据教育部的统计数据显示，预计 2021 年我国高校毕业生人数将达到 909 万人，首次突破 900 万人。到 2022 年，我国高校毕业生人数将超过 1000 万人。目前我国 14 亿多人口中，只有 1.7 亿名大学生，再过 10 年左右时间，随着各高校毕业生进入社会的各行各业，我国总人口中就会有 3 亿多名大学生。大学生在激烈的就业择业环境中，要保持积极正确的就业心态。

作为一名即将进入职业人才招聘市场的大学生，首先，要选择适当的就业目标，择业目标应与本人所具备的实力相当或接近，不要好高骛远也不要妄自菲薄。其次，要注意避免理想主义，及时调整就业期望值，不刻意追求最满意的结果，先就业后择业，在工作中不断地磨练自己，提升自己的职业竞争力。再次，避免从众心理，不盲目攀比，坚持从自身特点、能力和社会需要出发，另辟蹊径或许更能收获别样的成就。例如，每年国家都会面向大学毕业生开展三支一扶计划、西部计划、农村教师计划等就业号召，到祖国最需要的地方去同样也能够书写灿烂青春、实现人生价值。另外，择业中的大学生要学会克服自卑、胆怯心理，树立择业自信心，培养勇于挑战自我和应战的勇气。在择业阶段，勇敢地多投递简历，多尝试不同的招聘岗位，为自己争取更多的就业机会，拥有更多的择业选择。最后，遇到挫折，不消极退缩，愈挫愈奋，态度积极乐观，勇于向挫折挑战。绝大多数人在求职择业的过程中，难免都会经历挫折和冲突，保持阳光心态，抓住机遇，创造条件，克服困难。不论结果怎样，应永远保证“胜不骄，败不馁”。

第五节 大学生成长训练营

心理测试

生涯适应量表（见表 9–2）由美国生涯心理学家萨维卡斯（Savickas）等学者编制，该量表已经在 10 余个国家和地区得到了信效度的验证。请评价表 9–2 的表述中，相对于你的同龄人，你的能力发展情况。“1”表示“不强”；“2”表示“有点强”；“3”表示“强”；“4”表示“很强”；“5”表示“非常强”。答案没有正确或错误之分，请根据自己的实际情况作答。

表 9–2 生涯适应量表

思考项目	不强	有点强	强	很强	非常强
1. 思考我的未来会怎样	1	2	3	4	5
2. 认识到今天的选择和我的未来密切相关	1	2	3	4	5
3. 为未来做打算	1	2	3	4	5
4. 日益关注我的教育和职业选择	1	2	3	4	5
5. 计划如何实现我的目标	1	2	3	4	5
6. 关心我的人生规划	1	2	3	4	5
7. 探索我的周围	1	2	3	4	5
8. 寻找自己成长的机会	1	2	3	4	5
9. 在选择前调查各种可能	1	2	3	4	5
10. 探究做一件事情的不同方法	1	2	3	4	5
11. 深度探索我所关注的问题	1	2	3	4	5
12. 对新机会充满好奇	1	2	3	4	5
13. 保持愉悦状态	1	2	3	4	5
14. 靠自己做决定	1	2	3	4	5
15. 为自己的行为负责	1	2	3	4	5
16. 坚持自己的信念	1	2	3	4	5
17. 相信自己	1	2	3	4	5
18. 做我认为正确的事	1	2	3	4	5
19. 有效率地完成任务	1	2	3	4	5
20. 把该做的事情做好	1	2	3	4	5
21. 学习新技能	1	2	3	4	5
22. 增强我的能力	1	2	3	4	5
23. 战胜困难	1	2	3	4	5
24. 解决问题	1	2	3	4	5

评分与解释

（1）本量表包含 4 个维度，各维度的表述项及解释分别如下。

生涯关注（包含 1 ～ 6 项）：指一个人对自己的职业生涯开始关注，能尽量关注未来可能的变化，透过合理的计划思考未来，为未来做准备。

生涯好奇（包含 7 ～ 12 项）：指一个人对自己和职业保持好奇，愿意尝试和冒险，收集尽可能多的信息，开始更多的探索行为，并对变化保持好奇心。

生涯控制（包含 13 ～ 18 项）：指一个人能拥有选择未来的权力，设定目标、做出选择和行动。

生涯自信（包含 19 ～ 24 项）：指一个人直面生涯中的困难并努力克服，实现职业理想，提高解决问题的能力又对改变保持开放。生涯自信正是生涯适应力的核心。

（2）计算总分的平均分和各维度平均分。总分的平均分越高说明生涯适应力越强，即对于可预测的生涯任务，所参与的生涯角色和面对生涯变化或不可预测的生涯问题的准备程度与应对能力越强。各维度平均分越高，说明各维度能力越强。

大家可以针对上述 4 个维度进行评估，了解自己的优势和劣势。

自我成长训练

训练 1：决定平衡表

当你需要进行人生种种状态选择与决定时，比如有“事件 1”与“事件 2”的抉择，不妨将所有的考虑及得失情况写在表 9-3“决定平衡表”中，这样做有助于理清你的思路，使你做决定时头脑清晰、判断准确。

第一步：请你将对“事件 1”与“事件 2”的得失考虑写进表中。

第二步：请你把收益与肯定项目标上“+”，把损失与否定项目标上“–”。

第三步：请分别对“事件 1”与“事件 2”累计“+”或“–”的数量，大致评估出一个比例。

第四步：对累计结果进行分析。在得与失、肯定与否定之间，你会选择得大于失、肯定多于否定的备选方案，因为这种方案能为你带来最大的心理平衡。

表 9-3 决定平衡表

决定事件 思考项目	事件 1	事件 2
自己的收益与损失	收益：①________ ②________ …… 损失：①________ ②________ ……	收益：①________ ②________ …… 损失：①________ ②________ ……

续表

思考项目 \ 决定事件	事件 1	事件 2
周围人的收益与损失	收益：① ______ ② ______ …… 损失：① ______ ② ______ ……	收益：① ______ ② ______ …… 损失：① ______ ② ______ ……
自我的赞同或反对	赞同：① ______ ② ______ …… 反对：① ______ ② ______ ……	赞同：① ______ ② ______ …… 反对：① ______ ② ______ ……
周围人的赞同或反对	赞同：① ______ ② ______ …… 反对：① ______ ② ______ ……	赞同：① ______ ② ______ …… 反对：① ______ ② ______ ……
累计		

训练 2：面试的心理训练

但凡不善于在众人面前讲话的人，在其诸多原因之中，最主要、最根本的原因是存在心理上的障碍，是由于缺乏临场的心理训练导致。下面介绍一套简单易行的训练方法。

第一步：站立不语练习（练心）。练习者可请家人、同学、朋友做自己的观众，本人站在高于听众之处，目视听众而不开口。此时练习者要进入讲话的心理感受之中，进行心理体验。这一步是练心不练口。每次站立 5 ～ 10 分钟，直到练习者不觉得十分紧张为止。

第二步：随便说话练习（练口）。练习者在人前站立心理上已适应之后，即可进入说话训练。这时的讲话从内容和形式上，不要给予任何规定和限制。练习者要随心所欲，讲自己最熟悉的话。这时的练习者虽然心理上初步适应，但开口讲话还缺乏适应性锻炼，此时大脑或紧张或混沌一片，所以这一步练习只要求练习者能开口讲话就可以了，至于内容则可非常随意。这一步是在练“心”的基础上练“口”，讲话时间以 3 ～ 5 分钟为宜。练习者和听众可现场交流对话，轮流演练，直到练习者能在人前自如流利地讲话为止。

第三步：命题演讲练习（表达练习）。在前两步训练的基础上，练习者进入命题演讲练习。练习者和听众之间要反复交流，推敲练习者的有声语言、态势语言的力度、速度、表情等。此步练习以练习者在“台”上让听众听不出练习者是在背稿，也不是在“演”

为目标，要求练习者达到能够真实自如、从容不迫地讲自己的心里话的地步。

第四步：即兴演讲练习（全面练习）。练习者的临场心理和讲话能力都有了一定的提高后，便可进行较高层次的即兴演讲练习。练习者以抽签来确定演讲的题目和内容，抽签决定后给予 10 分钟时间打腹稿。此时练习者的思维处于调整运转状态，这对于提高练习者的谋篇布局、遣词造句能力都是很有必要的。

以上 4 步练习法侧重于实践，初学者如果再辅以一定的理论指导，效果将会更好。

（该训练内容来源于网络）

团体拓展训练

活动主题：我的职业我做主。

活动目标：初步认识职业生涯规划，认识自我，逐渐建立自己的职业理想，拟定短期个人生涯发展规划。

活动时间：90 ～ 120 分钟。

活动人数：每组 8 ～ 10 人。

活动原则：注意保密原则，在活动中涉及的自我暴露及探讨的相关信息不可以在其他场合谈论，注意保护小组成员的隐私，遵守小组制订的“团体契约”，推动小组安全运行。

热身活动：鸡蛋变凤凰（时间：10 分钟）

1. 目的

活跃气氛，体验身份变化的来之不易。

2. 活动步骤

（1）大家的起始级别为“鸡蛋”，每人随意寻找对象，通过剪刀、石头、布的猜拳方式与另外一个“鸡蛋”对决。

（2）对决胜利者，即可升级为“小鸡”，输家仍然为“鸡蛋”。

（3）第一轮结束，“鸡蛋”和“鸡蛋”对决，“小鸡”和“小鸡”对决。

（4）第二轮开始，“鸡蛋”仍然为变身而努力寻找另外的“鸡蛋”对决。“小鸡”要寻找另外的“小鸡”进行对决，赢家升级为“雄鹰”，输家降级为“鸡蛋”。

（5）第三轮，规则同上，“雄鹰”为了升级，要寻找其他“雄鹰”对决。赢者可升级为“凤凰”，输者降级为“小鸡”。

（6）直到游戏无法进行（无人和自己配对进行比赛）时，游戏结束。

活动 1：职业面面观（时间：25 分钟）

1. 目的

初步了解自己的兴趣和理想职业，分析职业信息。

2. 准备材料

白纸和笔。

3. 活动步骤

（1）请列举与你生活关系密切的职业。

（2）在众多职业中，你最喜欢哪 3 个职业？你希望将来从事什么职业？

（3）请列出影响你对职业喜爱度的原因，并依照重要程度排序（如工资、福利、晋升空间、个人兴趣、工作稳定、能发挥个人才能等）。

（4）小组分享自己的答案及感受。

4. 活动点评

既要符合自己兴趣、特长，又是各方面都好的职业，需要一个人付出精力和智慧去探索和寻找。

活动 2：生涯穿越（时间：40 分钟）

1. 目的

探索自己对未来的职业和生活的期待。

2. 准备材料

白纸、笔、轻音乐。

3. 活动步骤

（1）在音乐声中引导大家放松，想象 10 年后的一天，那时的你正在什么地方，在做着什么，周围的场景如何。越想场景越清晰，接着想象你接下来的一天会做什么，请直接用笔写 / 画在纸上。

（2）按照同样的做法，想象 5 年后的某一天，想象你大学毕业的那一天。然后将其写 / 画下来，与大家分享未来的故事。

4. 活动点评

通过想象穿越到未来的时空，更加具体地体验自己理想的职业及生活。

活动 3：设计我的简历（时间：35 分钟）

1. 目的

根据理想职位，综合毕业时个人的资源，设计简历，检视自己的差距及努力方向。

2. 准备材料

白纸和笔。

3. 活动步骤

（1）假如你理想的职业岗位开始招聘，请设计你的个人简历。简历内容包括：应聘岗位、姓名、联系方式、大学经历等。

（2）思考：假设你应聘成功，你觉得是你简历中的哪部分发挥了作用？你需要做出什么努力才能做到？你现在可以开始做什么？

（3）与小组成员分享你的简历制作过程和感受。

4. 活动点评

提前发现自己今天的简历与现实的差距，帮助我们了解努力的目标和方向。

案例导读

直面应聘挫折

案例介绍

小C，女，大四，师范专业。家庭经济状况较差，父亲打零工，母亲无业，弟弟仍在读职高。大学成绩一般，无挂科，无奖学金，已考取教师资格证，曾担任班级的生活委员。父母希望她做一名教师，认为教师是一份稳定的工作，也希望她工作后能在经济上帮助家里。她十分听从父母的意见，专心备考编制教师考试，每天从早到晚坚持在图书馆复习，也从不参加其他类型的招聘会。秋季招聘期间，曾经向八个教育局或学校投递简历，参加第一轮笔试环节的有四次，都没有进入第二轮面试环节。临近寒假，眼看着其他同学不少已经有了心仪的offer，自己还在考编的路上，如果春季招聘仍然考编不上岸，那么只能毕业就失业了。如果应届考不上编制，那么就会丢了应届生的身份，考编就会受到限制，以后可能连考编的资格都没有，就算有也将会面临跟更多的应届生去竞争的局面。小C认为只有编制老师才是真正的出路，在机构做老师或者做代课不是真正的老师。她最近半个多月以来，情绪焦虑低落，易哭，晚上睡眠质量差，入睡困难，不自觉会与人比较，越比较越觉得自己无用无能，自我价值感降低，一方面觉得自己找不到工作真是白读了这么多年书，另一方面更是觉得愧对父母这些年辛辛苦苦省吃俭用供自己上学。她对自己的就业前景感到悲观，认为自己的能力素质很一般，注定是找不到工作了。

案例分析

不少大学生在招聘的过程中，难免会遇到投了简历后却没获得考试通知，进入考试环节了却最终落选，多场应聘的考试时间刚好冲突只能选其一等求职挫折或不顺利的情况，由此容易引发焦虑、失落、无助等情绪，可能还会有失眠、食欲下降、内分泌失调等症状。造成本案例中的小C心理困扰的原因主要有以下几个方面。

1. 职业招聘分析不到位

当前编制教师招聘的竞争越来越激烈，竞争者不仅有来自大学的应届毕业生，可能还有已经毕业的代课老师，甚至还会有想调动工作地点的在编老师。作为一名应届毕业生，除了在笔试环节要尽可能牢固掌握理论知识和提升书面表达能力外，还要在面试环节中大力增强试讲能力、案例分析能力和临场应变能力。小C在学习成绩和学生工作经历不突出的前提下，要大力加强自身的师范知识和技能，搜索考编教师的技巧攻略分享。此外，除了编制教师外，也应适当参加其他类型的招聘会，在求职实践中不断地提高自己的应聘能力。

2. 求职受挫心理调节要加强

求职过程中，心理状况经常随着招聘应聘的进程变得焦虑、抑郁、沮丧等。因此，大学生在找工作期间，要保持良好的心理调适，心态端正阳光，才能更好地迎接新的挑战，抓住每一次可能的机会。当负面情绪在积压时，要学会找到合适的宣泄方法，例如运动法，大汗淋漓之后心情会变得舒畅。努力寻求社会支持系统的鼓励，找到家人、老师或是熟悉的同学，向他们倾诉目前遇到的困难，请求支持和建议。另外，可以预约学校的心理咨询中心，在专业心理咨询师的引领下进行自我探索，排解心理上的苦闷。

3. 存在不合理信念

美国心理学家阿尔伯特·艾利斯（Albert Ellis）在20世纪50年代提出理性情绪疗法，他认为一个有理性的人，凡事会尽力而为，但不会过分计较成败得失，因为重要的是参与过程而不是结果。如果要求自己十全十美，或过分要求自己在某一方面有成就，为自己制定不能达到的目标，只能让自己永远当个失败者，在自己导演的悲剧中徒自悲伤。小C对就业和招聘存在不合理信念，例如“只有编制老师才是真正的出路”“注定是找不到工作了”等绝对化的、过分概括化的、极端化的思想认识。怎么去纠正自己的不合理信念呢？主要是要调整对事件的态度，与自己的不合理信念进行辩论。编制老师不是唯一的出路，也有很多岗位适合师范生去就业，在工作的过程中，要有“先就业后择业”的观念，相信条条大路通罗马，在工作实践中不断提高自己的综合素质。

个案成长

1. 肯定自己的努力

不少希望毕业后从事教育行业的师范生，在大四期间还在努力考取教师资格证。小C早在大三已经获得了教师资格证，说明她是一个有提前规划意识的同学，选定了就业目标后能够为之努力进取，这是值得肯定的。每个人前进的路上少有一帆风顺，正所谓“不经历风雨，怎么能见彩虹”，坚定信心，相信“阳光总在风雨后”。

2. 懂得寻求社会支持

对事物的认识会直接影响我们对该事物的心理体验。在求职大军当中，有的人能够越挫越勇，有的人却越挫越颓。前者是把挫折当作成长的历练，后者则把挫折当作难以跨越的困难。当发现自己的情绪低落无助难以自我调节时，要懂得寻求支持和协助。可能有些同学会认为自己心情很差，还要去找别人是在给别人添麻烦。其实恰恰相反，关心爱护你的人是十分愿意倾听你的感受，愿意尽力去帮助你的。亲友、师长、心理咨询机构都是不错的社会支持力量。

思考与讨论

1. 请阐述大学生职业生涯规划包含哪些流程。

2. 在职业生涯规划过程中，你如何看待自己的能力、个性等特征与期望职业的匹配度？

经典导读

《你的降落伞是什么颜色？》

《你的降落伞是什么颜色？》是著名的职业生涯规划师理查德·尼尔森·鲍利斯40年的研究心得。该书用测评工具和理性的分析方法，帮助读者全面了解自己、发现自己的优势，并结合当下求职市场的最新形势，提供了实用、有效的职业规划方法和求职技巧，还特别推出了“降落伞行动手册”，帮助职业规划迷茫的读者找到职业目标和理想工作，助其在网络巨浪的冲击中脱颖而出。

《比尔·盖茨传》

《比尔·盖茨传》讲述了比尔·盖茨创立微软公司的过程以及他的人生经历。比尔·盖茨连续24年荣登福布斯400富豪榜榜首。比尔·盖茨从13岁就开始编程，在哈佛大学时在计算机编程上显示出卓越的才能。后来比尔·盖茨和他的朋友保罗一起创建了微软公司，并在今后的若干年里，将微软公司打造成微软帝国。比尔·盖茨不局限于在计算机领域取得的成就，在微软公司发展壮大的几十年里，它的视野版图不断扩大。比尔·盖茨也热衷于慈善事业，利用他的财富和成就帮助世界上仍需要帮助的人。

10 第十章 大学生压力管理与挫折应对

【名人名言】

天行健，君子以自强不息。

——《周易》

不因幸运而故步自封，不因厄运而一蹶不振。真正的强者，善于从顺境中找到阴影，从逆境中找到光亮，时时校准自己前进的目标。

——易卜生

开篇故事

压力效应

一艘货轮卸货后在浩瀚的大海上返航时，突然遭遇了可怕的风暴。水手们惊慌失措，经验丰富的老船长却果断地命令水手们立刻打开货舱，往里面灌水。“船长是不是疯了，往船舱里灌水只会增加船的压力，使船下沉，这不是自寻死路吗？”一个年轻的水手嘟囔着。看着船长严厉的脸色，水手们还是照做了。随着货舱里的水位越升越高，船一寸一寸地下沉，依旧猛烈的狂风巨浪对船的威胁却一点一点地减少，货轮渐渐平稳了。船长望着松了一口气的水手们说：“上万吨的巨轮很少有被打翻的，被打翻的常常是根基轻的小船。船在负重的时候，是最安全的；空船时，则是最危险的。”

这就是“压力效应”。那些得过且过，没有一点压力，做一天和尚撞一天钟的人，就像风暴中没有载货的船，往往一场人生的狂风巨浪便会把他们打翻。

第一节 压力概述

压力与人类始终相伴，是人类生存发展的适应性“保护机制”。没有压力，我们甚至无法生存。然而，随着当代科学技术的飞速发展，信息量的迅猛激增，社会竞争变得日趋激烈，人们所面临的压力也日益加剧，压力已蜕变成了威胁人类健康和幸福的一大“元凶”，成了当代人最突出的心理卫生问题。

一、压力的含义和类型

大学阶段是大学生世界观、人生观和价值观形成并趋向成熟的重要时期，也是人生成长的关键阶段。社会的责任、家庭的重托和自身对未来的期望，使大学生成为高压力的特殊群体。国内外大量研究表明，长期或过于强烈的压力既是妨碍大学生顺利完成学业的主要障碍之一，也是造成大学生心理障碍的主要原因。为了更好地预防压力引起的心理健康问题，大学生首先需要认识压力的本质。

（一）压力的概念

压力是一个多侧面、多维度的理论概念。压力（stress）最初是一个物理学领域的专有名词，指的是作用于物体表面上而导致其扭曲变形的外力。哈佛大学生理心理学家沃尔特·坎农（Walter Cannon）首次将压力概念引入心理学领域，认为当个体面对各种刺激时会产生强烈的情绪，并会表现出攻击或逃避行为，即“战或逃”反应。其后加拿大著名的生理心理学家汉斯·塞利（Hans Selye）通过科学方法验证压力，认为压力是身体为满足需要所产生的一种非特异性生理反应，并将这种非特异性反应归纳为“一般适应性综合征”。这就是说，我们乐于适应的好事情和不愿接受的坏事情都会带来同样的生理反应。

心理学界目前对压力比较普遍的看法是：个体在适应生活的过程中，在环境的要求和自身的应对能力不匹配时感受到的一种身心紧张状态，也称应激状态。主要包括以下三方面的内容：

第一，压力是指那些会导致个体感到紧张的事情或环境，也就是刺激，比如第一次上台演讲、第一次求职面试等。

第二，压力是包括生理、心理及行为等多方面的个体反应。例如个体处于压力状态时，可能会出现心跳加快、呼吸急促、手心出汗、尿量增加或身体颤抖等反应。

第三，压力是引发压力的刺激与压力身心反应二者之间交互作用的过程。

（二）压力的类型

从压力的影响程度来看，可将其分为轻度压力、高度压力和适度压力。

（1）轻度压力是让个体感觉放松的微弱压力，但若长期如此，个体可能会变得懒散而丧失斗志。

（2）高度压力是促使个体变得兴奋的强烈压力，但压力过高会使个体产生挫折感，不能发挥其应有水平，甚至出现心理或行为异常。

（3）适度压力是程度适宜的压力，既让个体感觉舒适，同时又能激励其士气和行为。在适度压力氛围内，个体会变得更有活力，能更积极地工作和生活。

从压力的影响结果来看，可将其分为正性压力、中性压力和负性压力。

（1）正性压力，即良性压力，会激发个体趋向健康的理想水平。一般来说，属于正性压力的情境令人产生愉快的积极情绪。

（2）中性压力是个体认为无关紧要或无所谓好坏的信息或感官刺激，不会引发后续效应。

（3）负性压力是真实的或想象中的威胁性事件，会让个体产生厌恶、恐惧等消极情绪，也就是我们通常意义上所说的压力，会影响个体的心理和行为状态。负性压力还可分为急性压力和慢性压力。前者出现时基本没有预兆，通常是来势汹汹且去也匆匆，是一种短暂的唤醒状态，伴随着典型的进攻或退缩行为。后者是一种长期的唤醒状态，使人感到即便调动所有资源也不能满足压力事件的要求，日积月累到一定程度才会爆发出来，进而影响个体身心及行为。心理学研究发现，慢性压力对身心造成的影响远超过急性压力。

从可预见程度来看，可将其分为预期压力、情境压力和残留压力。

（1）预期压力是因担忧未来的不确定性而产生的压力，如担心毕业后不能找到满意的工作。

（2）情境压力指当下所处情景环境导致的压力，是一种即时性威胁和挑战，如参加比赛时的压力等。

（3）残留压力是过去遗留的压力，表现为在经历过挫折、失败之后不能抹去的伤痛或记忆，这种压力会在特定的场合爆发。

二、压力的反应和表现

（一）压力反应的生理机制

人们面临压力时会产生一系列生理反应。加拿大心理学家汉斯·塞利通过多项压力研究，将压力状态下的生理反应称为“一般性适应综合征”，分成三个阶段：

第一阶段，警觉反应。在这一阶段中，因刺激突然出现而产生情绪的紧张和注意力提高，体温与血压下降，肾上腺分泌增加，进入应激状态。

第二阶段，抵抗。如果刺激继续存在，抵抗就会随之发生。个体企图对身体上任何受损的部分加以维护复原，所以产生大量调节身体的激素。

第三阶段，衰竭。长时间的同样刺激之后，机体逐渐适应，而适应所需要的能量也随之消耗殆尽，终会导致机体死亡。

（二）压力反应的具体表现

当个体感受到压力时，通常会在生理、心理和行为上有所体现。具体来说，当这些反应的程度适中时，有利于促进个体主动调节去适应环境的变化，然而，一旦这些反应过于强烈或持续时间过长，就会超出个体自身调控的能力，微小的生理症状不断积累常会导致严重的身心疾病。

1. 压力下的生理反应

个体在压力状态下的生理反应主要表现在中枢神经系统、内分泌系统和免疫系统等方面，例如，压力会引起心率加快、血压升高、激素分泌增加等以应对变化。但是，过度压力会使身体器官和机能受损。据统计，70% 以上的生理性疾病与压力有关。

2. 压力下的心理反应

适度的压力状态下，个体会有警觉、注意力集中、思维敏捷等心理反应，这有助于激发个体应付环境挑战的潜能。但压力过度则会使人高度紧张、烦躁、易怒、心悸，表现出消极被动或无所适从，甚至出现各种精神疾病。

3. 压力下的行为反应

一般而言，适度的压力会促发或增强一些正向的行为反应，如寻求他人支持，学习处理压力的技巧。过度压力状态下，个体会出现坐立不安、说话结巴、刻板动作、攻击他人等直接的行为反应，也可能出现暴饮暴食、过量吸烟饮酒、滥用麻醉品等间接的行为反应，以暂时缓解紧张状态。

如图 10-1 耶基斯—多德森法则所示，随着压力强度的增加，正性压力会转化为负性压力，绩效或健康状况随之下降。最佳的压力水平是正性压力变为负性压力的临界点。研究表明，在最佳压力水平时，与压力有关的激素可以帮助提高身体的效能和信息处理能力，个体可以达到最高绩效。不过，离开最佳水平后，各方面的效能都开始下降。

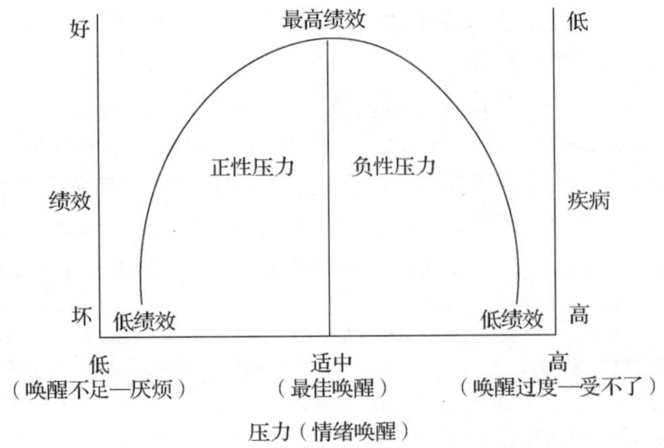

图 10-1 耶基斯—多德森法则

图 10-1 说明正性压力对于健康和绩效是必要的，但如果偏离了最佳水平，不管是高于还是低于最佳水平，都会产生危害。

三、压力的来源

压力的来源简称压力源，即压力产生的原因，指引发或有助于压力反应产生的所有刺激，也称为应激源。

（一）压力源的类型

压力产生于压力源，我们生活中所遇到的压力源可能存在于外界环境，也可能来自个体身心的内在环境。心理学家对造成压力的各种刺激进行分析，大致归纳出以下四种类型的压力源：

1. 生理性压力源

生理性压力源是指通过对人的生理直接发生刺激作用而造成身心紧张状态的刺激，包括躯体创伤或疾病、饥饿、失眠等。

2. 心理性压力源

心理性压力源是指直接来自人们头脑中的紧张性信息，如不合理认知、不良自我概念及个性特点等。生活中的压力事件处处可见，不同性格特征的人对压力的感受各异，区别主要源于人们对压力的认知。研究表明，工作勤奋、争强好胜、成就动机高、追求完美、时间紧迫感强的人更容易感觉到压力。

扩展阅读

A 型压力易感人格

弗雷德曼（Friedman）和罗森门（Rosenman）两位学者在对心脏病患者的研究中发现了一种 A 型人格行为方式。这是一种精力旺盛的竞争性人格。这种人大多求胜心切，总想在最短时间内处理无数难以确定的事务，而长期处于这种压力下的紧张状态容易导致心脏病。

A 型人格行为方式通常具有以下特点。

（1）常常同时做或思考两件不同的事，经常处于紧张状态。

（2）总是把工作日程安排得很满，时间感特别强。

（3）不看具体情况，把严守时间看成绝对不能变更的信条。

（4）看到别人做事慢或做不好，恨不得抢过来自己做。

（5）除非万不得已，从来不愿排队。

（6）经常大步快走，抄近道。

（7）心直口快，爱激动，易发怒，不能耐心听别人讲话。

（8）爱和别人比高低，常对人产生敌意。

（9）对周围的环境或美好的事物不关注，或者不感兴趣。

（10）总是以数量来衡量自己和别人的成绩。

3. 社会性压力源

社会性压力源主要是指造成个人生活方式上的变化并需要个体对其做出调整和适应的情境与事件。社会性压力源小到日常生活中的变化，大到社会生活中的重要事件。生活的改变常常会给人带来压力。心理学家霍曼和瑞希编制的生活改变与压力感量表，列出了人们可能经历的生活事件及压力指数，如表 10-1 所示。

表 10-1 生活事件压力指数

生活事件	压力指数	生活事件	压力指数	生活事件	压力指数
丧偶	100	离婚	73	分居	65
入狱，受拘禁	63	近亲死亡	63	重伤重病	53
结婚	50	解雇、失业	47	婚姻复合	45
退休	45	健康 / 行为突变	44	怀孕	40
性行为受阻	39	家庭新增成员	39	创业、改行、破产	39
财务状况突变	38	好友死亡	37	与配偶吵架次数改变	35
房屋贷款	31	房屋查封收回	30	工作职位升（降）级、调离	29
儿女离家	29	与亲戚争吵	29	受到奖励	28
配偶突然工作或失业	26	正式修课或休课（退学）	26	生活方式突变（迁居、社区没落或突变）	25
生活习惯改变（衣着、社团）	24	与老板或主管发生冲突	23	工作时间（状况）大部分改变	20
搬家、搬迁学校	20	娱乐兴趣或项目的改变	20	宗教活动的改变	19
社交生活方式的改变	18	小数目贷款（几千元）	17	睡眠习惯改变（多睡、少睡）	16
家人团聚次数改变	15	进餐习惯的更改（多吃、少吃）	15	假期旅游	13
过重大节日	12	犯法（小错误）	11		

勾出你在一年内经历的压力事件，并计算出最后的压力总分。如果你的分数为 150 ～ 199 分，那么你在一年内的压力处于低水平，生活中你需要适当的刺激和改变。如果你的分数为 200 ～ 299

分，那么你的压力处于适当水平。如果你的分数超过 300 分，那么你的压力过大，急需减压。

4. 文化性压力源

文化性压力源最常见的是文化性迁移，即从一种语言环境或文化背景进入另一种语言环境或文化背景，使人面临全新的生活环境或陌生的风俗习惯，从而产生压力。例如大一新生对大学生活不适应而产生压力；再如出国留学，在异国文化背景下难以与人交流时就会产生压力。

扩展阅读

科技压力。信息技术的迅猛发展，给人们的学习、工作和生活方式带来翻天覆地的变化的同时，也成为人们新的压力来源。近年来，这种新的压力现象——科技压力（technostress）逐渐引起了学者的关注和重视。“科技超载”“科技入侵”“科技不安全感”等造成了这一新的压力现象。信息科技发展带来新的高强度工作模式，使人们很难保证得到充足的休息和娱乐。长期的亚健康状态可能会使人们面临更多的健康问题。同时，超负荷的工作也可能会使人们无法胜任自己的每一个社会角色，使家庭和工作间的关系失衡，这也会引发焦虑感。科技发展使很多信息侵入人们所在的空间和时间。人们可以在任何时间、任何地点，不受干扰地进行工作和学习上的联络，这种连续性在带来便利的同时也增加了人们的束缚感，隐私安全状况令人担忧，无形中给人们带来未知的压力。

（二）大学生面临的主要压力

一般来说，大学生遇到的任何变化，无论痛苦的事情还是快乐的事情，都可能带来压力，只是不愉快的事件产生的压力程度通常比愉快的事件产生的压力要高一些。从我国学者对大学生压力来源的调查研究中可以看出，大学生主要面临以下压力。

1. 环境适应压力

刚刚跨入大学校门的新生，面对全新的环境往往会有一个适应的过程。在这个过程中，有些同学没有掌握自我调适的方法，不能很快融入新的生活，很容易感受到环境变化引起的压力。

2. 学业压力

大学学习的专业性强、自主性要求高，对大学生的学习方法和学习能力提出了较大的挑战。同时，大学里人才济济，激烈的竞争也会增加大学生的学习负担，导致学习效率降低或学习倦怠，甚至出现紧张、焦虑等心理症状。调研结果表明，学业是大学生心理压力的主要来源。

3. 人际交往压力

人际交往是大学生活的重要组成部分。大学生朝气蓬勃，渴望认识新朋友，但由于家庭背景、生活经历及习惯各异，且大部分同学是独生子女，缺乏适宜的人际交往能力，不会妥善处理人际交往中出现的问题。研究发现，大学生宿舍关系问题已经成为影响大学生人际关系的主要方面。而不良人际关系又会直接导致大学生的消极情绪，是压力的主要来源之一。

4. 情绪情感压力

大学生所处的年龄阶段情绪复杂多变，更具波动性、敏感性等特点，易产生情绪困扰。同时，恋爱也成为情感问题的焦点。由于情窦初开，爱情观不确定，大学生常常不能理性应对感情问题。另外，由于目前大学生缺乏性教育，性冲动与性压抑等内心冲突也极易导致心理压力。

5．经济负担压力

大学期间的学费和日常生活开支使得不少家庭经济负担加重，有些贫困家庭甚至负债累累，由此引发部分大学生产生内疚感；或者不能正确认识自身的情况，盲目与富裕学生攀比，产生自卑心理，承受较大的心理压力。

6．择业就业的压力

随着高校扩招与人才市场上供需关系的变化，就业形势日趋严峻，大学生的就业压力不断加大。择业梦想与现实的差距等矛盾会让即将就业的大学生焦虑不安。有的大学生不能接受“先就业再择业”的思维方式，陷入失落和不满之中，产生“毕业即失业”的思想，影响正常的学习生活和身心的健康发展。

大学生面对的各种压力因素并不是孤立存在的，而是相互影响，相互作用的，这样就给大学生制造了一个更为广泛、更为复杂的压力源系统。

第二节　压力管理

从压力产生的过程和来源分析，压力与外界刺激并不是密不可分的，这就是压力管理的秘诀所在。在没有外界刺激的情况下，人们也会感到压力，换句话说，想象的威胁也能产生真正的压力。同样，外界刺激也可能不产生压力反应。个体是否从当前环境中感到压力由其所拥有的信念与能力决定。信念可以修正，能力可以提高，而环境也可以改变，因此，大学生拥有调控压力的潜能。

一、压力管理的含义

压力管理是针对压力反应而进行有目的有计划的干预的过程，将压力程度调节到最佳水平，以达到最佳绩效。可见，压力管理的目标不是消除所有的压力，而是在保证生活质量与活力的情况下有效处理压力，以减轻过度压力给我们身心带来的伤害，进而充分发掘人的内在潜能，实现人的全面发展。

大学生的压力管理就是充分发挥大学生的主观能动性，正确认知压力，学习有效的压力管理方法，促进大学生身心健康、全面发展的过程。压力管理不仅包括压力产生后的缓解和应对，还包括压力产生前的防范。

二、大学生的压力管理策略

大学生在面临压力时所产生的生理、心理和行为三方面的反应并不是孤立存在的，所以压力管理是一个从内而外、全身心的系统工程，需要运用不同的方法，以自我认识、认知调整、情绪调节、行为矫正为重点，全面进行干预，促进大学生的身心健康发展。

（一）认识自我，优化人格品质

个性特质与压力的关系非常密切，其类型及发展水平直接影响个体应对压力的方式及效果，因此，压力管理首先要准确认识自己，包括认识自己的人格特征、能力结构、水平及特点，并在此基础上对所面临的问题做出正确的决断与选择。

准确认识自我不是一蹴而就的事，需要不断地反省和探索。充分了解自身人格存在的不成熟与不健全特质，尽力修正压力易感人格和完美主义人格倾向，不断优化自身人格品质，降低对压力的敏感度，避免压力问题的侵扰。

（二）调整认知，客观评估压力

压力是个体主观认识评估的结果。人们所感受的压力大小，并不源于生活事件本身，而源于如何看待它。认知歪曲会给人们带来很多不必要的压力和烦恼。正如古希腊一位哲学家所说，“人类不是被问题本身所困扰，而是被他们对问题的看法所困扰。”压力管理最根本的方法就是调整认知，以积极的信念和态度来应对一切变化。

对压力的评估可从两个方面分两步进行：一方面客观评估压力来源的严重性和压力程度；另一方面客观评估自身处理压力的可能性，即自己的抗压极限。第一步找出当前的压力源，第二步进行压力评估与辨析。如前所述，适度的压力有助于提高人的学习、工作和生活效率，但过度的压力会危害健康。个体所承受的压力是适当还是不足或过度，可以借助压力测试表并结合个体身心及行为的反应症状来分析判断。

（三）提高情绪智力，及时宣泄减压

研究发现，情绪智力与压力管理有密不可分的关系，情绪智力和压力之间呈负相关。如个体情绪智力低，即不能感知和理性评估自己的情绪，则在面对压力时难以采取积极的应对方式。据此可从提高情绪智力的角度来管理压力。过高压力引发的消极情绪及时通过转移、向亲朋好友或专业人士倾述等合理方式宣泄进行调节，就能有效地应对压力，促进心理健康。

（四）学习时间管理，增强掌控感

时间管理是压力管理的关键策略。大学生日常感受到的压力大多源于不会有效利用时间、同时执行太多计划或拖延应该做的事。长此以往，便会导致内疚、焦虑及失败感，从而压力倍增。所谓时间管理，就是依据轻重缓急的原则合理安排个体的时间，以应对学习、工作和生活各方面的要求，增强自我掌控感。

（五）改良生活方式，保持身体健康

身体健康是心理健康的坚强后盾。不良生活方式直接损害身心健康，从而导致心理压力。因此，大学生要保持良好的生活方式，强健体魄，减少压力来源。

1. 规律作息

青少年最需要睡眠却可能是睡眠最少的群体。大学生群体对通宵熬夜学习或娱乐等行为习以为常。睡眠不足的人明显易怒或忧郁不安，而且也易引发身心疾病。养成良好的作息习惯，保持充足的睡眠，是身体健康的基础。

睡眠的质和量存在个别差异，要正确对待失眠。失眠不等于失眠症。失眠症是指以失眠为主要特征并持续时间较长的一种睡眠障碍。由于一些压力事件或特殊原因导致的暂时失眠或睡眠不足不等于失眠症。偶尔失眠是一般人都可能遇到的事情，是正常现象。以平常心坦然面对失眠，并积极调整，完全可以改善睡眠质量。

2. 均衡饮食

饮食和营养也是保持身体健康至关重要的方面。饮食均衡能够预防和控制疾病，通过膳食调理生理机能和安神保健是中国传统的养生方法。大学生群体中不吃早餐或不按时吃饭、节食减肥或爱吃垃圾食品的现象较普遍。这些不良的饮食习惯会使大学生更易受到压力的伤害。

合理调整饮食可以减少身体内在环境的压力源。大学生日常要注意营养均衡搭配，每天按时吃三餐，以丰富的早餐作为一天的开始，保证充足的蛋白质，摄入适量糖类和脂肪，多吃新鲜水果、蔬菜以及富含膳食纤维的绿色食品，减少油腻食品和含咖啡因的饮料。压力会消耗复合维生素 B 和维生素 C，在感到压力期间要适当补充维生素和微量元素。香蕉、葡萄柚、全麦面包、深海鱼等食

物都富含营养物质，有利于人们抵抗压力。

3. 科学锻炼

科学锻炼不仅能促进人体血液循环，提高心肺功能，增强免疫力，还可以明显减轻压力，对负面情绪能起到一定的缓解作用。一方面，体育锻炼使身体健壮，精力充沛，抗压能力增强；另一方面，锻炼可以减少暴露于压力情境的时间，如散步、慢跑、瑜伽、健身操等也提供了一个调整的机会，可以对问题加以反思，寻求解决问题的策略。运动应以适量和娱乐性为原则，过量的运动不但不能减轻压力，还可能会成为新的压力源。

知识窗

在运动中寻找快乐

科学锻炼可诱发积极的思维和情感。锻炼有助于大脑分泌脑啡肽（β－内啡肽）、脑源性神经营养因子（BDNF）、多巴胺、血清素（5–羟色胺）等物质。这些物质均有助于产生快乐感，对抑郁、焦虑等消极情绪具有抵抗作用。运动量最好维持在中等强度，最简单的衡量指标就是运动时达到最大心率（220减去年龄，比如30岁，就是220减去30，为190次/分钟）的65%～70%，每次运动20～30分钟即可。运动原则是有氧运动与抗阻运动相结合，因地制宜、因人而异，安全有效而不疲劳（疲劳会降低抵抗力）。

4. 学会放松

研究表明，放松训练具有良好的抗应激效果。个体进入放松状态时，交感神经活动功能降低，全身骨骼肌张力下降，可以降低机体唤醒水平，能调节因压力反应而造成的生理、心理功能紊乱。放松的方式有很多，如渐进放松、想象放松、静坐放松、呼吸放松、肌肉控制放松、音乐放松等。

从压力的含义、作用和来源来看，压力无处不在，是生活的一部分，就像人们离不开食物与水分，正如压力研究之父汉斯•塞利所言："我不能也不应该消灭我的压力，而仅可以教会自己去享受它。"大学生应该正确认知压力，不断提升压力管理能力，自觉运用适合自身条件的压力管理策略，与压力同行，化压力为前进的动力。

第三节 挫折概述

人们总是想方设法躲避痛苦和烦恼，追求幸福和欢乐，然而，正如有白昼就有黑夜一样，有欢乐就会有苦恼，有顺利就会有挫折。

一、挫折的含义

关于挫折，语言学家、心理学家、教育学家从不同的角度给出了定义。《辞海》将"挫折"解释为失利与挫败，即我们日常生活中所说的"碰钉子"。这在每个人的人生道路上都是难以避免的，比如高考失利、大学毕业找不到满意的工作、恋爱失败等。自20世纪30年代开始，西方一些心理学家就开始对挫折进行探讨和研究，至今形成了很多颇有价值的研究成果。综合多方面的意见和观点来看，挫折所刻画的是人们在某种动机的推动下，在实现目标的活动中，由于遇到了无法克服或者自认为无法克服的障碍而使其需要或动机不能获得满足时，内心所产生的紧张状态和消极的情绪反应。挫折的概念有狭义和广义之分。狭义的挫折，专指有目的的活动受到阻碍时而产生的消极情绪反应。广义的挫折，泛指一切能够引起人们精神紧张，造成疲劳过度和心理变化的刺激性生活事件。心理学上的挫折概念一般包括以下三个方面的要素。

1. 挫折情境

挫折情境即挫折源，指对个体有目的的活动造成的内外障碍或干扰情境，如考试不及格、比赛失利，受到误解、打击、讽刺等。这是产生挫折心理的客观原因，包括外部原因（如自然因素、社会因素等）和内部原因（如生理条件、动机冲突、期望与能力的矛盾等）。

2. 挫折认知

挫折认知指个体对挫折情境的知觉、认识和评价。它是产生挫折心理的主观原因，会直接导致挫折反应或挫折感。挫折认知既可能是对实际遭遇到的挫折情境的认知，也可能是对想象中可能出现的挫折情境的认知。

3. 挫折反应

挫折反应指个体在挫折情境下所产生的失望、焦虑、愤怒等负面情绪交织而成的心理感受，也称为挫折感。不同的个体对同一挫折情境的认知存在差异；而对挫折情境的认知不同，产生的挫折感也不同。

从以上分析可以看出，当挫折情境、挫折认知和挫折反应三者同时存在时，便构成典型的心理挫折。但当缺少挫折情境，只有挫折认知和挫折反应这两个因素时，如果主体认知不当也可能构成心理挫折。所以，在挫折情境、挫折认知和挫折反应这三个因素中，挫折认知是最重要的因素。挫折情境与挫折反应没有直接的联系，它们的关系要通过挫折认知来确定。由此可见，挫折反应的性质及程度，主要取决于挫折认知。比如，一位学生要求自己每一门功课都必须考 90 分以上，结果有一门只考 80 分，那他就会产生挫败感，甚至为此寝食难安。这位同学之所以反应这么强烈，是因为他的错误认知“如果我不能得到全优，我就是一个失败的人”。所以，挫折感的实质是当事人的一种主观感受，当事人是否有挫折感和挫折反应的强弱，主要取决于当事人对挫折情境以及对自己的动机、目标与结果之间关系的知觉、认识和评价。

二、大学生心理挫折产生的原因

大学生在追求理想的过程中，可能受到各种主客观因素的干扰和阻碍，失去心理平衡，导致挫败感。

（一）心理挫折产生的个体因素

个体因素包括生理因素和心理因素，是挫折产生的根本原因，也是个体应对挫折的关键因素。

（1）个体生理因素

个人所具备的生理因素是指个体与生俱来的身体、容貌、健康状况等先天的局限性造成障碍，导致不能胜任某项任务而遭遇失败。

（2）个体心理因素

挫折产生的心理原因更为复杂，包括动机、自我意识、个性特征、过去经验、挫折承受力等。其中最主要的原因是动机不能实现而使个体产生挫折感。个体在实现一个或多个目的过程中往往会产生两个或两个以上的行为动机，并且这些动机有时相互排斥，不能同时获得满足。这样就产生了动机冲突，从而引发挫折感。另外自我估计过高的人，因设定的目标不现实，很多愿望常常难以实现，这也必然会造成挫折感。

（二）心理挫折产生的环境因素

环境因素即挫折产生的外部原因。大学生产生挫折的环境因素很多，主要包括自然环境因素、学校环境因素、家庭环境因素、社会环境因素等。

1. 自然环境因素

自然环境因素指因无法预料的自然灾害、意外事件等各种非人为力量所能克服的障碍而带来挫折。比如地震，洪灾，有些同学失去了亲人，心灵上遭受了巨大的打击。

2. 学校环境因素

学校环境对大学生的心理挫折有直接影响。大学生对大学校园与大学生活有着美好的憧憬，但现实往往与大学生的想象有一定的差距，不能满足大学生的需要。如校园设施不完善、部分教师授课内容陈旧、教学方法和教学手段过于单调、有些学校管理制度过分强调统一而不能兼顾个性差异性等，这些方面都会引发大学生的挫折感。

3. 家庭环境因素

家庭结构、家庭关系以及父母养育方式等对大学生的挫折心理都有直接或间接的影响。研究表明，大学生的不少心理问题与家庭关系、早期不良家庭生活经历有关。自小娇生惯养和过分受保护、被溺爱的孩子在进入大学后，更容易产生心理挫折。部分来自贫困家庭、婚姻失和或单亲家庭的学生，性格内向、孤僻、不爱与人交往，也比较容易产生心理挫折。

4. 社会环境因素

在改革开放和多元化的社会背景下，人们原有的生活方式、价值观念、评价体系、行为模式等方面正发生着深刻的变化。作为社会中的一个群体，大学生的学习、生活每时每刻都会受到新变化带来的冲击，这在客观上使大学生遇到挫折的可能性增多。

第四节 挫折的应对

在人生道路上，挫折不可避免，大学期间可能遭遇的挫折，内容也极为广泛。大学生面对挫折时要采取积极的应对方式，提高承受挫折的能力，把挫折当成垫脚石，在挫折中学习，在挫折中成长。

一、树立正确的挫折观

积极应对挫折，提高挫折承受能力，首要任务是树立正确的挫折观。

（一）正确认识挫折的特性

现实生活中，考试不理想、人际关系困难、生活不适应等挫折几乎每个人都曾遇到过。有的大学生总认为生活中的挫折、困境是消极、令人恐惧的，因此受挫后悲观、抑郁，甚至丧失了生活的勇气。事实上，挫折也可以成为自强不息、奋起拼搏、争取成功的动力和精神催化剂。生活中许多优秀人物就是在挫折的磨炼中成熟，在困境中崛起的。可以说，挫折也是一种机会，蕴藏着同等甚至更大的优势或者益处。正如罗曼·罗兰所说：“痛苦这把犁刀，一方面割破了你的心，一方面掘出了生命的新水源。”要坦然面对挫折，辩证地认识挫折的双重性，树立战胜挫折的勇气和信心。

（二）摒弃非理性观念

挫折感实质上是个体对干扰和障碍性刺激的一种主观感受。它与个体需要的迫切感和动机的强烈度、自我期望值、自我归因方式、心理平衡以及抱负水平的高低相关。心理学研究表明，引起强烈挫折感的与其说是挫折和冲突，不如说是受挫人对所受挫折的看法以及所采取的态度。

对挫折的合理认知应该就事论事，不能简单地以某件事情来断言自己或他人，在挫折面前排除“因噎废食”“一叶障目”等狭隘观念；学会宽容自己和他人，接受自己和他人都可能犯错误这一现实，不因为自己或他人有错误而全盘否定。几乎每个人都存在不合理信念，这并不可怕。因为人生来就具有以理性信念对抗非理性信念的潜能。如果人们能够认识到自己的信念是不合理的，并主动调整自己的看法和态度，就可以调整好情绪、降低挫折感。

二、理性设定抱负水平

一个人是否觉得受到挫折与自身对成功所定的标准有密切关系。抱负水平就是指一个人对自己要达到的目标所规定的标准。抱负水平过低，个体的身心潜能处于被埋没的状态，会产生由空虚、苦闷、不满足所造成的挫折感；抱负水平过高，个体力不从心，达不到自己希望的目标，就会产生失败感，打击自己的自信心和自尊心。因此，确定适度的抱负水平是避免挫折，获得自信，使自己得以顺利发展的重要条件。

三、学会合理归因

克服挫折还需要进行合理的自我归因，找出挫折产生的根本原因。但是个体不同的归因方式，会给自身带来积极或消极的影响。归因包含四个维度，分别是可控和不可控，以及内因和外因，其中可控和不可控是指行为成败的原因，是来源于努力程度、勤奋程度这些可控因素，还是来源于运气、他人支持等不可控因素；内因是指个体的方法、兴趣等个体因素，外因则是指环境、运气等外界因素。

当大学生遭遇挫折时，应该尽量寻找自身可控、内在的因素进行归因，特别要注意避免错误的归因模式。如有的学生总是把自己学习的成败，归因于外在因素；还有一些同学受挫后，把失败归因于自身的能力、技能和努力的程度过低，因而抱怨自己，过多地责备自己。这两种习惯性归因，不可能找出造成挫折的真实原因，而且无助于战胜挫折。总之，大学生受挫以后，应当冷静、客观地分析自己失败的原因，找出造成挫折的真实原因，对挫折做出客观、准确、符合实际的归因，从而有效战胜挫折。

四、适当运用心理防御机制

心理防御机制最初由心理学家弗洛伊德提出，是指人在遇到挫折时，有意无意地摆脱由挫折产生的心理压力，以减轻精神痛苦，恢复正常情绪和心理平衡的自我保护方式。

心理防御的机制多种多样，常见的心理防御机制有升华、补偿、认同、幽默、合理化、压抑、否定、幻想、反向、投射、推诿、退缩、发泄等，大致可分为积极、消极和中性（妥协性）三种类型。积极的心理防御机制是采取理智行为对抗挫折，使挫折反应产生建设性效果，最终实现目标，是成熟的防御机制。研究表明，成熟的心理防御机制与现实生活各方面的成功之间存在显著正相关。中性（妥协性）的防御机制是采取一种折中方法应对遇到的挫折，以消除心理失衡，比如合理化方式的“酸葡萄心理”和“甜柠檬心理”。消极的心理防御机制是采取非理智行为对抗挫折，会导致个体逃避现实，降低对生活的适应能力，从而导致更大的挫折，甚至产生心理疾病。

因此，在遭遇挫折时，大学生应该准确地认识和把握并适时地、适度地、合理地运用心理防御机制，以发挥它的积极作用，更有效地应对挫折。积极防御机制有以下几种。

（1）升华。升华指将那些因受种种因素制约而无法实现的目标或不能为社会所接受的行为目标加以改变，用另外一种更高尚的、富有创建性和社会价值的目标取而代之，从而减轻挫折带来的精神痛苦，是最为典型的积极防御机制。升华不仅需要一个人具备理性思考的能力，而且需要坚强的意志品质和开阔的胸襟。弗洛伊德认为，人类很多文艺创作，都是作家把内心不合理的冲动升华，以社会能接受的正当形式表现出来。

（2）补偿。当由于主客观条件的限制和阻碍，使个人的目标无法实现时，设法以新的目标代替原有目标，以现有的成功体验弥补原有失败的痛苦，进而找回失去的东西和自尊，达到“失之东隅，收之桑榆”的目的，这称为补偿。比如一些大学生失恋后，把精力积极投入到学业上，刻苦学习，用好成绩来补偿情感的受挫。

（3）认同。认同又称仿同，指一个人在遭遇挫折而痛苦时效仿他人获得成功的经验和办法，使自己的思想、信仰、目标和言行更适应环境的要求，从而在主观上增强自己获得成功的信念。大学生在学习生活中常常把一些历史名人、自强不息的模范人物作为自己仿同的对象。

（4）幽默。当个体遭遇挫折，处境困难或尴尬时，用幽默来化险为夷，对付困难的情境，或间接地表示出自己的意图，这称为幽默作用。一般来说，人格较为成熟的人，常懂得在适当的场合，使用恰当的幽默，把原本困难的情况转变一下，大事化小、小事化了，渡过难关，较成功地适应窘境。

五、建立良好的人际关系

心理学研究表明，一个人与他人共同面对挫折时，可以降低心理压力和缓解消极情绪。因此，面对挫折时，除了自我调节外，还要积极与人交往，借助良好的人际关系缓解压力，在社会支持中满足自己归属的需要、情感的需要和尊重的需要。因此，建立良好的人际关系，积极寻求社会支持也是大学生应对挫折的有效手段。

六、磨炼意志力

自强不息的意志品质是所有成功者的共同特征。生命不息，奋斗不止。通向成功的道路从来就不是平坦的，挫折、逆境常常会出现，只有坚强不屈，顽强拼搏，才能到达光辉的顶点。生活中没有绝望的处境，只有对处境绝望的人。大学生在面临困境时要秉持乐观、积极的态度，通过自我激励的方式进行调节，在生活中不断磨炼自己面对困难的坚强意志，提高应对挫折的能力。

压力与挫折好似兄弟姐妹。压力过度往往引发挫折感，而挫折的出现又会加剧压力的产生。在面临压力，遭遇挫折时，大学生应在正确认识的基础上，根据自己的个性特征、能力以及环境资源等选择适合的压力管理方式，与压力和谐共处，化压力为成长的动力；积极应对挫折，提升抗逆力，变挫折为成长的契机。

第五节 大学生成长训练营

心理测试

青少年心理韧性量表是由胡月琴、甘怡群设计的，共包含27个项目，如表10–2所示。请你根据自己的实际情况与项目陈述的符合程度，在相应的分数下打√，回答没有对错之分。

表10–2 青少年心理韧性量表

项目	完全不符合	不太符合	一般	比较符合	完全符合
1. 失败总是让我感到气馁	1	2	3	4	5

续表

项目	完全不符合	不太符合	一般	比较符合	完全符合
2. 我很难控制自己的不愉快情绪	1	2	3	4	5
3. 我的生活有明确的目标	1	2	3	4	5
4. 经历挫折后我一般会更加成熟有经验	1	2	3	4	5
5. 失败和挫折会让我怀疑自己的能力	1	2	3	4	5
6. 当我遇到不愉快的事情时，总找不到合适的倾诉对象	1	2	3	4	5
7. 我有一个同龄朋友，可以把我的困难讲给他 / 她听	1	2	3	4	5
8. 父母很尊重我的意见	1	2	3	4	5
9. 当我遇到困难需要帮助时，我不知道该去找谁	1	2	3	4	5
10. 我觉得与结果相比，事情的过程更能够帮助人成长	1	2	3	4	5
11. 面临困难，我一般会制订个计划和解决方案	1	2	3	4	5
12. 我习惯把事情憋在心里而不是向人倾诉	1	2	3	4	5
13. 我认为逆境对人有激励作用	1	2	3	4	5
14. 逆境有时候对成长有帮助	1	2	3	4	5
15. 父母总是喜欢干涉我的想法	1	2	3	4	5
16. 在家里，我说什么总是没人听	1	2	3	4	5
17. 父母对我缺乏信心和精神上的支持	1	2	3	4	5
18. 我有困难的时候会主动找别人倾诉	1	2	3	4	5
19. 父母从来不苛责我	1	2	3	4	5
20. 面对困难时，我会集中自己的全部精力	1	2	3	4	5
21. 我一般要过很久才能忘记不愉快的事情	1	2	3	4	5
22. 父母总是鼓励我全力以赴	1	2	3	4	5
23. 我能够很好地在短时间内调整情绪	1	2	3	4	5
24. 我会为自己设定目标以推动自己前进	1	2	3	4	5
25. 我觉得任何事情都有积极的一面	1	2	3	4	5
26. 心情不好也不愿意跟别人说	1	2	3	4	5
27. 我情绪波动很大，容易大起大落	1	2	3	4	5

评分与解释

第 1、2、5、6、9、12、15、16、17、21、26、27 项为反向计分项，计分方法为“该项实际分 =5- 选项分”，其余各项为正向计分项。心理韧性是个体从消极经历中恢复过来，并且灵活地适应外界多变环境的能力。总分越高，说明恢复能力越强。

心理韧性包括 2 个维度、5 个因素。计算每个维度或每个因素的分数，高分则说明该维度或该因素抵御逆境的能力很强；低分则说明很弱，需要努力提升。个人力维度：目标专注（第 3、4、11、20、24 项）、情绪控制（第 1、2、5、21、23、27 项）、积极认知（第 10、13、14、25 项）。支持力维度：家庭支持（第 8、15、16、17、19、22 项），人际协助（第 6、7、9、12、18、26 项）。

自我成长训练

训练 1：我的压力圈

（1）在图 10-2 的大小圈内写下你的各种压力（大圈代表大压力，小圈代表小压力）。

（2）分享与交流。

① 你的压力源有哪些？

② 它们为什么给你带来那么大的压力？

③ 每个圈给你什么样的感觉？

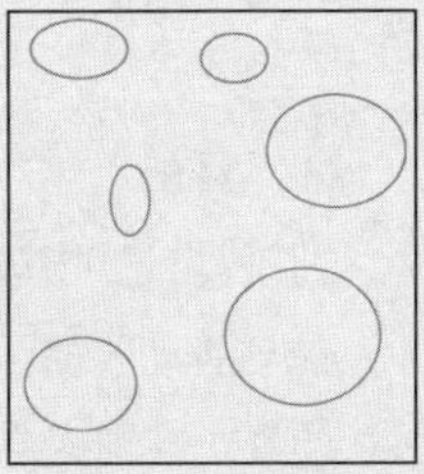

图 10-2 压力圈

训练 2：挫折应对的心理历程

（1）按时间顺序列出自己一天中的紧张性事件，并说明紧张的理由。

（2）这些事件在哪些方面存在危险？你会损失什么，或者会怎样伤害到你？

（3）这些事件导致不良后果的可能性有多大？

（4）你如何控制并改变当前情况以降低危险？

（5）你如何调节自己对事件及其后果的情绪？

团体拓展训练

活动主题：压力成长之旅。

活动目标：以轻松活泼的游戏，帮助大学生放松身心、缓解压力；帮助大学生了解压力、评估压力、寻找压力源，寻找应对压力的有效策略；通过成员的互相激励和支持，增强应对压力的信心。

活动时间：90 ～ 120 分钟。

活动人数：每组 8 ～ 10 人。

活动原则：注意保密原则，在活动中涉及的自我暴露及探讨的相关信息不可以在其他场合谈论，注意保护小组成员的隐私，遵守小组制定的“团体契约”，推动小组安全运行。

热身活动：对对碰（时间：15 分钟）

1. 目的

活跃气氛，调动成员积极性，感受竞争中的压力。

2. 准备材料

音乐、可以外放的播放器。

3. 活动步骤

（1）围圈画座位，众人围坐一圈，留一人无位置可坐。

（2）音乐开始，大家离开位置。

（3）音乐停止，大家赶紧找位置坐下。还在站着的人算输，并按团体要求受罚。

（4）进行 3 轮活动，分享刚才在活动中的感受。

活动 1：压力光谱图（时间：35 分钟）

1. 目的

了解自己的压力程度，了解其他人的压力情况，明确压力对自己学习、生活的影响。

2. 活动步骤

（1）带领人在间隔 5 米的位置放两个实物，分别代表数字“0”和数字“10”，说明：“0”代表几乎没有压力，“10”代表压力很大难以承受。数字“0”到“10”之间即代表压力的连续“光谱”。

（2）请团体成员评估自己的压力大小，并站到“光谱”的相应位置。同样程度压力的成员可站成一排。

（3）请成员相互观察一下，了解自己的压力程度，了解其他人的压力情况。

（4）组织团体成员围坐在一起，交流和分享以下话题。

话题 1：你的压力情况是怎样的（处于 0 ～ 10 的某一水平）？为什么这样评估？

话题 2：这种压力对你目前的影响是什么？

3. 活动点评

了解自己的压力程度，也倾听他人的压力情况。其实，面临一个比较重要的事件，我们都会不同程度地紧张，感到压力，这是自然的事情。面临压力，我们每个人并不“孤单”。

活动 2：压力源（时间：30 分钟）

1. 目的

分析、寻找主要的压力事件；交流、分享缓解压力的有效方法。

2. 准备材料

彩笔、压力图（见图 10–3）。

3. 活动步骤

（1）成员选择喜欢的颜色，完成压力图。图 10–3 中，中间的“笑脸”代表自己，笑脸周围有若干“圆图”，代表自己面临的压力事件。圆圈大小代表压力的大小，圆圈离“笑脸”的远近代表压力事件的紧迫程度。在圆圈里写上自己的压力事件。不一定所有的圆圈都要填写，根据自己的实际情况填写即可。

图 10–3　压力图

（2）带领人指导成员观察自己的压力图，分析哪些压力是离自己很远的，哪些压力是自己想象的（不真实）。由此筛选出自己最主要、最迫切的压力事件。

（3）小组成员自愿讨论以下两个话题。

话题1：我最主要、最迫切的压力事件是什么？

话题2：我自己尝试的解决方法是什么？效果如何？

（4）小组总结2～3个有效解决压力的方法。

4. 活动点评

在安全、温暖的团队里，释放我们的压力，本身就是一种疏导；在团队里，我们也可以学习他人的经验；另外，保持自己的生活节奏，适当地进行体育锻炼，平静地接受自己的压力，也是一些不错的方式。

活动3：重整出发（时间：40分钟）

1. 目的

感受团队的支持，感受团队的爱与力量；增强信心，拥抱希望，重整出发。

2. 活动步骤

（1）在背景音乐下，想象放松。

带领人轻轻读，其他成员跟着指导语想象放松：请轻轻地闭上你的眼睛，请将你的身心慢慢地放松下来。随着这优美的音乐，你感觉自己仿佛来到了一片阳光普照的草地上，你缓缓地漫步在这一望无际的草地上，欣赏着满地盛开的鲜花，欣赏着翩翩飞舞的蝴蝶，你看到天空中朵朵的白云飘过；你听到潺潺的流水、动听的鸟叫，此时，你感觉到自己的身心豁然开朗，感觉到整个身心从里到外的轻松、舒适。请深深地吸一口气——让淡淡的花香、清新的空气一直渗入你的心里，渗入你的每一个细胞，你整个身心都慢慢地、慢慢地融入这美丽的大自然中，那暖暖的阳光照在你的身上，照在你的心里，那略带花香的微风轻轻地拂过你的脸颊，你感到身心非常放松，非常舒适，你感到内心充满了宁静与祥和，非常舒适，非常平静，非常放松。

（2）成员围成圈站立，大拇指相互接触，轻轻地合上眼睛，感受成员之间相互关心的友好情感。

（3）组员用身体各部分围成“轻松”“希望”两个词。

3. 活动点评

每个人将在自己的舞台上尽情地展示自己的实力，展示自己的风采！所以，放松一下，把自己靓丽地打扮起来，去拥抱希望！

案例导读 **“优秀”学生干部参加竞选失利之后**

案例介绍

凌越成绩优秀，性格要强，工作雷厉风行，一入学她就通过面试成为学院学生会的干事。成功组织了几次大型活动后，凌越成为学生会的骨干。老师们对她的工作能力赞赏有加，她自己也把成为学生会主席确定为奋斗目标。

大三上学期伊始，学院举行学生会换届大会，组织各班学生代表听取所有候选人竞选演讲，随后投票选举产生新一任学生会主席及学生会各部门负责干部。凌越作为候选人之一，慷慨激昂地发表了竞选演讲，对学生会主席一职志在必得。可票选结果一公布，凌越看到自己的票数竟然才勉强过半，差点垫底，感到既难堪又失落。她一向很有优越感，可是这次竞选失利让她觉得颜面尽失，感到周围同学看自己的眼光都有些异样，认为同学们都在背后笑话自己。这些想法让曾经自信满满、意气风发的凌越非常沮丧，整天无精打采，对学习和学生会活动兴趣全无。辅导员几次找她谈话，她都刻意回避，不愿意承认现在的状态是因为竞选失利引起的。说起这件事情的时候，她反而表现得出奇地平静和冷淡。

后来班主任江老师找到凌越，让她好好反思一个问题："作为学生干部，你平时和同学相处时是否有不合适之处？"凌越开始认真思考江老师提出的问题。回想平时和同学相处，她总是自认为聪明能干，经常笑话周围同学笨。作为老师的得力助手，她常以老师的代言人自居去管理和教育周围的同学。江老师告诉凌越，希望她能够借此机会，好好调整自己，重新走到同学中去，成为大家真正喜欢、称赞和佩服的学生干部。经过一段时间的反思和调整，凌越慢慢地从挫折中走出来，把通过为同学服务锻炼自己的能力当成奋斗目标，重新投入学习和工作中。凌越的积极变化同学们都看在眼里，在大三下学期期末的学生干部考核评比中，凌越的表现获得了师生的一致认可，被评为"优秀学生干部"。

案例分析

上述挫折案例在大学校园里并不是个别现象，同学们经常在竞选、评优评先等方面不能如愿。一部分学生在遭遇突然的挫折或失败之后，因为不知如何调整心态而无所适从。如果没有得到及时、正确的引导可能会产生更严重的心理隐患，甚至出现行为异常。

凌越以往的经历一帆风顺，基本都是优秀的学习成绩、出色的工作表现和老师的赞誉，缺乏受挫体验，这让她极为自负，根本看不到自身个性存在的不足，更不知如何正确应对挫折。当遭遇到意料之外的失利后，她内心受到前所未有的打击，继而产生严重挫败感。她一开始并没有意识到落选的原因，采用的应对方式是逃避和掩饰，这样不但不能从挫折中走出来，还会陷入消极颓废、自我否定、丧失兴趣和热情等更严重的恶性循环中。凌越最初没有找到失败的根源就不知道如何改正和进步，挫折就只能让她沮丧和羞愧。挫折出现时，我们应该从自身性格特点、认知方式、过去经验、人际关系等方面深入分析挫折的成因和根源，以找到正确的解决方法。

个案成长

俗话说"吃一堑，长一智"。凌越从开始采取逃避和否定自己的消极防御机制应对失败，到深刻反思江老师提出的问题，分析自身存在的不足，接纳了老师和同学的意见，积极应对挫折。

通过这次挫折，凌越首先对自身性格存在的不足有了更全面的认识。从以往的高傲自负，贬低他人，到接纳自己的不完美，同时学会客观评价并尊重他人。其次，凌越学会了积极修正头脑中绝对化、片面化等不合理观念，从“理应成功，失败不应该”，到理性看待竞选失利的后果，认识到挫折的双重作用。挫折的消极性和积极性是相对的，也是可以转化的。转化是指当人们遇到挫折时，以积极的态度向挫折学习，将挫折视为转折和契机。再次，凌越领悟了积极应对挫折的重要性。逃避和掩饰是懦弱的表现，勇敢面对，才能战胜挫折。顺境时要保持清醒的头脑，再接再厉；逆境时要勇往直前，信心满满，从挫折得到教训，变得更坚强、更成熟。这样才能成功地跨越生命中的障碍和沟沟坎坎，使难过的挫折变成难得的成长机会。因此，竞选失利对凌越来说是挫折，更是成长！

思考与讨论

1. 压力过度有哪些具体表现？如何管理压力？

2. 请写出自从中学以来你遇到过的重大挫折。它们对你产生过哪些消极或积极的影响？你是用什么样的方式应对这些挫折的？结果如何？如果今天的你再遇到这些挫折，你会用哪些更好的方式去应对？

经典导读

《传习录：叶圣陶校注版》

《传习录》是中国历史上极为罕见的“立德、立功、立言”三不朽圣人王阳明的重要著作，集中反映了阳明心学的精髓。王阳明（1472—1529）名守仁，字伯安，号阳明，是明代著名的思想家、文学家、哲学家和军事家，和孔子、孟子、朱熹并称“孔孟朱王”。他一生文治武功俱称于世，上马能战，下马能治，集文韬武略于一身，是中国历史上罕见的全能大儒，被追谥“文成”，后人也称其为王文成公。全书由上、中、下三卷组成，内容大多是阳明先生和弟子之间的对话或书信。本书由语言大师叶圣陶先生精心校注，是现代人学习、研究《传习录》的上选读本。

阳明先生一生不断遭遇逆境甚至绝境，在巨大的压力下，为何能获得如此令人崇敬的成就？《传习录》给出了答案：立志、修心、知行合一、致良知。心灵修行绝不是圣人悟道的专利品，也不是社会精英引领时代的独门秘籍，而是所有普通人都可以做的事情。正如阳明先生所言“人人都有良知，人人都可为尧舜，后生当力行之”。“致良知”就是要开启正能量，用心做事，用心做人，时间会给人最好的回馈。真正的生活是内心生活，“心”的质量决定生活质量，内心强大才是真的强大。如果你现在比较迷茫，找不到人生目标或遇到困难，不妨拿起这本《传习录》，慢慢品读，细细品味，认识自己，为人格补钙，让心灵吸氧，将阳明先生的思想精髓，化为自身成长的内生动力。

《逆商：我们该如何应对坏事件》

《逆商：我们该如何应对坏事件》由美国著名职业培训师保罗·史托茨博士撰写。作者在此书中首次提出逆商（Adversity Quotient，AQ）的概念，逆商也被译为挫折商或逆境商，是指人们面对挫折、摆脱困境和超越困难的能力。研究发现，一个人的AQ越高，越能弹性地面对逆境，积极乐观地接受困难的挑战，不屈不挠，愈挫愈勇。反之，则会时时感到沮丧，处处抱怨逃避甚至自暴自弃。AQ能衡量一个人超越挫折的能力。同样的打击，AQ高的人产生的挫折感低，而AQ低的人就会产生强烈的挫折感。著作阐述逆商CORE——Control（掌控感）、Ownership（担当力）、Reach（影响度）、Endurance（持续性）四个纬度，以及如何使用LEAD工具（L=Listen，倾听自己的逆境反应；E=Explore，探究自己对结果的担当；A=Analyze，分析证据；D=Do，做点事情），同时例举了现实生活中大量的案例，为读者全面展示了如何应对逆境、如何重塑生活，从而向上攀登、超越自我、掌控未来前行的方向。一个人的成功必须具备高智商、高情商和高逆商三个因素，在智商和情商都跟别人相差不大的情况下，决定成败的重要因素是逆商，只有具备高逆商的人才能积极面对各种艰难险阻，才有坚定的毅力和拼搏奋发的精神，才能处理好人与人之间的关系。

11 第十一章 大学生网络心理健康

【名人名言】

技术每提高一步，力量就增大一分，这种力量可以用于善恶两个方面。

——阿德诺尔德·汤因比

和所有的上瘾行为一样，网瘾也是一种逃避和沉溺，逃避工作、课业、正常的关系、压力等，沉溺在虚拟世界中。类似于酒瘾和药瘾，网瘾也可以说是一种慢性自杀。

——李开复

开篇故事　　上海某重点大学 81 名大学生被集体退学

上海某重点大学 81 名学生因学业无法过关，近日被集体退学，这一事件引发广泛的关注。大学生小韩告诉记者，玩电脑是他们最大的课余爱好，因为现在宿舍里大家都配了电脑，所以很多人一有空就坐在电脑前玩游戏、上网聊天等，至于看新闻、学英语、查资料等校方提倡的“正规用途”，倒成了顺带的项目。“我们也知道上网太多不好，可是有时候闲着没事吧，就想上网看看，玩玩游戏，聊聊天就忘了时间了。”

大学生之所以会被退学，除个别人无法适应大学生活等因素外，绝大多数是“玩物丧志”，而纠缠他们的“大魔头”便是网络游戏。大学生一旦沉迷其中，便难以自拔，放弃课程学习，夜以继日沉迷网络。上网影响学习的问题，在高校并非个别现象，网络给学生带来的负面影响已逐渐引起人们的重视。

第一节　大学生网络心理概述

互联网的出现与发展，将人类带入了数字化时代，并逐渐改变着人们的生活观念、生活方式、交往方式以及价值观。网络已成为大学生日常生活与学习的必备工具，影响大学生人格的形成，也在潜移默化中对其道德观念进行改变，对大学生社会化过程产生重要的作用。

一、网络心理的含义

广义上的网络心理指的是一切与网络有关联的心理，而狭义的网络心理指的是在虚拟的网络世界里网民的思维意识活动。互联网的产生和发展，对现代人们的学习、工作、生活、娱乐等各个方面的影响是深刻的。它逐渐把人类社会变为由互联网连接起来的网络社会，变为网络信息飞速传播的信息社会。丰富的网络信息资源，既满足了大学生们对知识的需求，也为大学生们提供了一个平等对话、自由沟通、表达情感、表现自我的平台。由于网络具有开放性、虚拟性、平等性、个性化等特点，人们不断地接触网络，潜移默化中受到了网络各方面的影响，进而产生了不同于现实生活的心理现象。

二、大学生网络心理需求

大学生作为使用网络的重要群体，已经在一定程度上对网络产生了依赖心理，对网络产生了很大的心理需求。一般来说，大学生上网的心理需求体现在七个方面。

（一）强烈的求知心理

目前，全世界的知识、信息量在快速增加，知识更新速度日新月异，单凭教学手段难以满足大学生对求知成才的需求。网络以信息快、内容新、传播方式多样等优势，吸引了正处于“心理断乳期”的大学生。他们求知欲和好奇心强烈，通过搜索引擎，可以足不出户就了解到最新最快的资讯。求知心理成了大学生上网的主要需求。

（二）自由平等的参与意识与自我实现心理

在网络技术出现以前，大众媒体垄断了人们的信息资源。这种单向性、非交互性的信息灌输在很大程度上造成人们心理上的不平等性。网络赋予大学生很大程度上的自主性和平等性，在网上可以自由表达、平等对话，这种平等自由的氛围吸引了大学生群体。另一方面，这种参与性又是与大学生自我实现的欲求相联系的。大学生所获得的自我实现的机会相对较少，因为会受制于在现实社会中的种种限制，如社会地位、能力、财力、人际关系等。但是在虚拟的网络空间里，只要参与进来，任何人都是互联网的“主人”，可以按自己的意愿和口味，虚拟一个社会，做自己想做的事。

（三）追求开放性和多元性

随着改革开放的深入，思想、文化、意识形态领域也同时呈现出了开放势头，大学生作为最敏感的青年群体，对文化、思想的开放有一种自然的追求。他们希望听到不同的声音，了解不同的文化，接触不同的思想，进而去认知它们，鉴别它们。但从相对封闭的大众传播媒体去获取这方面的信息是很困难的，而网络则提供了一个开放的信息渠道，各种文化、思想观念都可以在这里争鸣，为大学生追求开放性和多元性的文化、观念提供了平台。

（四）猎奇心理，追求感官刺激

“猎奇”也是一种求知，但通过这种方式得到的“知识”却并不都是积极的、健康的。有些大学生上网追寻一些在现实生活中难以了解、通过正当渠道难以获得的新奇事物或信息，以此获得感官上的刺激。比如网络上的花边新闻、名人轶事、明星隐私，当然也包括色情资源。当有的人出于各种目的而源源不断地提供这些信息时，网络也就成了网民们争奇猎艳、寻求刺激，满足自己的心理需求的途径。上网浏览色情资讯，一方面是由于生理知识、两性知识的相对缺乏，另一方面也在很大程度上暴露了青春萌动期不安分的心理。

（五）急功近利心理

信息是一种资源，拥有信息，就拥有了成功的资本，但拥有了信息并不等于拥有了成功。然而，大学生很少意识到这点。网络信息的丰富与快捷使许多同学把上网当作通往成功的捷径和有利条件。同时，一定程度上的社会误导，包括网络上基于商业利益为目的的信息误导，也使大学生对“成功”的理解产生了偏差。于是，电子商务、留学资讯、成才捷径、求职之路就备受一部分大学生的关注。许多人渴望凭借这些网上的信息省一些力气，走一步险棋，成为网络时代的成功人士，有些大学生因急功近利的心理，掉入网络陷阱。

（六）逃避现实的解脱心理

一些大学生在现实中受挫时，不是努力在现实中寻求解决问题的办法，而是采取逃避的策略，到虚幻的网络空间去倾诉，互联网成了他们逃避现实、寻求自我解脱的一个渠道和环境。网络是开放的，但如果一个人沉迷于人机对话这种单一方式时，网络就成了一个封闭的空间。在网络上的种种倾诉其实只是对网络的倾诉，是一种摆脱现实、摆脱困境的自我幻想。这种情况也反映了部分大学生人际关系不协调，不愿意找同学谈心，不愿意接受老师开导或接受父母教导，而宁愿去向一个幻想中的“知音”倾吐心声。

（七）虚拟的自我实现心理

虚拟的自我实现心理会导致一些不道德的行为甚至是犯罪行为。有些大学生不能很好地理解自我实现、自我价值的真实含义，他们为了展示自己的能力，制造网络病毒、盗用他人计算机信息等，给社会和他人带来严重的损失。

三、网络对大学生的影响

网络时代的多元性和开放性特点决定了网络对大学生网民心理健康与发展的影响是多层次、多角度和多方面的，主要体现在认知、情感、人格及人际交往四个方面。

（一）网络对大学生认知的影响

网络对大学生的认知有积极的影响。首先，网络拓宽了大学生的信息来源渠道，开阔了大学生的视野。网络把报纸、广播、电视的特点集于一体，能够迅速地把信息传播出去。大学生可以在很短的时间内获取最新的资讯，遨游在知识和信息的海洋中，汲取有益的营养，提高素质，开阔视野，培养创新意识和全球视野；再者，网络的发展为大学生的综合素质提高提供了新的发展机遇。网络时代的到来向人们提出了两项最基本的要求：一是必须具备创新精神；二是必须具有识别、选择、吸收和运用新知识的能力。面对大量的信息，要具有捕捉机遇的敏锐性，否则，好机会就会擦肩而过；还要具有识别优劣、见微知著、融会贯通的洞察力和想象力，否则，就会跟在人家的后面邯郸学步，难有创新和发明；面对形形色色的垃圾信息，要具有视若无睹的足够定力，否则，沉溺于猎奇只会分散精力、耗费时间和金钱。

但是，网络对大学生的认知也产生消极的影响。主要表现在三个方面：一是长时间接触网络会降低大学生的感知能力，对于过度上网的学生来说，随着时间的推移，越来越多的信息对个人的感受程度将不再有更多的意义，浏览时间越长，感受性越低，由此带来的是丧失时间感或错估时间；二是过多的网络信息负荷会导致思维能力的下降及钝化，网络信息内容丰富、广泛，大学生可以在很短的时间内接收海量信息，但是，以这种速度传播的信息不可能在大脑中留下深刻的印象，当大学生对接收的信息尚未进行消化吸收的时候，大量新的信息又接踵而至，过多的网络信息负荷会导致大学生思维能力的下降及钝化，并且产生一定的信息技术依赖；三是网络还在一定程度上牺牲了个人的深度阅读和思考能力，网上提供的知识是有限的、碎片化的，无法代替人们去思考和解决问题，造成大学生难以构建自己的知识体系，在尽情享受互联网海量信息时，人类的大脑正在牺牲深度阅读和思考能力。而且，网络“绑架”了我们的思维，网络上形形色色的新闻，真假难辨，也严重影响了我们的判断力。

（二）网络对大学生情感的影响

互联网极大地拓展了大学生情感交流的空间。大学生正处在情感体验的高峰时期，他们情感中的喜、怒、哀、惧都有强烈的表现，人正是在这种情感的起伏和波动中不断整合而逐渐完成其社会化的。因此，大学生在发展和成长的过程中需要其情感的不断表露，需要自我情感与社会发生冲突的机会的存在，而互联网则为大学生情感交流拓展了空间。在现实社会环境中，人的情绪情感受到社会规范和社会关系的制约，并不能随心所欲、无拘无束地表达；而在网络中，大学生具有极大的自由，可以按照自己的情感和意愿去表露自己，做自己喜欢的事情，说自己想说的话，和自己情趣相投的网友交往，随心所欲、无拘无束地“放纵”自己的情感。这对于大学生情绪情感的完善、发展、丰富有着积极的意义。网络的匿名性特点可以帮助大学生释放心中不快的情绪，缓解心理压力，维护身心健康。

尽管在网络中通过文字和符号也可以进行情感的互动，然而这和现实的、面对面的交流与表达还是有区别的，网络中无法体验与感受当面交流的情感色彩，无法提高现实人际交往能力。另外，网络游戏所营造的虚拟世界，可能充斥着血腥和暴力，大学生游戏者在其中进行角色扮演，为了赢得战利品和分数，不断地进行“PK”。过多地沉浸在这样的游戏中，可能引起大学生情感的匮乏和对生命的漠然，并导致他们在现实中也不愿意表露自己的情感，不愿意接纳他人情感的表达，远离丰富多彩的现实生活，变得情感麻木，迷失自我。

（三）网络对大学生人格的影响

自我意识是人格的核心内容，在崇尚和追求个性化的时代，网络提供了可以让人们充分表达自我、尽情彰显个性的平台，能够强化大学生的自我意识，在一定程度上表现出大学生的独立性、自主性和支配性。

网络的去中心化特质能够增强大学生的民主观念和平等意识，但也可以导致大学生自我意识的膨胀和集体意识的淡薄；网络虚拟性、匿名性的特点可以让大学生在行为上去抑制性，恣意放纵；网络游戏中的角色扮演，容易导致大学生人格的分裂和异化；充满血腥和暴力的网络游戏，会销蚀大学生的同情心，使他们对他人充满敌意，冷漠孤僻；在网络与现实中进行不同身份和性别等多重角色的频繁切换，也容易使人模糊虚拟与现实的界限，处于似是而非、恍恍惚惚的梦幻状态下，发生自我同一性的混乱，出现心理危机，甚至导致双重人格或多重人格障碍；网络色情也容易导致大学生心理的变态和行为的偏离。

（四）网络对大学生人际交往的影响

网络对大学生的人际交往是一把“双刃剑”，既有积极的影响，也有消极的影响。首先，网络扩大了大学生的人际交往范围和方式。互联网的出现，改变了传统的人际交往模式，大学生可以通过网络接触到不同年龄、不同职业、不同地域的人，建立广阔、多样的人际关系网。此外，网络还为大学生的人际交往提供了多样化的方式。除了传统的寄信、电话交流外，网络论坛、电子邮件、QQ 和微信聊天等都为大学生创造了更为便利的交往渠道，一定程度上满足了大学生的个性化交往需求；其次，网络还给大学生提供了一个自由表达自我、宣泄情感的平台。由于网络的虚拟性和隐蔽性，大学生在网上与其他人交谈时，可以避免直面的尴尬，自由地与人交流看法、畅所欲言。另外，一些同学在现实生活中没有表现的机会，他们渴望在网络中被人赏识、关注，获得表现的机会，可以说，网络也为他们提供了一种心理的补偿。

而网络对大学生人际交往的消极影响主要表现在两个方面。一是网络降低了大学生对现实生活中人际交往的关注度，大学生在网络中进行人际交往与在现实生活中进行人际交往的频率呈现此消彼长的态势，网络交往疏远了现实社会中的人际交往，使其与社会、家庭沟通的机会大大减少，从而导致与家人及其他人的情感日趋淡漠，其结果必然是现实中人际关系的疏远和心理距离的扩大，比如一些学生沉溺于聊天室，广泛结交网友，但一回到现实的生活中，则对家人和同学表现出过多的冷漠；二是网络弱化了大学生在现实生活中交往的人际信任感，难以形成深入稳定的人际关系，危害个体心理健康，网络的匿名性和网络交往中选择的随意性，也造成了网络人际关系的不稳定和肤浅化。特别是在处理异性关系上，部分大学生出现了网络交友成瘾，或者利用网络发展虚拟情人、游戏伴侣等现象。这种不稳定、肤浅化的人际关系迁移到现实的人际交往中，从而对现实生活的人际交往产生负面影响。

第二节　大学生网络心理问题

近年来，大学生因长时间沉溺于网络而导致旷课，甚至挂科过多的现象日渐增多，因此原因退学的人数比例占到总退学人数的50％以上。大学生长期处于网络虚拟环境中容易出现网络心理困扰，并有可能发展为网络成瘾。

一、一般网络心理问题

不正当地使用网络，会给大学生带来不同程度的伤害，从而导致大学生产生不同类型的网络心理问题。

（一）网络焦虑

网络焦虑主要是指使用者在触网后由于缺乏网络知识，对于五花八门、眼花缭乱的电脑书籍和软件不知从何学起，担心学不会或学不好计算机操作，不能有效利用网络来学习和生活，甚至成为“网盲”，又怕被他人嘲笑或被社会淘汰而造成紧张和焦虑的不适应状态。也有一些对网络比较熟悉的大学生也有网络焦虑心理，他们担心跟不上网络的快速发展，害怕因掌握不了新的网络技术而被淘汰。

（二）网络迷恋

网络迷恋是指长时间地沉溺于网络游戏、上网聊天、网络技术，醉心于网上信息等，造成对网络的过度依赖和依恋，导致个人生理受损，正常学习、工作、生活及社会交往受到严重影响。网络迷恋心理包括几种类型：网络色情迷恋、网络交际迷恋、网络游戏迷恋、网络恋情迷恋、网络信息收集成瘾、网络制作迷恋。在这六种类型中，网络交际迷恋者、网络游戏迷恋者、网络恋情迷恋者及网络信息收集成瘾者在大学生网络迷恋群体中占多数。

（三）网络孤独

网络孤独是指个体希望通过上网获取大量信息、娱乐、人际交往来提高或改变自己。但实践中，上网未能解除孤独，反而因为触网而引发或加重了原有的孤独感等不良的心理状态。一些大学生由于性格内向、自卑、心思敏感，习惯于自己承受心理压力，不愿意或不善于甚至厌倦与他人交往。当网络进入他们的生活时，他们青睐于隐匿个人信息进行交往，从网友那里得到一定的心理支持，向网友发泄不良情绪，得到短暂的放松和释然。他们终日在网上漫游，减少了现实中人与人之间的交流，社会交往程度被大大地削弱了，于是与周围人群的感情联系日渐减少，生活的情趣也开始被消磨，内心枯燥而空虚，慢慢失去了对快速变动且丰富多样的现实生活的感受力和参与感；离开网络后，发现自己面对的仍旧是四壁空空的孤独。试图借助网络来排泄自身孤独时，网络所能给的只是键盘、鼠标和显示器，这使得网络对孤独抑郁的排解只能停留在"隔靴搔痒"的层面。

（四）网络身份迷失和自我认同混乱

在现实生活情境中，大学生一般都始终如一地扮演着自己的角色，但在网络交往中则截然不同，网络所提供的是各种虚拟情境，长期沉溺于网络的大学生会感到身份迷失，逐渐迷失现实生活中的"真实自我"，角色混淆，无所适从。例如，现实生活中一个内向、不善言辞的人，在网络中可能变得异常幽默风趣；一个胆小怕事的人可能在网上"叱咤风云"。大学生处于"同一性与角色混乱"阶段，角色混乱是指个体不能正确选择适应社会环境生活的角色。虚拟网络给个体带来了自我体验的"边缘感"。大学生自我意识发展得还不够成熟，有一些还没有形成清晰和牢固的自我同一性，一旦网络屏蔽了与现实生活的联系，虚拟性很容易造成角色混乱、性别混乱等心理危机。基于网络的隐匿性以及自我角色混乱、自我膨胀无度的心态，一些人认为，在网络世界里不需要对自己的行为负责，将自我凌驾于法律之上，无视道德的存在，不仅伤害别人，甚至违法犯罪。

二、网络成瘾

除上述提及的四种一般网络心理问题外，还存在一种严重危害大学生身心健康的网络心理问题，那就是网络成瘾。网络成瘾是一种伴随计算机网络诞生而出现的心理疾病，是一种现代的新形式心理疾病，指网络使用者达到一定的使用时间量且反复使用网络，其认知功能、情绪情感功能及行为活动，甚至生理活动，已偏离现实生活，受到严重伤害，但其仍不能减少或停止使用网络。对过度沉溺于网上活动的大学生来说，网络已成为"电子海洛因"。网络成瘾不仅影响了正常的休息、学习时间，损害人际关系，严重的话还会危及身心健康。

（一）网络成瘾概念

网络成瘾综合征（Internet Addiction Disorder，IAD），最早由美国心理学家 I. Goldberg 于 1991 年提出，是指由于过度使用网络而导致明显的社会、心理损害的现象。网络成瘾经常表现为：不断增加上网时间，并且对于上网时间难以控制，形成心理上的依赖；除了网络，对其他事物都不感兴趣，并减少与他人交往，不愿参加社会活动；通过上网逃避现实生活中未解决的问题或发泄不良的情绪；头脑中都是与网络相关的情景，期待上网；突然减少或中断上网会感到强烈的失落、烦躁、冲动。

（二）网络成瘾分析

1．网络成瘾的形成

一般来说，大学生从开始接触网络到网络成瘾，会经历三个阶段：

第一阶段：开始进入网络。在这一阶段他们开始了解网络并开始学习如何使用它，从而发现这是一个非常有趣的、以前从来没有体验过的世界。几小时或几天之内，他们会发现所有应用中，有一个自己特别感兴趣的，并且以后会经常光顾的内容。他们可以浏览最新信息、收发 E-mail、进入聊天室等，在那儿，他们有了一个新身份。这一阶段，他们仅仅是一个"网络爱好者"，对学习和生活不仅不会产生负面影响，反而有时还会有促进的作用。

第二阶段：网络替代生活中的某些人或事，称之为"网迷"。他们开始压缩自己的学习时间、娱乐时间和休息时间，尽量过着简单的生活，以便腾出更多的时间去上网冲浪。因为他们在网上已有一个或者几个朋友，他们已经找到了信任、关怀、支持和刺激。在网络上，他们有了可去的地方，可做的事情，而忽略了现实生活中的人和事。该阶段网络已经开始影响他们正常的学习和生活，但他们尚有一定的自控能力。

第三阶段：完全依赖网络。随着上网的时间越来越长，他们越发对学习及其他活动不感兴趣，只要保持网络在线，甚至睡觉都可以放在一边。因为在网上，他们感到平静、安宁和快乐，可以在网上展示自己的才华，可以在网上找到知心朋友并且真诚交谈，可以在网上找到自信心，所以他们离不开网络，一旦下线便会觉得失落、失望、烦躁、易怒。他们已经对所有的校园活动，甚至对自己的恋人失去了兴趣。此时他们便形成了真正的“网瘾”。那些因迷恋网络而导致留级或退学的同学，大部分处于此阶段。

2. 网络成瘾各阶段心理特征

大学生网络成瘾者常见的心理状态包括以下三种（见图 11-1），这些心理特征反映了从开始上网到网络成瘾的三个阶段，并且随着迷恋程度的加深而渐趋严重。

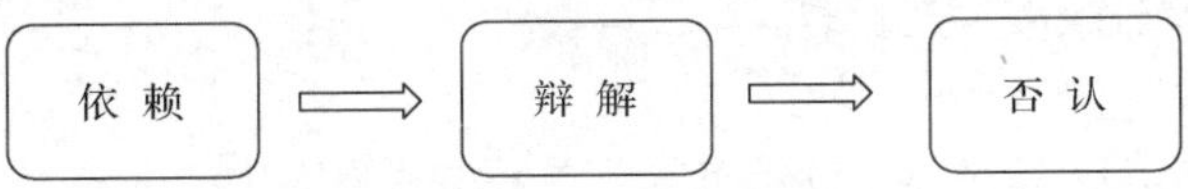

图 11-1 网络成瘾阶段图

（1）依赖

拒绝参加校园活动，甚至拒绝与恋人交往，而遁入“虚拟世界”，到网上寻找寄托、寻找自信、寻找现实生活中得不到的其他东西，并且认为这个“虚拟世界”会使自己更加轻松、平静；在这个“虚拟世界”里，自己更受人欢迎，更被人需要以及更被人理解。出现依赖心理的表现有：①我在网上实现了自我；②网络是我结识真正朋友的唯一场所；③我的网上伙伴是我最好的朋友；④在网上我能够用生活中无法使用的方式向人们敞开心扉；⑤我的网络朋友认为我幽默、聪明和富有魅力；⑥在网上，我的思路更加清晰、更加流畅，而且我更富有创造力等。

（2）辩解

虽然大学生网络成瘾者已偏离了正常的大学生活，但他们毕竟还生活在校园里，所以他们总是找出种种理由来说服自己“这样上网没什么，并且也不会上网成瘾”，而这些理由的后果之一是使他们暂时可以心安理得地上网，后果之二便是使他们在网络中越陷越深。

出现辩解心理的表现有：①我的成绩差是因为课程令人乏味，而不是因为我上网；②我整个晚上上网也没关系，因为我在学校仍然表现得很好；③我的学习生活太紧张了，需要到网络世界放松一下；④我在一个小时内通过浏览所学到的知识要比今天上课或看书学到的多；⑤我上网只是挤掉了几个小时的睡眠时间，这些时间是多余的；⑥任何时候我都可以和舍友、同学、朋友、父母共度时光，但我只是在特定的时间内和我的网上朋友聊天而已等。

（3）否认

大学生网络成瘾者又一个心理特征是：否认问题的严重性。他们认为自己并没有上网成瘾，退一步说，即使是已经成瘾，自己也随时随地有能力摆脱这种行为。出现否认心理的表现有：①我确实用很多时间上网，但这并不是什么大问题；②我并没有沉溺于上网，任何时候我都可以停下来；③我使用网络并没有伤害任何人，当然也不会伤害自己；④只要我少去聊天室，我的考试就能通过；⑤那些关于网络心理问题的话题都是小题大做，无中生有而已；⑥不管怎样，我不会比计算机专业的那些家伙们糟糕，他们从不离线，而且必须了解所有的软件程序，而我可以在任何时候停下来等。

（三）网络成瘾的类型

网络成瘾分为网络游戏成瘾、网络色情成瘾、网络关系成瘾、网络信息成瘾、网络交易成瘾、计算机成瘾，其中以网络游戏成瘾居多，占 82%，可导致成瘾者性格内向、自卑，与家人对抗及其他精神心理问题，出现心境障碍，如对自己的学业及工作前途感到悲观、情绪低落、做事没有兴趣等，部分患者还会导致社交恐惧症等。对于一个具体个体而言，网络成瘾可以归于某种类型，也可能是几种类型的混合，且以混合型成瘾者居多。

1. 网络游戏成瘾

网络游戏是借助数字、电子、网络、创意、编剧、美工、音乐等“先进”的道具，对现实生活的虚拟。一些调节机制较差的人会因逃避压力而躲到虚拟的网络游戏中，暂时忘却现实生活中的“角色规则”。电子游戏类似于赌博，由于游戏的结果难以预料，让人欲罢不能；一般游戏每过一关就有奖励，通过强化手段，极易造成网络游戏过度迷恋，进而产生网络游戏成瘾。

2. 网络色情成瘾

网络色情成瘾指沉迷于成人话题的聊天室或网络色情图片、音像和文字。那些在生活中有其他成瘾性的人更容易陷入其中。此类成瘾者把全部的情感和精力投入到网络色情中，把网友看得比家庭成员更为重要，甚至导致家庭关系破裂。

3. 网络关系成瘾

网络关系成瘾指网络聊天室或网络社群的人际关系取代真实生活中的家人和朋友，也包括网络恋情。特别是一些有社交障碍的人、失恋者、孤僻的人，更喜欢到互联网上寻找心灵的慰藉。长期上网聊天交友的人，会不自觉地“异化”交往方式：一方面，他们是网络交际的高手，与网友侃侃而谈，谈笑风生；另一方面，他们在现实生活中罕言寡语，封闭内心世界。

4. 网络信息成瘾

网络信息成瘾指强迫性地浏览网页以查找和收集信息，因惧怕所拥有的信息不足而不停地上网漫游或搜寻信息。网络信息成瘾的特征有以下几个方面：①难以自拔的上网渴望与冲动；②上网后难以脱离网络；③有网络使用时，精神较为亢奋。信息收集成瘾的人一般是具有强迫性的人格缺陷者，互联网带给他们的不再是快捷方便，而是心理上的困惑、痛苦。

5. 网络交易成瘾

网络交易成瘾通常是指以一种难以抵抗的冲动，沉迷在线赌博、网上交易、网上购物等难以自拔。网络发展最快的是商业用途，网上购物是因为便宜、方便，可以买到实体商店里买不到的物品，成瘾者总是不停地使用网络购买自己需要或不需要的物品。

6. 计算机成瘾

一些大学生对计算机知识特别感兴趣，沉浸于电脑程序，对新的软件有强烈的兴趣，迷恋网络技术，包括黑客技术，热衷于自建和发布个人网页及网站，不断地更新网页的内容等。

（四）网络成瘾的危害

大学生网络成瘾者花费大量时间在网络上流连忘返，最终给自己的日常学习、生活、工作和身心健康带来了严重的不良后果，主要表现在以下三个方面。

1. 身体上的影响

大学生尚处在身体的成长发育时期，长期沉迷于网络和游戏，不合理地使用电子产品，可能影响身体健康。首先，长时间面对电脑和手机，容易导致肌紧张性头痛、干眼症、鼠标手、脊椎病等；其次，导致视力下降，睡眠质量不高，食欲不振，记忆力减退，精神萎靡，情绪低落等；第三，大脑中枢神经系统长时间处于高度兴奋状态，会引起肾上腺素水平异常增高，交感神经过度兴奋，血压升高，植物神经紊乱，极易引发心血管疾病、紧张性头疼等，严重的甚至会突发心脑疾病而猝死。心理学专家通过观察与研究发现，网络游戏能刺激大脑奖赏中枢，促进多巴胺等神经递质的释放，增加玩家的欣快感以产生依赖，网络游戏成瘾可能导致脑结构的变化。

2. 学业上的影响

网络成瘾的大学生把宝贵的时间消耗在网络上，不能完成学业，蹉跎岁月，耽误了自己美好的前程。据有关报道，在上海某高校退学试读和留级的 237 名学生中，约有 80％的人是因为无节制地沉溺于电脑游戏、上网聊天而荒废了学业。据国外学生网络成瘾研究报告中描述，网络成瘾的大学生在网上花费大量的时间玩游戏和聊天，造成学业成绩严重下降并损害他们的社会生活质量。

3. 心理上的影响

（1）情感自我迷失。网络给大学生提供了一个宣泄情绪、放纵冲动的场所。大学生可以把现实生活中的焦虑、愤怒、困惑、忧伤、哀怨等，统统倾泄到网络中。偶一为之，尚可起到发泄不满、维持心理平衡的作用，一以贯之，则会放纵感情，忘却现实，无法感受和发展面对面的情感交流，从而导致在现实生活中心理闭锁，情感匮乏，迷失自我。

（2）网络使大学生混淆现实角色和虚拟角色的界限，造成心理错位，行为失调。每个人都要扮演不同的社会角色，按照角色规范去演绎自己的人生历程。然而，在网络世界交流中，人们却可以随心所欲地扮演自己理想中的“自我”。在这种网络交往中，人际关系日趋冷漠淡化，导致大学生产生孤独、苦闷、压抑，甚至消沉、萎靡不振，信任感下降，不关心他人，缺少安全感，个人主义盛行。

（3）网络人格异常。“人格”是在特定的社会环境中形成的具有稳定性、系统性的心理特征的综合。网络成瘾所造成的大学生人格异常主要表现为三个方面：一是人格的虚拟性，面对一个虚拟的世界，大学生容易把自己视为某种抽象的数字、符号或其他某种概念；二是封闭自我，大学生迷恋上网后，过分依恋网络，脱离集体，封闭自我，导致人格封闭；三是双重、多重人格，表现为反传统、反主流，追求异化个性，传播有害信息，崇尚网络黑客，尝试网络犯罪，导致真实的人格与虚拟的人格无法重合，出现双重或多重人格。

（4）人际关系困扰。研究表明，花费过多时间上网交友或玩游戏会导致社会孤立和焦虑，使抑郁和孤独等消极情绪增加，减少了实际生活中的社会参与度，影响心理健康发展。许多学生因花费大量的时间和精力沉迷于网上交往，渐渐地疏远了同学、老师和亲人，社交面变窄，人际关系冷漠，与真实的人际关系隔绝。如果长时间沉迷网络就会使其人际交往仅仅局限于网络中的虚拟世界，而对真正需要交往的、现实中的同学则避而不见。长此以往，势必造成性格孤僻以及人际交往障碍，严重的会导致自闭症。

第三节　大学生健康网络心理

一、网络心理健康的标准

个人的心理健康标准可以概括为有充分的自我安全感，能充分了解自己，并对自己的能力做出适当的评价，不脱离现实环境，保持人格的完整与和谐，保持良好的人际关系，保持适度的情绪表达与控制等，网络环境下的心理健康除具有心理健康的一般标准外，还具有一些特殊的标准。

（一）对网络有正确的认识

在信息时代，网络是人们学习、生活、工作不可或缺的工具。我们需要正确认识网络，学会有效利用网络，充分发挥网络的积极功能，利用网络的积极因素，为提高我们的生活质量，提高学习、工作效率服务。同时，也要正确处理网络与现实生活的关系，虚拟环境中的角色不等同于现实生活中的角色，不能借网络逃避现实生活，要敢于正视学习、生活中的困难与挫折，建立和谐的人际关系，能够与周围环境保持良好的互动。

（二）面对网络能保持情绪稳定

触网的初期阶段，面对网络知识的缺乏，面对眼花缭乱的电脑书籍和软件能及时调整焦虑、紧张等不良情绪，积极主动地适应网络环境。在熟悉掌握互联网之后，能够理智地使用网络，选择适宜的情绪宣泄方式，把网络当成社会支持的途径之一，及时有效地调整自己的情绪，避免把网络作为消极情绪的发泄渠道。

（三）有较好的自我控制能力

网络仅仅是我们生活的一部分，并非生活的全部。上网应有较强的目的性和时间性。不论是为了获取信息还是为了休闲娱乐，都应该有节有度。不能因为上网而影响正常的学习、工作、生活以及人际交往。不能破坏自己的生物钟，避免因为使用网络而过度透支身体，导致身体的感觉器官、消化器官、神经系统以及其他的身体器官机能下降或失调，能够保持机体的平衡。

（四）能在虚拟与现实环境中保持人格统一

在现实生活情境中，大学生一般都一如既往地扮演着自己的角色，但网络所提供的各种虚拟情境，使不少大学生感到身份迷失，角色混淆，无所适从。沉溺于虚拟角色，容易逐渐削弱对现实生活的感受和参与感。保持人格统一就是上网时能够积极主动地接受和处理信息，下网后能够迅速地从虚拟情境中走出来，而不是仍然沉溺于虚拟情境之中。

（五）有良好的道德约束力

网络的基本道德准则和现实生活当中最基本的道德准则应该是高度统一的，比如公正、进步、正义、诚实等，但是，因为网络交往的隐蔽性和间接性，使得网络对自律的要求更高于现实生活。在网络世界里只有放纵，不对自己的言行负责，将自我凌驾于道德和法律之上，随意伤害别人，甚至违法犯罪，这些都是心理不健康的表现。

（六）有信息选择和辨别的能力

在网络世界中，信息像汹涌波浪迎面而来，让人眼花缭乱，目不暇接，真伪难辨。如果用相信一切或怀疑一切的心态对待网络信息，势必有失偏颇，也得不到任何有用的东西。健康的心理应该是运用现有的知识，理智地辨认真假信息，自觉拒绝网络上的各种诱惑，并能够有勇气及时调整自己的认知和行为。

二、大学生健康网络心理的培养

（一）正确认知互联网对大学生的心理影响

网络的出现克服了时空距离的障碍使得人与人之间的沟通更加便利，网络的虚拟性在一定程度上让人们获得了平等和自由；网络的发展使得人们能够更加直接便捷地获得丰富的信息；但是，网络的虚拟性、随意性和隐匿性导致现实生活中非道德现象的滋生和人与人之间的信任危机；虚拟化的交往最终会导致人们对社会现实感到悲观失望、道德情感冷漠和个体责任感缺失；网络中不同的文化形态和思想观念很容易使大学生陷入迷茫的境地，从而导致价值观的倾斜。在面对充满诱惑、真假难辨的网络世界，大学生应该树立正确的世界观、人生观、价值观，提高明辨是非的能力，增强对网络糟粕的识别和觉察能力，对网络信息能进行有效的筛查。大学生只有树立对网络的正确认知，才有可能正确地面对网络，合理地使用网络资源，准确地把握自我，认清自己的真实需要，处理好现实社会与虚拟社会的关系，避免网络心理问题的产生。

（二）增强自律与自我管理能力

要充分培养自我控制力，养成良好的“慎独”习惯。在网络社会里，由于信息含量十分巨大，各种文化与价值理念相互碰撞，各种论断莫衷一是，各色诱惑琳琅满目，比比皆是；同时，网络社会又是一个充满自由的社会，缺乏非常强大的外在约束。面对这一虚实难辨、是非难断却又无明确而强力约束的多彩世界，大学生会因认知偏差或侥幸心理而产生心理困惑与矛盾，以致产生各种各样的网络心理问题。但是，过多地沉迷于网络是对现实的一种逃避、一种退缩，也是一种社会责任感的淡化。它不仅不能真正地解决大学生正在面临的现实问题，反而会更多地产生自我迷失、生活重心丧失、人际沟通障碍，产生非理性的甚至是反社会的行为。在缺乏较强他律或几乎难以感受到较为直接的他律影响力的网络社会，自律的重要性与意义显得尤为突出。一个缺乏自律的人不可能是一个自尊自重的人，也是一个不能获得自由与自我价值实现的人。大学生要合理安排好自己的日常生活，保持正常的学习、工作、生活规律，有效地控制自己的上网时间。例如，应设定强制关机时间，准时下网，合理规划自己的学业生活，合理安排上网时间，不断提高自己的自制力，做网络的主人。

（三）营造良好的人际关系

网络打破了传统的时空观，创造了一个有利于交往和建立友谊的环境，但网络交友只是人们传统交友方式的一种延伸和补充，它无法完全替代现实中的人际交往。热衷于网络交友的大学生，应该清醒地区分虚拟世界和真实生活的不同，不能忽视了与同学、朋友的相处。多参加集体活动、积极参加有利于提高人际关系沟通技巧的课程，多与同学沟通，尤其是同宿舍的同学、同专业的同学，真诚地敞开心扉，提高自身的交往沟通能力，拓展人际交往圈，打造良好的人际关系。学会在现实中从同学、朋友那里寻找信任和支持，充分体会现实世界的意义。

（四）培养成熟的心理防御机制

跌宕起伏才是人生的常态，有得有失才是生活的真谛。面对生活中的种种失意与挫折，我们要学会辩证地看待问题，积极调节自我心态，提高心理承受能力，敢于面对困难并克服它。有研究表明，网络心理问题与人格因素有关，一定的人格倾向容易导致个体出现网络成瘾。因此，要不断完善自己的个性，提高自己的心理素质水平。学会合理宣泄情绪，学会保持情绪的稳定性和提高适应能力，只有这样才会形成成熟的心理防御机制。宣泄即找对象进行酣畅淋漓的倾诉，把心里的苦水一吐为快。只要能把心里的不快说出来，就能达到一定的调适目的。学着用转移和替代的方式摆脱对网络的依恋，用自己的爱好和其他休闲娱乐方式转移自我的注意力，例如，游泳、打球、下棋、爬山等都可以有效地转移注意力。升华对调节因挫折引发的心理不适也具有良好的作用。在个人需要不能得到满足而遭遇挫折的情况下，尽快设立一个新的目标，使受挫后的压抑心理转化为新目标奋斗的动力，从而使不良的心理反应得到升华。

（五）拒绝网络“黄毒”诱惑

性是人之本能，是人类繁衍生息的需要，这种本能就如同人要吃饭睡觉一样，是身为人的最基本的需要。大学生对性知识的渴求与需要本无可厚非，对于异性的追求是自然的现象。但是在网络中林林总总的性解放观念与信息面前，大学生要维护好性心理健康，防止“黄毒”显得尤为重要。首先，应当对“性”有一个科学的认识。性不仅具有生理性、心理性，同时也具有社会性。除了生理特征，性还包括角色认同、恋爱婚姻、家庭责任等诸多心理方面的特性。大学生首先应该系统而科学地了解性知识，消除自身的性禁忌，减少性的神秘感，降低性抑制；其次，要培养健康的人格，大学生在两性交往中要树立自信心，勇于接纳自己的外貌和生理特征，发挥自己的个性品质，展现自身独特的魅力。作为大学生还应当正确对待自慰等正常的生理现象，通过健康的文体活动和适度的两性交往来缓解自身的性压力，正确调控性冲动，加强自身上网的法治意识和责任意识，自觉抵制“黄毒”的诱惑和侵害。

（六）主动向心理中心求助

沉迷网络或网络成瘾的学生往往因为自己承受很大的心理压力，大多比较敏感，对现实抱有退缩和逃避的心理，不愿主动寻求他人或心理中心的帮助，因此，大学生网络成瘾者大多是被老师和周围同学发现后带到心理中心接受咨询的。心理老师会根据他们的成瘾程度，从专业角度采取必要的心理咨询和干预措施，帮助他们分析上网的动机和情结所在，充分认识上网的诱因，并制订改变计划。因此，成瘾者要鼓起勇气，不要逃避，积极主动向心理中心求助，尽快摆脱“瘾症”，早日回归积极健康的大学生活。

网络能带给我们丰富的知识和信息，带来愉快和欢乐，让我们的生活多姿多彩；然而，它也可以使我们沉沦，使我们虚度光阴，使我们消磨意志而受到“病毒”的威胁和毒害。大学生要学会把网络上无穷的知识与美丽的陷阱分开，带着健康的心理上网，才是网络时代最为要紧的事。

第四节　大学生成长训练营

心理测试

网络成瘾程度量表

请仔细阅读表 11–1 的每个项目，在过去的 3 个月里你是否存在表中所列的情况，如有请在相应的程度栏里打“√”。

表 11–1　网络成瘾程度量表

项目	程度				
	几乎不会	偶尔会	有时会	大多数会	总是会
1. 你会发现上网时间常常超过原先计划的时间吗？	1	2	3	4	5
2. 你会不顾其他事而将时间都用来上网吗？	1	2	3	4	5
3. 你觉得上网时的兴奋更胜于伴侣之间的亲密感吗？	1	2	3	4	5
4. 你常会在网上结交新朋友吗？	1	2	3	4	5
5. 你会因上网浪费时间而受到他人的抱怨吗？	1	2	3	4	5
6. 你会因上网浪费时间而产生学习和工作的困扰吗？	1	2	3	4	5
7. 你会不由自主地检查电子邮箱吗？	1	2	3	4	5

续表

项目	程度				
	几乎不会	偶尔会	有时会	大多数会	总是会
8. 你会因为上网而使成绩不理想吗?	1	2	3	4	5
9. 当有人问你在网上做什么的时候你会有所防卫或隐瞒吗?	1	2	3	4	5
10. 你会因为现实生活纷扰不安而在上网后感到欣慰吗?	1	2	3	4	5
11. 再次上网前，你会迫不及待地想提前上网吗?	1	2	3	4	5
12. 你会觉得“少了网络，人生是黑白的”吗?	1	2	3	4	5
13. 当有人在你上网时打扰你，你会咒骂或感觉受到妨碍吗?	1	2	3	4	5
14. 你会因为上网而牺牲睡眠时间吗?	1	2	3	4	5
15. 你会在离线时间对网络念念不忘或一上网便充满“遐想”吗?	1	2	3	4	5
16. 你上网时常说“再过几分钟就好了”这句话吗?	1	2	3	4	5
17. 你有过缩减上网时间却无法办到的体验吗?	1	2	3	4	5
18. 你会试着隐瞒自己的上网时间吗?	1	2	3	4	5
19. 你会选择花时间在网络上而不想与他人出去走走吗?	1	2	3	4	5
20. 你会因为没上网而心情郁闷、易怒，情绪不稳定，而一上网就百病全消吗?	1	2	3	4	5

评分标准及意义

“几乎不会”计1分，“偶尔会”计2分，“有时会”计3分，“大多数会”计4分，“总是会”计5分。将所有题目的得分相加即可得到你的网络成瘾程度得分。

（1）如果你的得分为20～49分，说明你的上网行为属于正常上网行为，虽然有时候你也会在网络上花很多时间，但你有足够的自控能力，因此不会受到来自网络的不良影响。

（2）如果你的得分为50～79分，说明你已经受到来自网络的不良影响，虽然这种不良影响还没有达到非常严峻的地步，但你还是应该正视网络对你人生所带来的不良影响，并且你需要根据自己的实际情况调整上网行为，逐步降低甚至消除网络对自己带来的不良影响。

（3）如果你的得分为80～100分，说明网络已经严重影响你的生活，要想回到正常状态，减轻网络的消极影响，你需要强大的意志力来改变现在上网的状态，也可以求助心理医生以寻求更有效的方法。

自我成长训练

训练 1：网络行为侦察兵

请根据一日 24 小时的行为表现在相应线段上描绘黑点，以显示你用于此项活动的时间。

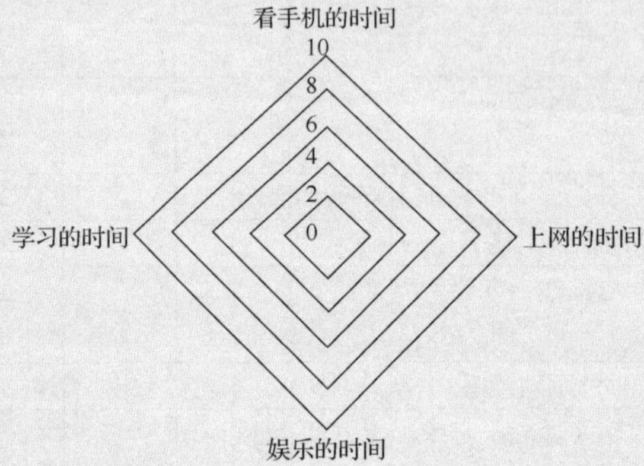

你花费时间最多的活动项目是____________________。

花费时间最多的原因是____________________。

你花费时间最少的活动项目是____________________。

花费时间最少的原因是____________________。

你理想中的时间分配是____________________。

你打算如何安排理想中的时间分配：____________________。

训练 2：谈谈网络的利与弊

1. 网络给你带来的好处：____________________。
2. 网络给你带来的困扰：____________________。
3. 如何平衡网络的积极和消极影响：____________________。

团体拓展训练

活动主题：线上线下共同成长。

活动目标：树立正确的网络观念，理性看待网络现象，学会有效使用网络。

活动时间：90 ～ 120 分钟。

活动人数：每组 8 ～ 10 人。

活动原则：注意保密原则，在活动中设计的自我暴露及探讨的相关信息不可以在其他的场合讨论，保护小组成员的隐私，遵守小组制定的“团体契约”，推动小组安全运行。

热身活动：网络健美操（时间：15 分钟）

1. 目的

舒展筋骨，活跃氛围，缓解大学生当“低头族”或长时间坐在计算机前的疲劳。

2. 活动步骤

（1）请组员围成一圈，肩并肩站立。

（2）请组员向右转，围成圈呈前后站立。

（3）根据指令，请后面的成员为前面的成员敲背、捶肩、揉捏肩膀，可以向前围成圈走动，边走边敲边唱：“敲敲背呀敲敲背呀，捶捶肩呀捶捶肩呀……”

（4）再请组员后转，继续为前面的成员敲背、捶肩、揉捏肩膀。

（5）如此反复多次，等小组气氛活跃、身体放松后停止游戏。

活动 1：一网情深（时间：30 分钟）

1. 目标

合理对待网络生活中与其他人的联系，营造和谐的网络环境。

2. 准备材料

10 米长的红色线团（长度视人数和圈子大小而定）。

3. 活动步骤

（1）先将红线团交给一位成员，请他分享一件最近发生的事情，可能是快乐的，也可能是伤心的，分享后请将线团传给下一位为成员，但这名成员不能是相邻的。

（2）这位成员接到线团后，先对上一位成员分享的故事进行回应，然后分享自己的故事，并将线团传给下一位成员。以此类推。

（3）所有的成员都分享了自己的故事，并通过这个红色的网联系在一起。

4. 活动点评

不管是在现实或是网络世界中，人与人之间的联系都是最重要的，我们要学会合理应对线上和线下的联系，构建和睦的人际氛围。

活动 2：消除网络心理问题（时间：45 分钟）

1. 目的

以团队的形式就成员间的网络心理问题进行相互探讨，提供相互学习借鉴的机会。

2. 准备材料

纸球。

3. 活动步骤

（1）请大家每人说一句流行的网络用语。

（2）用纸球传递的方式控制话语权，让每一个同学都有发言的机会。

（3）以同样的方式进行第二轮发言。话题为自己上网的经历及感受，并进行自我评价。

（4）开展对网络的评议，引导学生进行思辨。

（5）让学生探讨网络成瘾，就如何正确认识和使用网络达成共识。鼓励学生相互交流解决问题的方法，达到互相帮助的作用。

（6）组员分享：面对网络如何进行自我管理？

4. 活动点评

引导组员正确认识网络，提升信息选择和辨别能力，培养自我控制能力，有效管理自己的网络行为，预防网络成瘾。

活动 3：送出自己的网络礼物（时间：30 分钟）

1. 目的

将网络中的有用资源带到现实生活中，帮助大家更好地利用网络。

2. 活动步骤

（1）每位成员把自己喜欢的电脑或手机软件资源罗列出来。

（2）每位成员轮流分享，介绍这些资源是什么、有什么益处、怎样有效使用，并将这些作为网络礼物送给组员。

3. 活动点评

网络是一把双刃剑，我们需要从现实需求出发，尽量将网络的有用资源用到现实生活中。

案例导读

目标缺失，迷恋网络

案例介绍

小骆，男，大学一年级。中等身材，性格腼腆。

由于高考发挥不理想，小骆以五分之差与自己梦想的大学失之交臂。大学校园生活的自由安逸使小骆在思想上放松了对自己的要求，加上对所学专业不感兴趣，一学期下来，小骆的成绩在班上排在了倒数。高中时期的小骆是班里的佼佼者，这种从未有过的打击，让他内心感到非常焦虑不安，他又不善于沟通，不愿寻求师长的帮助。于是，小骆就把注意力转移到网络上面，在网络上寻找平衡与成就感，慢慢地迷恋上了网络游戏和网络聊天。

他对咨询师说："每天晚上睡觉时，我都非常后悔，觉得自己不应该这样虚度光阴，并决定第二天不再上网；但第二天总是事与愿违，反而更加严重。"他接着说："由于花大量的时间玩游戏和聊天，我会经常逃课，学校和班级的活动也极少参加。要是不上网，我就会感到无事可做，情绪也很低落。”

前几天，他发现自己思维跟不上同学的节奏，经常无精打采，记忆力也不如以前，脑子里想的都是游戏里的场景；下网后睡眠质量也不好，经常没有胃口吃饭；他感到不适应现实生活，陷入深深的焦虑之中。

案例分析

小骆对网络产生了依赖心理。首先，网络特有的优势满足了小骆的求知欲和好奇心。网络拓宽了小骆的信息来源和渠道，他可以在很短的时间内获取最新的资讯，自由自在遨游在知识和信息的海洋中。其次，网络成为小骆逃避现实的渠道。与高中生活相比，小骆不用面对高考的压力，有了更多的自由和个人空间；而且由于远离亲人和家乡，他面对陌生的校园环境和初识的同学，容易产生孤独感。特别是所读学校和所学专业与他的理想目标有差距，且缺少目标和规划，使他产生了失落感与焦虑感，将虚拟的网络当作自己逃避现实，释放压力的途径。最后，小骆产生了虚拟的自我实现心理。在虚拟的网络中，小骆不用面对现实学业受挫的压力，摆脱了现实世界中的忧虑、愤怒和失落，可以尽情地展现自己的智慧和才华，寻求平衡与成就感。

过度使用网络的不良影响。长时间沉迷网络游戏和聊天，小骆下网后睡眠质量不佳，食欲不振，记忆力减退，精神萎靡，情绪低落；不参与校园文化活动，不参加班级活动，甚至经常逃课上网，旷课次数累计达到 40 多节，学业成绩严重下降；沉迷网络的他渐渐疏远了老师、同学、朋友和亲人，社交面变窄，人际关系日趋冷漠淡化，缺乏信任感和安全感。

采用认知行为疗法进行干预。小骆的心理疏导采用四步走。一是正确认知网络对大学生成长的影响。学会有效利用网络，为提高我们的生活质量，提高学习、工作效率服务。同时，也要正确处理网络与现实生活的关系，不能借网络逃避现实生活。二是采用认知重建和自我质辩法。引导小骆对网络导致的心理和行为问题有所认识，让其充分认识到沉迷网络的严重后果，帮助其从感情上战胜自己，增强戒网的动机。三是与小骆讨论，根据自身情况制订上网时间计划，注意上网的时间与适度。四是借助外部力量，制作上网警示卡，请家人和舍友及时监督和提醒。

个案成长

经过一段时间的干预，小骆已经能够充分认识到沉迷网络对自己的生理、心理、学业和生活的严重影响与危害，了解了自己的上网习惯和上网诱因，认识到不能把网络当成逃避现实的工具。他列出了自己因上网而失去或忽视的人生计划，增加对现实理想的追求。他认真执行上网时间计划，通过调整上网时间和上网频率，逐步减少总的在线时间，并请家人和舍友及时监督和提醒。他经常性地参与同学或学校的集体活动，让自己的大学生活丰富多彩。父母、老师和同学也对小骆表达了理解和支持，小骆有信心重新开始崭新的大学生活。

思考与讨论

1. 网络给我们的生活带来了哪些变化?
2. 大学生过度使用网络会带来哪些负面影响?

经典导读

《网络心理学》

《网络心理学》由华中师范大学教授、博士生导师周宗奎撰写。本书从学科概论、网络个体心理、网络群体心理和特殊网络心理问题四个方面论述了网络心理学的基本范畴和概念，梳理了网络心理学的主要理论，介绍了网络心理学的主要研究方法，总结了网络心理学主要领域的研究发展，探讨了网络心理学的未来趋势及其与人类发展的关系。本书将理论探索建立在实证研究的扎实基础上，以实证结果整合概括了网络心理与行为的基本规律；关注网络时代重要而突出的个体和群体问题，透过繁杂现象，把握内在规律，让读者能够领略到网络世界与心灵世界的深度关联。

《欲罢不能：刷屏时代如何摆脱行为上瘾》

《欲罢不能：刷屏时代如何摆脱行为上瘾》由普林斯顿大学心理学博士、纽约大学副教授亚当·奥尔特撰写。在生活中，近半数人至少有一种“行为上瘾”：无时无刻盯着智能手机，通宵达旦追看电视剧集，没日没夜打游戏，频繁查看电子邮件……而那些生产和设计高科技产品的人，却仿佛遵守着一个规则——自己绝不能上瘾。乔布斯的孩子从未用过 iPad，Twitter 创始人没有给两个儿子买过平板电脑。这是因为，上瘾行为能带来短期的快乐，却会破坏长期的幸福：智能手机抢夺我们的时间，危害人际关系的质量；电子游戏让千万年轻人沉迷其中，失去正常交流的能力；可穿戴设备让很多人运动上瘾，出现了运动的身心伤害。这本书以大量科学研究为基础，揭秘行为上瘾的生理机制，指导我们摆脱行为上瘾，重获生活掌控权，也帮助孩子远离上瘾，健康成长。

12 第十二章 大学生生命教育与心理危机干预

【名人名言】

故天将降大任于斯人也，必先苦其心智，劳其筋骨，饿其体肤，空乏其身，行拂乱其所为，所以动心忍性，曾益其所不能。

——孟子

知道为什么而活的人，便能生存。那些没能杀死我的，会使我更强壮。

——尼采

开篇故事 **活出生命的意义**

奥地利精神病学家和心理学家弗兰克尔是20世纪的一个奇迹。他于1905年3月26日诞生在维也纳一个并不富裕的家庭。到了1937年，弗兰克尔已经成为一名颇具影响力的心理医生，并且和弗洛伊德、阿德勒等心理学家建立了良好的关系。

然而，正当他踌躇满志准备大展宏图的时候，纳粹的入侵打破了他宁静的生活。1942年，弗兰克尔和家人一起被纳粹逮捕，被关进了奥斯威辛集中营。他先后辗转4个集中营，受尽了各种苦难。他的父母、妻子、哥哥，全都死于毒气室中，只有他和妹妹幸存。他朝思暮想的妻子，也在纳粹投降前死亡。他经历了失去亲人、失去家园、失去尊严的痛苦，然而他却超越了这炼狱般的痛苦，他将自己的经验与学术结合，开创了意义疗法，帮助人们找到绝处逢生的意义，也留下了人性史上最富光彩的见证。

弗兰克尔一生对生命充满了极大的热情，67岁仍开始学习驾驶飞机，并在学习后几个月领到驾照。一直到80岁，他还登上了阿尔卑斯山。弗兰克尔用他的生命告诉人们：人所拥有的任何东西都可以被剥夺，唯独人心最后的自由，也就是在任何境遇中选择一己态度和生活方式的自由，不能被剥夺。他坚信人完全能够自由地做出选择，把握自己的命运。

第一节 大学生生命教育

人最宝贵的莫过于生命，生命对每个人来说都只有一次。《钢铁是怎样炼成的》一书中写道："人的一生应当这样度过：当回忆往事的时候，他不会因为虚度年华而悔恨，也不会因为碌碌无为而羞愧；在临死的时候，他能够说：'我的整个生命和全部精力，都已经献给了世界上最壮丽的事业——为人类的解放而斗争。'"

生命是教育的起点、核心和最终目标。生命教育能让大学生了解生命、热爱生命，在有限的生命中追寻生命的价值，活出生命的意义。

一、生命的含义

苏格拉底说，生命中最有价值的事，莫过于生命本身。"生命"是一个普通的名词，却有着极为丰富的内涵。由于生命现象的异常复杂和丰富多彩，不同领域不同学科，从不同角度探索生命，对生命有着不同的诠释。生物学家认为生命是有机物和水构成的一个或多个细胞组成的一类具有稳定的物质和能量代谢现象，能回应刺激，能进行自我复制的半开放物质系统。医学认为，生命是活着的状态，具有新陈代谢能力，有心脏跳动，有呼吸，大脑有活动。生命哲学认为生命是有灵性的一种物质精神的复合体。

生命是生物体所表现的自身新陈代谢、生长发育、有性繁殖、遗传变异以及对刺激的反应的复合现象。而人的生命则是其生物属性与社会属性的高度统一。

人的生命由自然生命、精神生命和社会生命三部分组成。这三部分紧密联系，共存于一个生命体中。

自然生命也叫物质生命，是一切生物得以存在的根本前提，在形态上就是人的肉体生命。每一个生命都必须遵循自然的客观规律，都要经历出生、成长、衰老和死亡的过程。人的自然生命是人的一切存在的基础和先决条件。人的精神生命是建立在这个基础之上的。因此，人应当首先关注和保全的是人的自然生命。

精神生命是个体对物质生命的超越，表现为个体对理想、信念、道德、人生意义等意识形态的精神追求。正是因为有了精神生命，人的自然生命才摆脱了人的动物性，才使得人的物质生命有了价值和意义。

社会生命指人的社会性，人生命的存在是一种社会关系的存在。社会关系的总和决定了一个人的本质，决定了人的生命具有平等、自由、尊严等内容，任何人都不能脱离社会而孤立地存在。

二、生命的特征

生命是完整的，是矛盾统一的。生命的完整性表现为各个部分的统一生长，任何一个部分单一发展都会导致对整体生命的伤害。生命的完整性还表现在生命是一个全程，是一个包含过去、现在和未来的整体过程。

生命是有限的。人的生命只有一次，没有重复的可能性。自然生命存在于世的时间性限制就是一个最根本的有限性。生命不可逆，不可停留，也不可轮回。

生命是独特的。人的本质不是先天的，而是后天不断生成的。由于人的遗传因素、成长环境、教育程度、地域文化的不同，人会依据自身的选择完成自身的发展，创造自我的生命，形成独特的生命。

生命是具有创造性的。人的一生会在不断运动中创造更多的价值，通过创造去实现自我潜能，实现生命的价值。

三、大学生生命教育

生命教育最早是在美国由杰·唐纳·华特士于 1968 年提出的。生命教育，顾名思义，是对个体进行有关生命意识、生命态度、生命内容等方面的教育。目前学者们比较一致地认为生命教育指引导学生认识生命、尊重生命、珍惜生命、敬畏生命；教育学生正确认识死亡，培养学生积极健康的生活方式；带领学生探讨生命的意义，实现自我生命的最大价值。

（一）拥有正确的生命价值观

生命于人是最重要的。维持生命的存在是每个人不可剥夺的权利，任何伤害自己和伤害他人的行为都是对生命的亵渎。生命本身是没有价值的，关键在于人如何赋予生命以意义，体现生命的价值，实现自我发展和自我创造。一些大学生在迷茫中质疑“人生有什么意义”“人为什么活着”。这些问题的答案取决于谁回答、在什么情境下回答。就像心理学家弗兰克说的：如果我们去问下棋高手在这个世界上最好的一步棋是怎么下的，那么我们不会得到答案。因为事实上根本就没有所谓最好的一步棋，一步棋的好坏是要根据博弈的棋局中某一特定的棋局局势以及对手的特点而判定的。生命的意义也是如此，它因人、因时、因势而异。每一个人都是独一无二的，每个人都具有特殊的机遇去完成他独特的使命。人的生命必然是存在意义的，只是每个人生命使命会因时、因地而不同，我们可以通过不同的途径去发现和感悟这些意义，实现生命的价值。去爱，去工作，每一天都是一个新的起点，每一件事都值得我们去体验。

（二）对生命的逆境的认识

人的一生不可能一帆风顺，每个人不可避免地会经历一些苦难，体会到痛苦。痛苦是人类正常的心理反应。我们既有求而不得的痛苦，也有得而复失的痛苦。弗兰克尔认为人对命运的选择完全取决于人的精神态度，即使面对无法抗拒的命运，或面对不可避免的苦难，人仍然拥有可以选择自己的态度和立场的权利。当我们的生命无法避免要经历灾难、痛苦、挫折和不幸时，我们需要去发掘其中的意义，在苦难中参悟。这些经历能让我们在苦难中体验生命，享受生命的巨大潜能。生命终将回馈给我们丰硕的人生。

弗兰克尔在《追寻生命的意义》一书中曾讲过这样一个故事。一天，一位患了严重抑郁症的老年全科医生来找自己。他说，两年前他深爱的妻子去世之后，他一直无法克服丧妻沮丧。弗兰克尔问他，“如果您先离世而尊夫人继续活着，那会是怎样的情景呢？”医生答道：“啊，对她来说是无法忍受的痛苦啊。”弗兰克尔说道：“您看她现在免除了痛苦，那是因为您才使她免除的，而现在您必须付出代价来偿付您心爱的人免除痛苦的代价。”医生一言不发地紧紧握住弗兰克尔的手，然后静静地离开了。弗兰克尔赋予了他承受苦难的意义。

当然，人如果为了痛苦而去选择痛苦，这只能算是一种被虐狂，不能算是英雄气概，除非痛苦是必需的，否则它就没有忍受的意义。

（三）在死亡面前领悟

如果说生是偶然的，那么死就是必然的了。事实上对死亡的恐惧一直存在于人类的精神活动当中。关于死亡，人们到底在恐惧些什么呢？

第一种是对未知的恐惧，死亡具有不可预测性。到目前为止，除了距离死亡最近的濒死经验，没有人经历过死亡。死是怎么一回事？死后有另外一个世界吗？没有人可以解释清楚。必有一死却不知道死亡什么时候降临！它是很遥远还是很临近？未知之所以令人恐惧，是因为失去了掌控感，所以人对死亡有些恐惧是合理的。

第二种是对失落和分离的恐惧。死亡会让人失去整个世界，死亡会让人失去情感的联结。它剥夺了生活中美好的人和事。从古到今，人生最凄惨的事情莫过于“生离死别”。很多人的分离恐惧，其实是担心自己无从面对孤独，害怕孤独无依地面对将来的人生。但这个世界上没有什么东西是可以永远拥有的。

我们了解死亡、直面死亡、思考死亡，就是思考人生。适度的死亡焦虑可以让人们正视生命的有限性，珍惜自己所拥有的一切。适度的死亡焦虑能产生强烈的动力，让人们更加珍爱生命，努力生活、努力工作。正因为死亡的存在，生命的可贵才能彰显，生存的时间才能成为最稀缺的东西，才具有最宝贵的价值。正确的死亡意识带来积极的生命意识，具有死亡意识的人才能获得人生的整体观念和有限观念。死亡是生命的导师，面对死亡，能使人领悟生命的意义。

第二节　大学生心理危机及危机干预

经历了高考的洗礼，离开了故友亲朋，人生崭新的篇章即将从大学校园开启。大学生正处于人生发展的重要时期，是个体独立、逐步走向成熟的关键时期，也是心理危机的高发期。危机随时可能来临，有的危机会带给人以毁灭性的打击，因此，把握危机中的机遇，在危机中自我成长，是每个大学生面临的成长任务。

一、认识心理危机

近年来，随着社会巨变，社会压力不断增加，大学生的各种心理行为危机事件频发，甚至出现极端事件，给家庭和社会带来了巨大损失。为了更好地预防心理危机的发生，让我们从以下 3 个方面来认识心理危机。

（一）心理危机的基本概念

危机指一种紧急状态，《世界英语词典》对“危机”一词的定义是：有关未来的非常重要的事情发生或被决定的时刻，事情还处于非常不确定、艰难和痛苦的情境或阶段，此时必须要采取行动以避免完全的灾难及崩溃。在心理学上，危机指个人或群体无法利用现有的资源和以往的应对机制来处理事件和遭遇。

个人危机的定义为一种对事件和情境的认知或体验及认为所面临的困难事件或情境超过了现有资源和应对机制的境遇。除非当事人获得缓解，否则危机有可能会引起严重的情绪、行为和认知功能障碍，甚至导致当事人对自己或他人出现伤害或致命的行为。

心理危机理论创始人开普兰（Caplan）认为，每一个人都在努力保持一种内心的稳定状态，使自身与环境稳定协调。心理危机则是当一个人面临困难情境，他先前的处理问题的方式和惯常的支持体系不足以应对当前的处境，他必须面对的困境超过了他的能力时，所表现的心理失衡状态。

（二）心理危机的分类

心理危机可以大体分为 3 类：发展性危机、情境性危机和存在性危机。

（1）发展性危机指正常成长或发展过程中，由于环境或者自身生理的急剧变化，导致个体面临一些重要的成长性问题而出现心理内部冲突和焦虑，如在人生的重大转变时刻、在生理发育的高峰期容易产生危机。

（2）情境性危机指无法预知的、偶发的、灾难性的危机事件，往往会对个体或群体造成巨大的心理影响，如地震、交通事故、突发疾病死亡等，严重时往往会出现以下两种心理障碍。

① 急性应激反应（ASR）：指由于受到突发的重大生活事件（如父母、亲人突发意外或亡故，

或家庭遇重大变故等）而引起的情绪和行为失调。主要表现为意识障碍、意识范围狭隘、定向障碍、言语缺乏条理、对周围事物感知迟钝、有强烈的恐惧感、精神运动性兴奋或精神运动性抑制。一般在接受刺激后 15 分钟或数小时内发作，持续数小时至一周，一个月内缓解。

② 创伤后应激障碍（PTSD）：指在遭受强烈的或灾难性的精神创伤事件之后，数月至半年内出现的后遗症，又称“延迟性心因性反应”。这些应激事件往往具有极度恐惧或灾难性质，如战争、地震等，常引起个体极度恐惧、害怕、无助。主要症状包括噩梦、性格大变、情感解离、麻木、逃避。

（3）存在性危机：指伴随着重要的人生问题（如人生目的、责任、独立性、自由、承诺等）出现的内部冲突和焦虑。例如，若面壁十余年考大学，却发现现实与理想有巨大的落差，在这个时候人就可能会遇到存在性危机。存在性危机对每个人来说是不同的，尤其是对自我要求比较高的人，即使他取得了一定的成就，或感觉到无法再超越自己了，也可能会有存在性危机。

拓展阅读

系统危机

危机实际上并不仅仅是个人的危机，它很少会仅仅影响个人，很多时候是会影响系统的。系统危机是指当人、机构社区或生态经历了严重的创伤性事件，而反应系统无法从生理和心理两方面有效地控制和解决问题时，形成的危机。系统危机会以多种形式出现，它既可能是一场自然灾难，也可能是造成多人丧生的大规模流行性感冒。“系统”这个词，涵盖了家庭、社会产业、邻里、社区、城市以及国家。其中的关键是该系统失去了平衡，而之前的处理机制不再起作用。如果未能得到合适的救援，危机就会对系统造成不可恢复的破坏，甚至毁灭系统。

（三）培养积极的危机观念

每个人的内心对生活有许多美好的愿望，我们期望一帆风顺，期望岁岁平安。但是在人的一生中，大大小小的危机如影随形，有人因学业问题备感压力，有人因失恋辗转难眠，有人因就业问题焦虑不已。危机存在于我们的整个人生，是人生的重要组成部分。因此，如何正确面对危机就成了我们的必修课。

1. 接纳危机

心理学家皮亚杰认为，心理危机的产生过程实际上就是心理成长的过程。皮亚杰在他的“平衡化”理论中提到，在个体成长过程中会不停地遇到外来刺激，通过同化与顺应机制，个体的认知结构从相对较低水平的平衡，到该平衡被打破，发展到相对较高水平的平衡的建立，个体的心理水平也相应达到了新的台阶。因此，一个人的心理发展过程就是不断地打破已有的平衡，建立新的平衡的过程。而每一次现有的平衡即将被打破时就会构成危机。也就是说，一次危机的形成，正好是个体心理发展到一定程度才可能发生的。因此，在人生的每一个阶段，危机是不可避免的，要坦然接受危机的存在，勇于面对危机，争取资源战胜危机，得到成长，实现自我完善。

2. 辩证地看待危机

在汉语中，“危机”两个字可以分解成“危”和“机”。“危”就是危险、灾难或者威胁，“机”就是机遇、转机和机会。危机就是危险与机遇并存，危机即转机。俗语“否极泰来”“塞翁失马，焉知非福”“绝处逢生”等就诠释了“危”与“机”的辩证关系。

二、心理危机的常见反应

当人们处于正常生活状态时，是一种精神或情绪的稳定、平衡或平静的状态，而当人们处于急性或慢性危机中时，就丧失了或被破坏了精神或情绪的稳定、平衡或平静的个人状态。根据不同的危机事件，人们会产生不同的危机反应。

（一）一般性危机反应

每个人处于心理危机时，都会有自己的应对模式，这种模式一般情况下会持续几周到半年不等。人会出现认知层面的改变，失去安全感，对自我价值全面否定，回避退缩；心理上出现害怕、恐惧、无助等感受；生理上会出现心慌、心悸、胸闷、失眠、多梦等症状。

遭受一般性危机后，随着时间的流逝，大多数人能自然复原，生活重新步入正轨。

（二）丧失与哀伤

丧失是指个体曾经所拥有的有价值的或重要的人、物或其他的东西被剥夺、丢失或改变。每个人一生中必定会经历丧失的体验。丧失对个人的影响取决于丧失与个体的亲密程度及意义，因此，如果失去的人是一个重要的人，我们产生的痛苦和悲哀就越强烈。一个人处理由丧失而产生的痛苦和悲哀的过程就是哀伤。人的哀伤一般会经历以下 5 个阶段。

1. 否认

否认和拒绝接受已经发生的事实，这是人们面对丧失时的第一反应。人们不相信亲人真的离去，不相信事故真的发生，试图相信生活和以前一样没有发生任何变化。比如，有的人在接到消息时，震惊过后会说“这不是真的，不可能”“他不会离开我的，我不相信”之类的话；有的人则表现得很麻木很平静，好像什么都没发生一样，没有眼泪，没有悲伤。

2. 愤怒

否认之后，愤怒情绪开始表达。愤怒可以指向他人，也可以指向自己，有时人们甚至会把情绪强加给别人。其实，愤怒的背后投射的是自己的无助与绝望。

3. 妥协

这一阶段也称为讨价还价阶段，表示愿意付出努力和代价以换取回到从前。

4. 抑郁和消沉

这段时间个体会长时间感到情绪低落、疲惫无力、无助无望、甚至会感到活着没有意义，产生轻生的念头。在这个阶段如果个体的学习、工作及社会功能受到损害，建议要寻求专业人士的帮助。

5. 接受

这是哀伤反应的最后一个阶段。人们逐渐能够真正地接受丧失，渐渐走出哀伤，意识到失去的人和事不是人生的全部，开始逐步恢复社会功能，渐渐回归正常的生活。

在整个哀伤的过程中，大部分人能完成这 5 个阶段，也有小部分人停留在了第 3 个阶段。如果整个哀伤的过程中，情感太过痛苦，建议找一个安全的途径释放自己的悲痛情感，也可以寻找专业人士进行哀伤辅导，帮助自己渡过哀伤期。

三、心理危机干预

心理危机虽然不是一种疾病，只是一种认知、情感、行为都处于混乱状态的过程，但如果处理不当或任其发展，则会让人们失去安全感并带来剧烈痛苦和创伤，甚至引发严重极端事件。因此，学会识别和干预心理危机，是维护心理健康的重要保障。

（一）心理危机状态的觉察

应对心理危机最重要的是早发现、早干预。因此，对心理危机的表现与状态具有一定的敏感性，能做到及时发现与干预，就能很好地帮助个体渡过危机。国内心理学者江光荣老师提出，如果自己或他人出现以下有关言语、身体、行为等方面的征兆，请及时寻求家人、老师、朋友和专业人士的帮助。

（1）长时间睡眠障碍，情绪低落，思维迟缓，做事效率下降，无法正常学习，考试成绩全面下降。

（2）孤僻，人际交往明显减少或与他人发生人际冲突，人际关系恶化，与人敌对，认为每个人都在和自己作对，甚至要伤害自己。

（3）生活学习习惯突然发生改变，懒散，个人卫生不注意，睡眠饮食或体重有明显增减。

（4）出现幻觉、妄想，总是听到别人在议论自己，感到有人在跟踪自己或监视自己，感到有人想谋害自己，能够听到或看到别人听不到看不到的。

（5）遭遇变故，如失恋、丧亲、意外伤害或性侵犯、重大挫折等。

（6）情绪明显异常。如情绪低落，持续不断地悲伤，有强烈的自责负罪感，觉得自己不配活在世界上，痛苦，抑郁无望或无价值感。或特别烦躁，高度焦虑、恐惧，易冲动，因异常兴奋而连续几天不睡觉。

（7）不明原因地突然给同学、朋友或家人送礼物，赔礼道歉，诉说告别的话，烧毁日记，行为紊乱或古怪。

（8）有生理缺陷或长期患病。

（9）有意或无意开自杀方面的玩笑，收集有关自杀的信息，在网络空间流露出主题为无望、脱离社会、愤怒绝望、自杀或者死亡的信息。

（10）已经出现过自伤或自杀的行为。

（二）心理危机干预的策略

危机干预最关键的是通过各种努力与行动，保障个体的安全，尽快让个体离开刺激性的环境，确保走出引发危机的现实困境，帮助个体恢复基本功能。危机干预是一个系统的工作，需区域内多部门联动，充分调动一切资源，帮助个体渡过危机。

危机干预的目的就是要帮助危机个体减轻情感压力，预防应激反应，动用一切物质及精神资源帮助危机个体组织调动支持系统，应对引起危机的特殊因素，减少危机产生的负面影响，帮助危机个体恢复心身平衡，使其心智功能更加成熟。

危机干预的首要原则是尽量向专业人士求助，危机干预对专业性的要求很高，受过相关训练的心理咨询师或医生能够提供有效的帮助，这是其他非专业人员无法替代的。

（三）心理危机干预的步骤

在心理危机干预中，每个人都是助人者。了解专业心理人员的具体危机干预步骤，能提高我们的助人效能。一般会按照以下 6 个步骤进行。

1. 确定焦点问题

认真倾听当事人的陈述，从当事人的角度确定和理解其所认识的问题。把握焦点问题非常重要，千万不可以自己的价值观来评判当事人的问题是否严重。否则所有帮助的干预策略和付出的努力，可能会失去重点，甚至没有任何价值。根据焦点问题确定援助流程，援助的核心技术为倾听、尊重、共情以及接纳当事人。

2. 保证当事人安全

在危机干预过程中，保证当事人的安全是首要目标，确保对当事人和他人的生理和心理危险性降到最小。为了实现这一目标，在干预过程中会不断对当事人进行自杀或他伤的危机性评估，并随时调整干预策略。

3. 给予当事人支持

与当事人进行沟通与交流，不去评价当事人的经历与感受，以及是否值得称赞和批评，而是无条件地接纳当事人所做的一切，让当事人相信这里有一个人确实很关心他，能够真正给予他支持、接纳和肯定。

4. 提供当事人解决方式

危机中的当事人思维容易僵化，会认为只有这一条路可以走了。而经过专业人员的帮助，当事人能意识到还有多种不同应对方式可供选择而非死路一条。如环境支持，这是提供帮助的最佳资源，让当事人知道有哪些人曾经帮助过他；又如应对机制，即帮助当事人找到可以用来战胜目前危机的行为和环境资源；再如积极的思维方式，即改变当事人对问题的看法，慢慢减轻他的应激与焦虑水平。

5. 制订计划

通过以上 4 个步骤已经大致了解了当事人的处境，接下来就应该与当事人合作，在他的参与下制订行动，矫正他情绪失衡的状态。通过制订计划，使当事人进一步明确有哪些人、哪些组织能够为自己提供支持和帮助，明确自己在危机中的应对方法和操作步骤，例如使用放松技术消除紧张焦虑。

6. 得到承诺

通过前面的努力，当事人已经为自己制订了一个积极可行的计划。在结束危机干预前，专业人员应该从当事人那里得到诚实直接和恰当的承诺，并要求当事人签订承诺书，以避免再次发生危机或危机升级。

在多数情况下，这一步比较简单，主要是要求求助者复述一下制订的计划。

一般经过 4 ～ 6 周的危机干预，绝大多数的危机当事者会渡过危机，情绪症状得以缓和，此时应及时中断干预性治疗，以减少当事人的依赖性。在结束阶段应该注意引导和强化当事人学习运用新的应对技巧，协助当事者在今后面临或遭遇类似危机或挫折时，能积极面对，渡过难关，获得新的成长。

（四）不同危机类型的应对方法

不同的心理危机带给我们巨大的压力，我们的身心都会出现应激反应。对于不同类型的危机，我们要采取不同的应对方法，积极主动调适，帮助我们恢复心理平衡，渡过危机，重新适应生活。

1. 一般性危机反应应对

每个人的一生中都会遭遇或大或小的危机事件，对于一般性危机反应，我们要从以下 4 个方面学会自我调节。

（1）学会合理化

为自己的境遇找一个自己能接受的理由或借口，以达到安慰自己的目的。比如“酸葡萄心理”和“甜柠檬心理”都能冲淡内心的不安以求得心理平衡。

（2）增加人际交往

健康的人际关系可以为大学生提供丰富的社会支持。培养广泛的兴趣爱好，积极参加各项社会活动，加入各类学生社团，扩大人际交往，增加沟通与交流的渠道。好的人际关系可以带来好心情，获得安全感，可以增强乐观的生活态度和心理承载力。

（3）学会宣泄

心理问题的最终产生在很多情况下是负性情绪不断累积的结果，因此，及时地识别自己的负性情绪，进行情绪管理，可以起到预防和解决心理问题的效果。宣泄的方法有很多，可以找家人或知心朋友倾诉，将心中的郁闷一吐为快。如果觉得不方便向人倾诉，也可以以写日记的方式抒发情感，缓解负性情绪。还可以尽情痛哭，哭是人类特有的生理反应之一，一场极尽宣泄的痛哭之后，可以使身体和心理同时得到平静。

（4）寻求各项资源

当自身的资源不足以应对心理危机时，必须学会求助，寻求多方资源来帮助自己应对危机。大学生的社会支持除了来自父母和家庭，还有来自学校的社会支持，如老师、同学的支持。另外，寻求朋辈的心理辅导也是有效的资源之一。

2．重要他人丧失引发危机的应对

当经历重要他人的丧失时，本质上都是分离，此时个体的很多情感反应都是正常的，如果压抑情感反而会使这种情感随着时间的延长而变得越来越强烈和具有破坏性。丧失时要有一个告别的仪式，最重要的是要给自己足够的哀伤期，充分表达自己的哀伤与愤怒。我们要允许自己表达哀伤，我国传统的葬礼、清明节等都是表达对逝者的哀悼。如果是面对一段重要感情的丧失，我们也可以通过一个仪式来表达哀伤。我们除了有哀伤，有的时候我们往往还有隐含的愤怒。我们会恨他为什么丢下我们？为什么要让事情发生？当我们将愤怒表达出来时，我们就能感受到我们被看见和被理解。继而化悲痛为力量，将哀伤的情感通过努力工作、积极生活来进行升华，实现逝者生前未尽愿望，这样也有助于减轻丧亲者的内疚和自责。

如果有身边的人处于丧亲之中，我们则要尽量避免说一些空话套话，最有效的安慰方式就是去看望他，去陪伴他，即使不说什么话，也尽在不言中，你的出现就给了他最大的支持。

3．公共突发事件危机与替代性创伤的应对

突发的伤害事件或意外事件，包括暴力袭击、天灾人祸、经济损失等事件。面对这类危机首要的是现实应对，要立即采取行动，帮助个体脱离险境，为个体提供保障基本生活的资源，如食品、水、安全的居住场所、医疗配给等。

这类事件中，我们还要警惕替代性创伤的危害。替代性创伤最初是指助人者帮助他人时，由于感同身受导致的身心困扰。首都医科大学附属医院的刘军认为，替代性创伤主要指在目击大量残忍破坏性场景之后，损害程度超过其中部分人群的心理和情绪的耐受极限，间接导致的各种心理异常现象。灾后救援人员、心理治疗师、社工等是替代性创伤高发的群体。但是在当今自媒体时代，普通大众也能通过互联网获取海量信息，如果过多接触有关灾难的信息，也可能引发替代性创伤，特别是以前遭遇过类似灾难或本身有心理障碍、易感性特征的人更是要有所警惕。

要减少替代性创伤的影响，我们首先要尽可能让自己按照习惯的生活方式去生活，有规律地进行工作和学习，同时有意识地少接受有关灾难的信息，尤其是具有强烈冲击的惨痛的画面信息，防止灾难给你造成更大的影响。其次，去觉察灾难给你带来的情绪情感，向自己信任的家人或朋友表达你的情绪和感受，也可以通过做自己感兴趣的事情来转移注意力。

小贴士　**顺利渡过危机的小技巧**

保持生活的基本规律，该吃饭吃饭，该睡觉睡觉，即使吃不下睡不着，在形式上也要做出相应的安排，这样有助于我们保持基本的掌控感，对于身体健康也至关重要。

寻求社会支持，向你信任的人表达脆弱与痛苦，取得他们的理解与支持。

调动各种现实资源，帮助自己解决引发危机的问题，暂时降低学习及工作的各项要求。危机状态下，安全与健康高于一切，如实在无法继续学习或工作，可考虑暂时休学或休假，没有必要通过硬撑证明自己坚强，必要时可暂时远离引发危机反应的人与事。

4．致死性危机

致死性危机指个体主动地结束自己生命的行为。日本学者长岗利贞指出自杀一般经历这样一个或长或短的过程：产生自杀意念——下决心自杀——行为出现变化——思考自杀的方式——选择自杀的时间与地点——采取自杀行为。

（1）自杀的心理表现

自杀不是突然发生的，一般自杀的心理发展过程和心理表现分为以下 3 个阶段。

① 自杀前期

自杀是当事人用有问题的行为来解决问题的手段，被当作一种逃避现实生活或在遇到自以为难以克服的挫折和打击时，使自己得到解脱的手段。这个时期当事人开始思考以自杀作为解脱或一了百了的方法。

② 矛盾冲突期

当事人虽然有了自杀的意念，但求生的本能和对世事的牵挂常常使其陷入生与死的矛盾冲突中。这个阶段当事人经常会关注自杀的相关资讯，会与人谈论与自杀有关的话题，反复预言暗示或流露出直接或间接的自杀意图。这实际上是当事人在绝望无助、最困难的时候向他人发出的寻求帮助或引起注意的信号。

③ 自杀前平静期

如果当事人突然表现出异常的平静和冷漠，不再谈论或暗示自杀，这可能是一种假象，事实上，当事人在这个阶段往往会为自杀进行最后的准备工作，考虑自杀方式，准备自杀工具，准备遗书等，并等待一个合适的时机来结束自己的生命。因为当事人已经做出了生死抉择，从矛盾冲突阶段解脱出来，平静地面对一切。

（2）自杀的征兆

这种线索和警示信号可以通过言语、身体、行为 3 个方面（见表 12-1）观察到。对发出这类信号的当事人，应作为心理危机的重点干预对象立即进行干预。

表 12-1 自杀的征兆

线索	警示信号
言语线索	谈论过自杀方法，网络、信件、日记、图画或只言片语中流露死亡念头，直接表达“我想死”“我不想活了”“活着没有意义”等
身体及情感线索	情绪低落，悲观抑郁、自罪自责，疲劳、食欲差、睡眠紊乱，头晕、烦躁、高度焦虑、恐惧、不与人进行正常的情感交流
行为表现	表现异于平常的行为，给同学、朋友或家人送礼物、安排后事，自我封闭，经常独处

（3）预防的原则

一旦发现同学中有人处于上述 3 个阶段，或有上述自杀的征兆时，一定不能熟视无睹，而应立刻引起重视，采取相应措施。首先要立刻向院系老师或辅导员报告、向学校心理咨询中心或保卫处报告。特别注意不能答应当事人要为他保密的请求。其次要立即守护当事人，做好监护工作，确保当事人在安全的环境中，绝对不能让他独处。同时立刻寻求专业心理人士的帮助，进行紧急危机干预，找到解决问题的办法，当事人的自杀企图就有可能被减轻甚至打消。具体助人办法可参照前文中“（三）心理危机干预的步骤”的内容。

拓展阅读

应对家人或朋友自杀危机的方法：

（1）认真对待他。

（2）保持安静，但不能疏忽于反应。

（3）通知其他人，不要试图自行处理危机，必要时可以报警。

（4）联络他的精神科医生、治疗师或是其他受过此类训练的人。

（5）表达关注，并举出具体实例说明为什么你相信他可能会自杀。

（6）专注倾听，保持目光接触和交流，运用身体语言，例如握住他的手。

（7）直接询问，了解他有没有具体的自杀方案，判断他会用何种方法自杀。

（8）肯定他的感受，有同情心，不忘做评论，不可让他放弃对自己行为所应有的责任。

（9）做出保证。强调不要用自杀这种不能挽回的方式解决问题。提供希望的出路，提醒他有人会帮助他，情况会好转。

（10）不要承诺会保守秘密。必须将情况告诉医生。

（11）尽可能不让他独处。

（五）可求助的专业资源

以下是一些危机干预心理热线。

（1）广州市青少年心理健康热线 020-83182110。

（2）深圳市心理危机干预热线 0755-25629459。

（3）中国心理危机与自杀干预中心救助热线 8008101117，010-62715275。

（4）武汉市精神卫生中心危机干预中心救助热线 027-85844666。

（5）上海市危机干预中心热线 021-64383562。

（6）北京危机干预中心热线 8008101117，010-82951332。

（7）北京协和启迪心理治疗咨询中心救助热线 010-65132928。

（8）南京生命求助热线 025-86528082。

（9）杭州心理研究与干预中心热线 0571-85029595。

（10）天津市心理危机干预热线 022-96051199。

（六）放松训练方法

处于应急压力状态下的当事人会表现出肌肉紧张、呼吸加快、心慌、心跳等症状，严重的会导致当事人睡眠障碍、噩梦等。在应急危机干预中最立竿见影的心理治疗方法是放松训练。放松训练可以使机体产生生理和心理方面的多种变化，不但对于一般的精神紧张、神经症有显著的疗效，而且对某些与应急有关的心身疾病也有一定的疗效。

1. 腹式呼吸放松训练

深呼吸也叫腹式呼吸和隔膜式呼吸。这是一种尽力使膈肌下降，把氧气深深地吸入肺内的慢节律呼吸方式，可用此来代替焦虑与恐惧时经常出现的浅而快的胸式呼吸。腹式呼吸可以在任何时候采取坐位、卧位或者站位等加以练习。

（1）吸气

采取仰卧或舒适的坐姿，可以把一只手放在腹部肚脐处，放松全身，先自然呼吸，然后吸气，最大限度地向外扩张腹部，使腹部鼓起，胸部保持不动。

（2）呼气

腹部自然凹进，向内朝脊柱方向收，胸部保持不动。最大限度地向内收缩腹部，把所有废气从肺部呼出去。这样做时，横膈膜自然而然地升起。循环往复，保持每一次呼吸的节奏一致，细心体会腹部的一起一落。

腹式呼吸的关键：无论是吸还是呼都要尽量达到“极限”量，即吸到不能再吸、呼到不能再呼为止；同理，腹部也要相应收缩与胀大到极限，如果每口气直达下丹田则更好。

腹式呼吸简单易学，站、立、坐、卧皆可，随时可行，但以躺在床上为好。

2. 蝴蝶拍

蝴蝶拍是一种寻求和促进心理稳定化的方法，可以帮助我们增加安全感和积极感受。蝴蝶拍技术简单、易学，能帮助当事人对自身资源进行提取、深化，提升复原力。大家可以自己做，每次需要 5 分钟。具体操作如下。

（1）想象一个过去经历中给你带来积极体验的事件，并体会身体的哪个部位感受到了这种积极的体验。

（2）双臂在胸前交叉，右手在左侧、左手在右侧，轻抱自己对侧的肩膀。

（3）双手轮流轻拍自己的臂膀，左一下、右一下为一轮。

（4）速度要慢，轻拍 4 ～ 12 轮为一组。停下来，深吸一口气，感觉如何？

（5）如果好的感受不断增加，可以继续下一组蝴蝶拍，直到积极的体验更为强烈。如果出现负性的体验，请提醒自己现在只关注积极的体验，负性的体验以后再来处理。

（6）请把刚才想的积极的事件用一个词来形容。

（7）想着这个形容词再来做一组蝴蝶拍。

在进行蝴蝶拍的时候速度要慢，就好像孩提时期母亲安慰孩子一样，轻而缓慢。通过这个动作，我们可以安慰自己，使心理和躯体恢复并进入一种“稳定”状态。

3. 肌肉放松训练

渐进性的肌肉放松训练是对抗焦虑的一种常用方法，能极大地缓解各种焦虑症状，对各系统的身心疾病治疗都有较好辅助作用。具体操作方法可扫描右侧二维码进行详细了解。

扫码看资料

肌肉放松训练

第三节　大学生成长训练营

心理测试

领悟社会支持量表由齐梅特等编制，姜乾金等人引入国内并做了一定的修订。该量表共有 12 个项目，分为 3 个维度：家庭支持、朋友支持和其他支持。请认真阅读表 12-2 中的每一个项目陈述，根据与你自己实际情况的符合程度，选择你认为最合适的选项。

表 12-2 领悟社会支持量表

项目	极不同意	很不同意	稍不同意	不确定	稍同意	很同意	极同意
1. 在我遇到问题时有些人会出现在我的身旁	1	2	3	4	5	6	7
2. 我能够与有些人共享快乐与忧伤	1	2	3	4	5	6	7
3. 我的家庭能够切实具体地给我帮助	1	2	3	4	5	6	7
4. 在需要时我能够从家庭获得感情上的帮助和支持	1	2	3	4	5	6	7
5. 当我有困难时，有些人是安慰我的真正源泉	1	2	3	4	5	6	7
6. 我的朋友们能真正地帮助我	1	2	3	4	5	6	7
7. 在发生困难时，我可以依靠我的朋友	1	2	3	4	5	6	7
8. 我能与自己的家庭谈论我的难题	1	2	3	4	5	6	7
9. 我的朋友们能与我分享快乐与忧伤	1	2	3	4	5	6	7
10. 在我的生活中有某些人关心着我的感情	1	2	3	4	5	6	7
11. 我的家庭能心甘情愿协助我做出各种决定	1	2	3	4	5	6	7
12. 我能与朋友们讨论自己的难题	1	2	3	4	5	6	7

评分与解释

将全部项目的得分累加可得总分，总分越高说明个体的社会支持越高。根据我国常模，总分在 12 ～ 36 分为低支持状态；总分在 37 ～ 60 分为中间支持状态；总分在 61 ～ 84 分为高支持状态。

自我成长训练

训练 1：生命之树

树由 6 个部分组成：树根、大地（土壤）、树干、树枝、树叶和果实。树在我们的生活中诠释着不同的生命力。如果把人比作树，人的成长也是日积月累，开枝散叶，不断繁茂。现在我们试着通过绘画的形式，把我们的生命之树描绘出来，并将隐喻的部分写在相应的部位。请你在 40 分钟里，运用彩笔、A3 纸（一张）绘制一棵自己的生命之树。

绘画指导语如下。

树根隐喻：你来自什么地方，你的家庭、家族，家乡的文化底蕴，有代表性或者对你有影响的东西、民俗、名胜古迹等。大地隐喻：现在的工作、学习和生活现状，或参加的一些活动。树干隐喻：你的技能、知识以及获得这些的途径。树枝隐喻：希望、梦想和对未来生活的愿望。树叶隐喻：在世或离世的对自己很重要的人，对你身份认同有帮助的人。果实隐喻：收到和给予的非物质性的礼物，如仁慈、关心、爱护、灵感、包容、友善等。

绘制完成后，假设这棵树马上要面对一场暴风雨，请你思考以下问题。（请按顺序逐一完成）

（1）我们有可爱的树，这些树有很强壮的树根，有漂亮的树叶和果实。这么美丽的树木，我能说它们都会免于危险吗？（“会”或“不会”）

（2）树木可能会遇到什么潜在的危险？（被火烧、被砍伐、被踢、遭遇雷击、衰老、干枯）

（3）我们的生活也会像树木森林一样遇到危险和麻烦，这样说对吗？（“对”或“不对”）

（4）那我们的生活中可能会遇到什么样的危险和困难呢？（挂科、被辅导员批评、家长失望、失恋、毕业不成功、找不到工作、车祸、摔倒、长智齿……）

（5）当发生这些危险和困难时，自己会有什么感受？（悲伤、恐惧、愤怒、创伤……）

（6）树会遭遇一些天灾，也有人祸，还有食物链中的弱肉强食。遇到这些危险我们能怪树吗？

（7）当我们在生活中面临危险和困难时，这是我们的错吗？

（8）暴风雨经常出现在我们的生活中吗？我们的生活有时会远离暴风雨吗？（暴风雨偶尔出现）

（9）当暴风雨来临时，我们可以利用生命树上的哪一部分来为我们遮风挡雨，减少损失、抵御风险？

完成以上任务后，请你回顾今天整个过程中，你得到了什么启发，你最大的感受是什么。

训练 2：感恩与父母相遇

请你回答以下问题，看看你对父母的了解程度。

（1）父母的出生年月日分别是什么时候？

（2）父母的身高分别是多少？

（3）父母的工作内容分别是什么？

（4）父母的年龄分别是多少？父母分别穿多大的衣服和鞋子？

（5）父母最喜欢的食物分别是什么？

（6）父母分别有什么兴趣爱好？

（7）父母最近有什么烦恼的事？

（8）父母的好朋友分别有谁？

（9）父母对家庭的期待和规划有哪些？

（10）父母对你的期待有哪些？

（11）父母是如何相识并结婚的？

（12）父母的文化程度及毕业学校分别是什么？

（13）父母患有什么身体上的疾病吗？

（14）父母会与你分享内心的感受吗？

（15）父母年轻时的理想分别是什么？

把你的答案写在一张纸上，然后与父母逐一核对。在核对的过程中，你们都有什么样的感受呢？请与父母一起分享感受。

团体拓展训练

活动主题：珍爱生命。

活动目标：尊重生命，感恩生命，树立正确的人生态度。

活动时间：90 ～ 120 分钟。

活动人数：每组 7 ～ 8 人，舍友或同学均可。

活动原则：注意保密原则，在活动中涉及的自我暴露及探讨的相关信息不可以在其他场合谈论，注意保护小组成员的隐私，遵守小组制订的“团体契约”，推动小组安全运行。

热身活动：感恩相遇

1. 目的

帮助团体成员相互认识，激发个人对他人的兴趣，引导个人参加团体活动。

2. 活动步骤

（1）在音乐中主持人欢迎各位成员参加此次团体活动，并介绍他的协助者。

（2）在相同的音乐声中，请每位成员选择一位成员，彼此了解。

（3）音乐声结束后，成员回大团体，每位成员向其他成员介绍自己刚结识的那位成员，并与其他成员分享自己的感觉。

活动 1：人生的格言（30 分钟）

1. 目的

通过他人信奉的格言以及就此引出的故事，引导学生认识人生格言对自身行为引导的重要性，增强对人生价值和意义的理解。

2. 准备材料

纸和笔。

3. 活动步骤

（1）每位同学拿出一张小纸条，在纸条上写下一句你最信奉的人生格言。

（2）将写好的小纸条折叠后交给老师，之后老师随机抽取一名同学上讲台，该同学就自己所写的人生格言做演讲，讲述一个与此格言有关的小故事。

（3）演讲结束后，该同学再随机抽取小纸条，抽到的小纸条的主人再上台就自己信奉的格言进行演讲。如果活动中有多人的格言是一样的，则都要上台分别进行演讲。以此类推。

4. 活动点评

每一个人的行为背后都有一个思想的引导，每个人的人生指导思想不尽相同。剖析自己可以为未来的人生指明方向。

活动 2：成功的故事（35 分钟）

1. 目的

通过对个人成功事件的讲述和盘点，引导学生肯定自我，发现自我的能力，明确自己奋斗的目标和生活的意义。

2. 准备材料

纸和笔。

3. 活动步骤

（1）请写出至少 5 个在生活中曾令你有成就感的具体事件，并对其进行分析，看看你在其中表现出了哪些品德和技能。

（2）与你的小组同学一起分析讨论，尝试找出在这些事件中重复出现的品德和技能。

（3）将这些品德和技能按照你认为的重要性进行排序。

4. 活动点评

人在遭遇危机时，容易悲观失望，容易陷入负性情绪中而看不见曾经有过的成功。通过这个活动能够让同学们发现自己拥有的各种品德和能力，比如学习能力、协调能力、抗压能力等，能够让同学们领悟到自己有更多的潜能来应对生活中的危机事件。

活动 3：我这一生（30 分钟）

1. 目的

通过活动，引导小组成员审视自己的人生。

2. 准备材料

纸和笔。

3. 活动步骤

（1）想象一下，时间来到 50 年以后，你已满头白发，正在回顾自己这一生。

（2）请用一段话来描述你这一生，包括你的奋斗目标、职业成就和家庭生活。

（3）写好后，与小组其他成员分享交流。

4. 活动点评

生命是有限的，珍爱生命，树立正确的生命价值观，过有意义的人生。

案例导读

阳光总在风雨后

案例介绍

小A，女，大学二年级。在辅导员的再三催促下来到了心理咨询中心。这大半年来，小A从一个成绩优异，人际关系良好，待人接物真诚朴实，乐于助人，性格相对外向的学生完全变了一个人。随着小A的讲述，咨询师逐渐了解到了小A的心理变化过程。原来，大半年前也就是寒假期间，最爱她的妈妈意外身亡，这个突如其来的变故瞬间将她抛到了一个冰冻的世界。她极端害怕恐惧和无助，睡不着觉，整晚整晚做噩梦，对周围的现实世界变得麻木和回避，每天都痛苦地回忆着与母亲相关的场景。这使她学习没有兴趣，效率下降。老师和同学们觉察到了小A的变化，都热心地提供各种帮助希望能够支持她走过这段艰难的时光。辅导员也督促她进行心理咨询，小A却认为自己一直以来都独立有能力，这一次同样也能够自己扛过来。渐渐地，小A的状况越来越糟糕，开始出现幻视和幻嗅，整晚睡不着觉，闭上眼睛就出现妈妈的身影，白天则经常无故悲伤流泪甚至号啕大哭，无心上学，社会功能严重受损。在辅导员多次催促下，她终于前来心理咨询中心寻求帮助。

案例分析

小A同学遭遇母亲意外身亡这一精神创伤事件，引发的一系列心理行为反应称为创伤后应激障碍（PTSD）。小A的思维、记忆或梦中反复、不自主地涌现与创伤有关的情境，对周围的一切表现为过度警觉、惊跳反应增强，并伴有注意不集中、激惹性增高及焦虑、抑郁情绪。PTSD是一种严重心理疾病，既需要专业人士进行危机干预和创伤修复，也需要足够的社会支持，帮助个体渡过危机，获得成长。在危机个案中，仅有专业人士的救助是不够的，还需要多渠道、多部门联合起来，提供多方位的救助。

【个案成长】

1. 迅速反应，多方支援

学院老师获知小A的不幸之后，即刻发动筹款，并帮其申请了临时困难补贴。辅导员多次约见小A，给予她支持与鼓励。班委更是对她密切关注，经常陪伴，尽力帮助。辅导员多次向小A同学说明，对于危机状况，首要处理原则是向专业人士救助。然而由于小A同学的个性原因，最初她拒绝进行心理咨询。后来由于小A同学的危机状况越来越严重，经辅导员再三催促，小A同学最终抱着试一试的态度开始了咨询之路。

2. 心理咨询　专业救助

在咨询过程中，咨询师与小A同学建立了良好的咨访关系，了解到原生家庭对她个性特征的影响，也了解到她与妈妈深厚的情感依恋关系以及妈妈去世后整个家庭受到的巨大打击。在咨询师的温情陪伴下，专业的技术干预之下，经过家排、沙盘游戏等治疗，小A逐渐从心理层面接受了母亲去世的现实，也在咨询过程中与母亲进行了告别仪式，充分地表达了自己的哀伤与无助，同时也领悟到了勤劳、踏实和顽强是妈妈留给自己的最大的精神财富。同时，小A也制订了一个行动计划，学习有效的情绪管理及自我调节，增加自己的人际交往和社会活动，通过努力工作、积极生活来进行升华，实现妈妈生前对自己的期待，以慰妈妈在天之灵。

经过近一年的心理咨询，小A逐渐从悲伤抑郁中走出，恢复了正常的学习、生活和作息，学习成绩稳步提升，与同学的人际交往也恢复如初。小A在咨询结束时满怀感激地说道："人生不可能一帆风顺，应对危机和挫折是人生的必修课，我感谢学校老师和同学们对我的帮助和关爱，支持我渡过了人生最艰难的时段。我在痛苦中获得了成长，在危机中走向了成熟。经此一劫，我更加坚韧；面对未来，我满怀希望，未来更加美好！"

思考与讨论

1. 在你的生活经历中，你是如何面对危机的？你有哪些宝贵经验？
2. 简述哀伤的5个阶段。

经典导读

《直视骄阳——征服死亡恐惧》

《直视骄阳——征服死亡恐惧》是由美国著名心理治疗师欧文·亚隆撰写的。该著作是亚隆在75岁时完成的，他曾说，《直视骄阳——征服死亡恐惧》是完全个人化的、来自自己直面死亡的经历。直面死亡就如同直视骄阳一样，是一件极痛苦又困难的事情。本书的论述深入浅出，通过23个实际案例和许多文学名著、电影作品中的例子介绍应对死亡恐惧的各种观念，生动具体。作者还以一位普通老者的身份对内心的死亡恐惧进行了坦诚表露和深刻剖析。面对死亡的战栗经亚隆的笔锋描过，仿佛顿时融为拂面春风，令人不仅在文字上感到愉悦，还在心灵上感到豁然开朗。书中说："死亡虽是终点，但人生的意义却不会因此湮灭；死亡虽是宿命，但看待死亡的视角却可以让人们获得拯救。"

《影像中的生死课》

《影像中的生死课》是陆晓娅老师自2012年起在北京师范大学开设的同名公选课的授课笔记。全书以"什么样的生活值得一过"为核心切入点，选取中外优秀电影，搭建与"生死"相关的重大议题的思考平台，跨越心理学、社会学、医学、人类学、伦理学、哲学、美学等多个学科，在观影阅读和讨论的多重对话中协助大学生探索生命存在的意义和价值，建构自身的生命意识和生命价值观。作者将自己多年广泛阅读、心理咨询学习的经验，以及个人丰富的生活经历呈现在此书中，具有很高的审美价值，帮助读者在更高的层次上思考人生。

参考文献

[1] 瑞珍．健康心理学 [M]．王立杰，韩丑萍，译．上海：上海人民出版社，2014.

[2] 牧新义，冯静．新编大学生心理健康应用教程 [M]．沈阳：东北大学出版社，2012.

[3] 孟．找回你的生命礼物 [M]．张德芬，汤维正，译．太原：山西经济出版社，2009.

[4] 俞国良．社会心理学 [M]．北京：北京师范大学出版社，2015.

[5] 张坤，李其维．遗传与环境的相关及交互作用分析 [J]．心理学探新，2006，26（2）：13-18.

[6] 夏翠翠．大学生心理健康教育：慕课版 [M]．第 2 版．北京：人民邮电出版社，2019.

[7] 圣吉．第五项修炼：学习型组织的艺术与实践 [M]．北京：中信出版社，2009.

[8] 布朗．自我 [M]．第 2 版．王伟平，陈浩莺，译．北京：人民邮电出版社，2015.

[9] 格里格，津巴多．心理学与生活 [M]．王垒，王甦，等，译．北京：人民邮电出版社，2003.

[10] 西蒙诺维兹，皮尔斯．人格的发展 [M]．唐蕴玉，译．上海：上海社会科学院出版社，2006.

[11] 张日昇．咨询心理学 [M]．北京：人民教育出版社，2009.

[12] 弗雷德里克森．积极情绪的力量 [M]．第 2 版．北京：中国人民大学出版社，2010.

[13] 郑全全，俞国良．人际关系心理学 [M]．北京：人民教育出版社，2019.

[14] 张翼．大学生人际交往心理素质训练手册 [M]．北京：科学出版社，2019.

[15] 林宁，李明．人际关系与沟通 [M]．北京：清华大学出版社，2018.

[16] 布雷姆，等．亲密关系 [M]．第 3 版．郭辉，肖斌，译．北京：人民邮电出版社，2005.

[17] 俞国良．大学生心理健康 [M]．北京：北京师范大学出版社，2018.

[18] 贾茹，吴任钢．论罗伯特·斯腾伯格的爱情三元理论 [J]．中国性科学，2008，17（3）：10-12.

[19] 米勒．亲密关系 [M]．第 6 版．王伟平，译．北京：人民邮电出版社，2015.

[20] 沈德立．大学生心理健康 [M]．北京：高等教育出版社，2013.

[21] 徐国立．大学生学习与心理指导 [M]．北京：中国人民大学出版社，2014.

[22] 奥姆罗德．学习心理学 [M]．第 6 版．汪玲，李燕平，廖凤林，等译．北京：中国人民大学出版社，2015.

[23] 布朗，罗迪格三世，麦克丹尼尔．认知天性：让学习轻而易举的心理学规律 [M]．邓峰，译．北京：中信出版社，2018.

[24] 于洋，霍素彦．大学生职业生涯规划与心理健康研究 [M]．西安：世界图书出版公司，2018.

[25] 胡凯，等．大学生网络心理健康素质提升研究 [M]．北京：中国书籍出版社，2013.

[26] 刘斌志，何冰冰．我国青少年网络成瘾研究的新动态与新趋势 [J]．重庆邮电大学学报（社会科学版），2019，31（3）：80-89.

[27] 江光荣，梁宇颂，王铭，等．大学生心理健康教育 [M]．武汉：华中师范大学出版社，2019.

[28] 辜琮瑜．最后一堂生死课 [M]．西安：世界图书出版公司，2011.

[29] 荣格．荣格自传：梦、记忆和思考 [M]．高鸣，译．南昌：江西人民出版社， 2014.

[30] 郭永玉．人格研究 [M]．上海：华东师范大学出版社，2015.

[31] 陈少华. 人格心理学 [M]. 第 2 版. 广州：暨南大学出版社，2018.

[32] 倍智人才研究院. 大五人格心理学 [M]. 北京：企业管理出版社，2015.

[33] 莫里森. 实用 DSM-5[M]. 王雨吟，译. 天津：天津科学技术出版社，2020.

[34] 赵旭东，张亚林，等. 心理治疗 [M]. 上海：华东师范大学出版社，2020.

[35] 傅小兰. 情绪心理学 [M]. 上海：华东师范大学出版社，2016.

[36] 弗雷德里克森. 积极情绪的力量 [M]. 王珺，译. 北京：中国纺织出版社，2021.

[37] 埃利斯. 理性情绪 [M]. 李巍，张丽，译. 北京：机械工业出版社，2014.

[38] 周宗奎，等. 网络心理学 [M]. 上海：华东师范大学出版社，2017.

[39] 艾肯. 网络心理学：隐藏在现象背后的行为设计真相 [M]. 北京：中信出版社，2018.

[40] 契克森米哈赖. 心流：最优体验心理学 [M]. 张定绮，译. 北京：中信出版社，2017.

[41] 黄希庭，郑涌. 大学生心理健康教育 [M]. 第 3 版. 上海：华东师范大学出版社，2020.

[42] 段鑫星，赵玲，李红娇. 大学生心理健康教育 [M]. 第 4 版. 北京：科学出版社，2018.

[43] 刘玉新. 工作压力与生活：个体应对与组织管理 [M]. 北京：中国社会科学出版社，2011.

[44] 格林伯格. 全面压力管理 [M]. 第 9 版. 石林，译. 北京：高等教育出版社，2008.

[45] 张旭东，车文博. 挫折应对与大学生心理健康 [M]. 北京：中国科学出版社，2005.

[46] 李传银，刘华. 大学生心理健康教育 [M]. 第 2 版. 北京：科学出版社，2015.

[47] 蔺桂瑞. 大学生心理成长与案例教学 [M]. 北京：高等教育出版社，2015.